grafit

© 2010 by GRAFIT Verlag GmbH
Chemnitzer Str. 31, 44139 Dortmund
Internet: http://www.grafit.de
E-Mail: info@grafit.de
Alle Rechte vorbehalten.
Umschlagfoto: Schoenberger/buchcover.com
Druck und Bindearbeiten: GGP Media GmbH, Pößneck
ISBN 978-3-89425-375-2
1. 2. 3. 4. 5. / 2012 2011 2010

Leo P. Ard

Mein Vater, der Mörder

Kriminalroman

Der Autor

Leo P. Ard, 1953 als Jürgen Pomorin in Bochum geboren, lebt als Drehbuchautor *(Balko, Ein starkes Team, Der Staatsanwalt, Tatort)* in Bochum und auf Mallorca. Das Drehbuch zu dem ARD-Krimi *Polizeiruf 110 – Totes Gleis,* das Pomorin gemeinsam mit Michael Illner verfasste, wurde mit dem Adolf-Grimme-Preis in Gold ausgezeichnet.

Mit Reinhard Junge schrieb er *Das Ekel von Datteln* und weitere *Pegasus*-Krimis. 2006 erschien der Anti-Fleisch-Krimi *Der letzte Bissen,* 2009 folgte – erneut mit Reinhard Junge – *Mordsschnellweg,* Kriminalstorys aus dem Ruhrgebiet.

Der Weg nach Haus ist schwer.
Für einen Legionär.
Und viele sehen die Heimat,
die Heimat niemals mehr.

Freddy Quinn
Der Legionär war 1958 mehrere Wochen der Nummer-eins-Hit

Denn es steckt mit dir unter einer Haut.
Und du weißt, es will raus ans Licht.
Die Käfigtür geht langsam auf und da zeigt es sich:
Das zweite Gesicht!

Ein Biest lebt in deinem Haus.
Du schließt es ein, es bricht aus.
Es kommt durch jede Tür.
Es wohnt bei dir und bei mir.

Peter Fox
Das Zweite Gesicht aus dem Album *Stadtaffe* (2008)

1

Matthias Birchel hatte sich seinen Abgang anders vorgestellt. Würdevoller. In den Armen eines treuen Kameraden, durch eine Gewehrkugel, beim Sturm auf eine feindliche Stellung. Alles wäre besser als das hier. Er lag in einem kleinen Zimmer in einem Sterbehospiz an der A 40, wo man trotz bunt bemalter Lärmschutzmauern sein eigenes Wort nicht mehr verstand.

Die Ärzte gaben ihm noch eine Woche, jeder Tag zusätzlich sei ein Geschenk. Scheißgeschenk! Das Atmen fiel ihm schwer, seine Lungen waren kaputt. Manchmal bekam er keine Luft und drohte zu ersticken. Ersticken war ein grausamer Tod – er wusste das. Mehr als einmal hatte er seine Hände um den Hals eines Menschen gelegt und zugedrückt, bis die Augen aus den Höhlen quollen und der Speichel des Opfers auf seine Hände tropfte.

In den Träumen der letzten Nächte waren sie alle wieder aufgetaucht, die Menschen, denen er Leid zugefügt hatte. Er wollte sie um Verzeihung bitten, aber sie hatten nur gelacht und ihm ein Verrotten in der Hölle gewünscht.

Er war kein schlechter Mensch – nein, er hatte in seinem Leben auch Gutes getan, was sein Freund Günther durchaus bezeugen konnte.

Die Hälfte seiner Ersparnisse würde der *Berger Stiftung für traumatisierte Kinder aus Afghanistan* zugutekommen. Das müsste positiv ins Gewicht fallen, wenn abgerechnet wird.

Günther Berger hatte ihn aus dem Bielefelder Krankenhaus herschaffen lassen und ihm den Platz in diesem Hospiz besorgt. Günther besuchte ihn jeden Tag, las ihm aus der

Zeitung vor und plauderte mit ihm über alte Zeiten – ein echter Kamerad.

Die Krankenschwester Lena Misek, die aus der Nähe von Warschau stammte, wo ihr Mann und ihre zwei Kinder noch immer lebten, betrat das Zimmer und erfreute Birchel mit ihrem Dialekt und ihrem Lachen. »Ich habe gleich Feierabend. Brauchen Sie noch etwas?«

»Was machen Sie heute Abend, Lena?«

»Ich gehe ins Kino. Ein Film mit Brad Pitt. Ich liebe Brad Pitt.«

»Weiß das Ihr Mann?«

Lenas Lachen war ansteckend, aber schon bald schnappte Birchel nach Luft.

Mit kräftigen und geübten Handgriffen half ihm Lena, sich aufzusetzen, und hielt ihm eine Atemmaske hin.

Birchel winkte ab und atmete schwer. »Es geht schon.«

»Es ist traurig, dass Sie nicht mehr lachen können. Lachen ist gesund für die Seele.«

Matthias Birchel nickte. »Würden Sie mir ein weißes Hemd anziehen? Ich bekomme gleich Besuch.«

Lena sah ihn fragend an.

»Damenbesuch!«

Lena lächelte und öffnete den Spind. In dem kleinen Schrank befand sich alles, was Birchel noch besaß, nicht mehr, als man für eine einwöchige Reise ohne Rückfahrkarte benötigte.

Sie nahm ein weißes Hemd vom Bügel und half Birchel aus seiner Schlafanzugjacke. »Eine Freundin?«

»Die Schwester eines Freundes.«

»Sieht sie gut aus?«

»Ich weiß es nicht. Ich habe sie noch nie gesehen.«

Lena zog ihm das weiße Hemd an und knöpfte es zu. »Wie nett, dass sie Sie besuchen kommt.«

»Ich muss ihr etwas über ihren Bruder erzählen.«

Lena griff unaufgefordert zu einem Kamm und versuchte, Ordnung in Birchels schütteres Haar zu bringen.

»Es ist eine traurige Geschichte. Aber sie hat ein Recht, sie zu erfahren.«

Lena tätschelte seine Hand. Birchel genoss die Berührung.

»Ich muss jetzt gehen. Morgen erzählen Sie mir davon.«

Birchel nickte. »Schönen Abend, Lena.«

Lena winkte ihm zu und ging.

Birchel schaute auf die Uhr. Es blieb ihm noch eine Stunde, seine Gedanken zu ordnen und sich auf das Gespräch vorzubereiten.

Vor ein paar Tagen hatte er den Entschluss gefasst, sie anzurufen. Diesem Entschluss war eine schlaflose Nacht vorausgegangen mit dem Ergebnis, dass er reinen Tisch machen musste. Er durfte sein Wissen nicht mit ins Grab nehmen. Eine letzte gute Tat.

Während er sich überlegte, wie und was er ihr sagen wollte, überkam ihn eine bleierne Müdigkeit. Er kämpfte gegen den Schlaf an und verlor.

2

Heute würde er sich nicht mit ihm streiten! Frank Berger hatte sich vorgenommen, jede Auseinandersetzung mit seinem Vater an dessen Geburtstag zu vermeiden.

Er würde eine Stunde Small Talk machen und sich dann verziehen. Sein Vater würde seinen Abgang bedauern, insgeheim aber froh sein, mit seinen Golffreunden allein zu sein.

Die Villa seines Vaters am Löwenzahnweg war hell erleuchtet. Die Wohlstandskarossen, mit denen die Straße vor dem Haus zugeparkt war, gehörten vermutlich den Gästen seines Vaters. Frank fand erst in der nächsten Querstraße Platz für seinen betagten Volvo. Er nahm sein Geschenk, die Lebenserinnerungen von Winston Churchill, vom Beifahrersitz. Sein Vater liebte Biografien berühmter Zeitzeugen.

Da in der Einfahrt zur Garage der Transporter eines Caterers stand, schien es sich mal wieder um eine größere Veranstaltung zu handeln.

Der Geburtstagsbesuch im letzten Jahr mit Anja hatte in einer Beziehungskrise geendet. Sein Vater hatte nicht ein einziges Wort an Anja gerichtet und ihre Versuche einer freundlichen Konversation durch demonstratives Desinteresse zunichtegemacht. Schon bei der ersten Begegnung hatte Günther Berger nicht verheimlicht, dass er Anja nicht leiden konnte. Als Frank ihn Wochen später nach dem Grund fragte, antwortete sein Vater, dass sich Anja respektlos benommen habe. Ihr Fauxpas war, nach der Begrüßung unaufgefordert Platz genommen zu haben. Leider im Lieblingssessel seines Vaters.

Nach der Feier hatte Anja Frank vorgeworfen, ihre Demütigung widerspruchslos geduldet zu haben und dass er erst das Feld geräumt hatte, als sie bereits im Mantel an der Tür stand.

Zwei weitere Begegnungen in einem italienischen Restaurant waren nicht harmonischer verlaufen, sodass Anja entschied, das nächste Wiedersehen mit Franks Vater auf dessen Beerdigung zu verschieben.

Günther Berger öffnete die Tür. Er war ein stattlicher Mann, dem man sein Alter nicht ansah. Selbst sein volles Haar hatte er über die Jahre gerettet. Er trug einen Anzug mit brauner Krawatte, die gut zu seiner Augenfarbe passte. Und er schien sich aufrichtig zu freuen, seinen Sohn zu sehen. »Junge, schön, dass du gekommen bist.« Er spendierte einen kräftigen Händedruck und legte kurz seine linke Hand auf Franks Schulter. Doch dann verdunkelte sich die Miene des Alten. »Lederjacke? Trägt man so etwas noch, wenn man über vierzig ist?«

»Ich komme gerade aus dem Studio und hatte keine Zeit, mich umzuziehen.« Verdammt, dachte Frank. Warum muss ich mich immerzu für alles entschuldigen?

In der Diele warf er einen kurzen Blick in den Spiegel. Die blauen Augen, die ihn anschauten, hatte er von seiner Mutter geerbt. Die fein geschnittene Nase und die braunen, leicht gelockten Haare waren Erbmasse seines Vaters. Frank trug eine Jeans und ein weißes Hemd; die eng geschnittene schwarze Lederjacke betonte seinen muskulösen Körper. Er hatte nicht umsonst viele Stunden in der Muckibude trainiert. Alles in allem war er mit seinem Aussehen zufrieden.

Als er jedoch die Lokalprominenz ausmachte, die Anzug und Krawatte trug, fühlte sich Frank wider Willen in seinem Outfit unbehaglich. Der Stadtdirektor war da, der Vorsitzende des Golfclubs, der Bankdirektor von der Hausbank seines Vaters, Rotarier und andere, die in Bochum Rang, Namen oder Geld hatten.

Da die Gäste damit beschäftigt waren, Canapés in sich hineinzuschaufeln und wichtige Gespräche zu führen, nahm keiner Notiz von ihm – trotz seiner unpassenden Kleidung. Nur die schwarzhaarige Bedienung, die mit einem Schnittenteller ihre Bahnen zog, warf ihm einen neugierigen Blick zu.

Als Frank sich ein Sektglas angeln wollte, stieß er mit einem Mann zusammen, dessen Sakko augenscheinlich eine Nummer zu klein war. Entweder hatte er seinen Anzug zu heiß gewaschen oder er trug ihn nur zu seltenen Anlässen. Und der letzte musste zwanzig Jahre her gewesen sein. Der

Mann – Frank schätzte ihn auf über sechzig – knipste ein Lächeln an, als er Frank erkannte. »Ach, der Junior. Wie läuft es denn so beim Radio?«

Frank grübelte angestrengt, aber er hatte keine Ahnung, wer da vor ihm stand. Sein Gegenüber erahnte seine Qualen.

»Kunold. Stefan Kunold. Ich war lange Jahre Betriebsratsvorsitzender in der Firma Ihres Vaters.«

»Tut mir leid, dass ich Sie nicht gleich erkannt habe.«

»Wir werden alle nicht jünger.«

Die beiden nahmen Sektgläser von einem silbernen Tablett und stellten sich etwas abseits des Getümmels.

»Und? Sind Sie immer noch dabei?«, erkundigte sich Frank.

»Letztes Jahr ausgeschieden. Vorruhestand. Und ich bin ganz froh. Ist nicht mehr so wie früher, als Ihr Vater noch das Sagen hatte.«

Frank grinste. »Ich glaube mich zu erinnern, dass Sie früher anders über ihn gesprochen haben.«

Der Gewerkschafter kippte den Sekt herunter wie Wasser. »Ihr Vater war ein harter Hund. Aber er hielt immer sein Wort. Was seine Nachfolger gemacht haben, ist eine Schande.«

Frank nickte. Er wusste, was mit der Maschinenfabrik passiert war. Vor fünf Jahren hatte sein Vater die Firma verkauft. Sie geriet unter die Kontrolle einer Fondsgesellschaft, die die Firma ›gesundschrumpfen‹ ließ – schon das Wort war ein Hohn. Ein Teil der Produktion wurde ins Ausland und der profitable Kern an einen internationalen Konzern verkauft, der damit einen Marktrivalen aus dem Rennen werfen konnte. In ihrer Blütezeit hatte die Firma hundertachtzig Beschäftigte, heute fertigten noch knapp vierzig Mitarbeiter Maschinen für die Autoindustrie.

Kunold schnappte sich ein neues Glas. »Sie hätten die Firma übernehmen sollen! Sie hätten Ihrem Vater und der Belegschaft einen großen Dienst erwiesen.«

Franks Stimmung sank auf den Nullpunkt. »Herr Kunold. Können wir über was anderes reden?«

Der Sakkoträger murmelte eine Entschuldigung. Eine Zeit lang schwiegen beide und musterten die illustre Runde.

Frank schaute zu seinem Vater, der neben dem Stadtdirektor stand und mit dem Zeigefinger auf seine Armbanduhr tippte.

Frank verstand die Geste. »Ich glaube, der offizielle Teil beginnt.«

Tatsächlich ließ der Stadtdirektor sein Sektglas klirren und trat demonstrativ in die Mitte des Raums. Die Gespräche verstummten.

»Lieber Günther Berger, zunächst einmal alles Gute zu Ihrem Geburtstag. Wir danken Ihnen, dass wir diesen Festtag mit Ihnen zusammen feiern dürfen, und versichern, dass wir alles austrinken und die Platten leer putzen werden.«

Vereinzeltes Schmunzeln.

»Wir alle wissen, dass Sie nicht nur ein erfolgreicher Geschäftsmann sind, sondern auch ein sehr engagierter, hilfsbereiter und großzügiger Bürger. Was Ihre Stiftung für vom Krieg traumatisierte Kinder aus Afghanistan bewirkt hat, kann man kaum in Worte fassen. Wir Bochumer sind stolz auf Sie.«

Der Applaus war laut und ehrlich. Frank fixierte seinen Vater. Der war gerührt.

Der Stadtdirektor räusperte sich. »Ich komme jetzt zum Kern meiner kleinen Rede. Und damit verrate ich Ihnen, warum Günther Berger diesen Tag nicht nur mit Leuten feiert, die mindestens Handicap acht haben, sondern mit uns allen.« Er machte eine Kunstpause und genoss diesen Moment, in dem alle Augen auf ihn gerichtet waren. »Ich darf Ihnen mitteilen, dass Günther Berger auf Vorschlag des Rates der Stadt in wenigen Wochen aus der Hand des Minis-

terpräsidenten von NRW ...«, wieder machte er eine effekt-
volle kurze Pause, »... das Bundesverdienstkreuz verliehen
bekommt.«

Es gab Hochrufe und donnernden Applaus, selbst Frank
war ergriffen. Günther Berger trat neben den Stadtdirektor
und setzte ein Siegerlächeln auf.

Als er hüstelte, kehrte wieder Ruhe ein.

»Herr Stadtdirektor. Ich danke Ihnen für die freundlichen
Worte. Ich danke allen Anwesenden, die mit Geld- und
Sachspenden meine Stiftung unterstützen. Einige von Ihnen
haben Krieg nie erfahren, weil sie noch zu jung sind. Andere – und zu denen gehöre ich – haben den Krieg als Kinder
erlebt. Ich war zehn Jahre alt, als er zu Ende war. Damals
kannte man das Wort noch nicht, aber ich war es sicherlich –
traumatisiert!«

Das Telefon klingelte. Frank ging in die Diele und nahm
das Gespräch an. Als er zurück ins Wohnzimmer kam, hatte
sein Vater seine kleine Ansprache beendet und respektvollen
Applaus geerntet.

Bevor Günther Berger von Gratulanten in Beschlag genommen werden konnte, zog Frank ihn zur Seite. »Glückwunsch!«

»Wer hat da eben angerufen?«

»Jemand aus einem Hospiz in Wattenscheid.«

»Was wollte er?«

»Dich dringend sprechen. Er ist noch dran.«

Mit schnellen Schritten durchquerte Günther Berger den
Wohnraum und wich potenziellen Gratulanten aus.

Frank schaute sich um, ob er irgendwo die nette Bedienung ausmachen konnte. Sie stand auf der Terrasse, von der
man einen unverbauten Blick auf die Burg Blankenstein
hatte, und rauchte. Gerade als er Kurs auf sie nehmen wollte,
kehrte sein Vater aus der Diele zurück. Das Siegerlächeln
war einer Trauermiene gewichen.

»Was ist passiert?«

»Matthias Birchel ist gestorben!«

»Wer ist Matthias Birchel?«

»Er war mein bester Freund.«

»Tut mir leid!«

Günther Berger nickte. »Tust du mir einen Gefallen, mein Sohn?«

»Klar!«

»Schmeiß das Pack raus. Ich will jetzt allein sein.« Günther Berger drehte sich um und ging die Treppe hoch.

Frank ließ seinen Blick über die fröhlich feiernde Runde schweifen. Dann holte er tief Luft und klatschte in die Hände.

3

Wattenscheid, 15.04.1952

Seit zehn Minuten stand Günther Berger in einem Gebüsch in der Nähe des Eingangs der Zeche *Holland* und beobachtete den Schichtwechsel. Er hatte Frühschicht und war als einer der Ersten aus der Waschkaue verschwunden. Sein Interesse galt dem Kiosk gegenüber dem Werkstor, an dem ein paar Kumpel noch ein schnelles Bier für den Heimweg tranken oder sich mit Lebensmitteln eindeckten, weil zu Hause keine Frau auf sie wartete.

Vor einem Jahr war Berger aus Quedlinburg in den Pott gekommen. Im Bergbau wurden dringend Leute gesucht und zu Hause gab es keine Arbeit für ihn. Die Stadt war immer noch überfüllt von Flüchtlingen aus dem Osten, die bereit waren, für einen Hungerlohn alles zu machen. Bergers Vater war im Krieg gefallen, seine Mutter hatte zwei Zimmer ihrer Wohnung untervermietet, um sich und ihn über die Runden zu bringen. Es war kein Zustand für einen Siebzehnjährigen, mit seiner Mutter in einem Bett zu schlafen.

Irgendwann erreichte auch ihn die Anwerbungskampagne, die einen sicheren Arbeitsplatz und guten Lohn versprach. Günther packte sein Bündel, brachte den tränenreichen Abschied von seiner Mutter hinter sich und startete in ein neues Leben.

Nach einer Gesundheitsüberprüfung hatte er einen Arbeitsvertrag bekommen und einen Platz im Lehrlingswohnheim. Dort musste er sich das Zimmer zwar mit drei anderen teilen, aber der Schichtbetrieb führte dazu, dass sie ohnehin nie alle zur gleichen Zeit anwesend waren. Außer an Sonntagen, da wurde es dann eng.

Mittlerweile hatte er sich mit einem guten Dutzend Kumpel aus dem Wohnheim angefreundet und sie feierten die Feste, wie sie kamen. Morgen, am Sonntag, war wieder solch ein Fest angesagt. Sein Fest — er wurde achtzehn. Sie würden saufen bis zum Umfallen, auf seine Kosten. Günther Berger hatte nur ein Problem: Er war pleite. Er verdiente zwar nicht schlecht, aber trotzdem reichte die Kohle meistens nur bis zum nächsten Lohn. Die 200 DM, die er gespart hatte, waren für einen neuen Ofen draufgegangen, den seine Mutter dringend brauchte. Ohne den Ofen hätte sie die Mieter verloren und allein von der Witwenrente konnte sie nicht leben. Also hatte er ihr vorige Woche das Geld geschickt.

Gestern Nacht war ihm die rettende Idee gekommen, wie er seine Geburtstagsfeier auch ohne Geld in ein eindrucksvolles Saufgelage verwandeln konnte. Slobinski, der Betreiber des Kiosks, schloss nach Schichtwechsel seinen Laden und gönnte sich eine Stunde Mittagspause. Günther wusste, dass Slobinski den Schlüssel in der Rinne des Blechdachs versteckte.

Der Betrieb vor dem Werkstor hatte merklich nachgelassen und Slobinski begann, die Gläser mit den sauren Gurken, den Soleiern und Süßigkeiten vom Tresen zu nehmen. Fünf Minuten später schloss er die Fensterläden und radelte in die nahe gelegene Zechensiedlung, wo seine Frau mit dem Mittagessen auf ihn wartete.

Günther versicherte sich, dass niemand mehr auf der Straße war, und trat aus dem Gebüsch.

Der Schlüssel lag tatsächlich an seinem Platz. Günther schloss die Tür auf, machte Licht und drang in das Innere des Kiosks vor. Die Kasse ließ er selbstverständlich unangetastet, er war ja kein Dieb. Er nahm den kleinen Rucksack von der Schulter und parkte ihn neben dem Spirituosenregal. Er schob den Eierlikör zur Seite und griff nach *Steinhäger* und *Asbach Uralt*. Hauptsache Prozente. Wahrscheinlich würde es Slobinski nicht einmal auffallen, dass sein Schnapsbestand dezimiert war. Kein großer Verlust für den Budenbesitzer, aber ein großer Gewinn für Günther und seine durstigen Freunde.

Im Rücksack klirrte es, als er die sechste Flasche hineinlegte. Mehr Platz war nicht. Es würde ein rauschendes Fest geben.

»Was ist hier denn los?« Slobinskis donnernde Stimme ließ Günther zusammenfahren. Der Budenbesitzer stand in der Tür.

Günther rutschte das Herz in die Hose.

»Was machst du hier? Ich kenne dich doch.« Slobinskis Blick fiel auf Günthers Rucksack. »Du willst mich beklauen?«

Günther rührte sich nicht von der Stelle. Er stand einfach da und starrte den Kioskbesitzer an. In seinem Gehirn war gähnende Leere. Keine Ausrede. Keine Idee. Kein Plan.

»Glaub mal nicht, dass du abhauen kannst, Bürschchen. Ich war mal Boxer. Wir gehen jetzt rüber zum Werkstor und rufen die Polizei«, sagte der Budenbesitzer und drehte sich um.

Als wäre sie von fremden Kräften gelenkt, schloss sich Günthers Hand um eine Flasche Eierlikör. Er machte einen Schritt auf Slobinski zu und schlug ihm die Flasche auf den Kopf. Es gab ein dumpfes Geräusch und Slobinski fiel um.

Günther stieg hastig über ihn hinweg und ließ die Tür hinter sich zufallen.

Er kam erst wieder richtig zu sich, als er auf seinem Bett im Wohnheim saß und Matthias Birchel das Zimmer betrat. Günther hatte keine Ahnung, wie lange er ins Leere gestarrt hatte.

Matthias war zwei Jahre älter als Günther und ein paar Zentimeter größer. Sein Gesicht war länglich und markant geschnitten und ließ keinen Zweifel aufkommen, dass sein Besitzer selbst auf sich aufpassen konnte. Er trug einen Bürstenhaarschnitt, beeindruckende Muskelpakete und hatte Hände wie Schaufeln. Matthias stammte aus einem kleinen Dorf in Bayern. Seine Eltern hatten einen Hof mit Kühen und Schweinen und schon früh musste der Junge mit anpacken.

Vor einem Jahr war Matthias zu der Erkenntnis gekommen, dass er sein restliches Leben nicht auf dem Land fristen wollte. Er hinterließ einen Abschiedsbrief und das geplünderte Sparschwein seiner Eltern.

Der Bayer war unter Tage geachtet, weil er für zwei arbeitete. Im Lehrlingsheim wurde er gefürchtet und bewundert. Gefürchtet, weil er schnell aus der Haut fuhr, keiner Schlägerei aus dem Weg ging und ordentlich zulangen konnte. Bewundert, weil er offenbar die meisten Erfahrungen mit dem anderen Geschlecht hatte und alle an seinen Erfahrungen teilhaben ließ. Während sich die sexuellen Aktivitäten der meisten Heimbewohner darin erschöpften, am arbeitsfreien Sonntag in der Wattenscheider Innenstadt herumzulungern, den Mädels auf Busen und Po zu starren und ihnen nachzupfeifen, machte Birchel kein Geheimnis daraus, dass er regelmäßig in den Puff in der Gußstahlstraße nach Bochum ging.

»Hast du schon gehört?«, fragte Matthias mit bayrischem Dialekt und packte seine Sachen in den Spind. »Jemand hat den Slobinski überfallen, den vom Kiosk. Sie haben ihn ins Krankenhaus gebracht.«

»Ist er tot?«

»Keine Ahnung.« Matthias sah Berger besorgt an. »Ist was mit dir? Du bist käseweiß.«

»Das war ich!«

»Was warst du?«

»Das mit Slobinski, das war ich!«

Matthias legte seine Stirn in Falten und setzte sich neben ihn. »Erzähl!«

Günther wusste, dass er Matthias vertrauen konnte, er war sein bester Freund. Stockend berichtete er.

Danach war Schweigen.

Matthias stand auf, öffnete Günthers Spind und warf erst den abgewetzten Koffer, dann Günthers Wäsche auf das Bett.

»Was soll das?«

Matthias stemmte seine Arme in die Hüften. »Du musst abhauen. Wenn Slobinski noch lebt und dich erkannt hat, ist bald die Polizei hier. Und dann wanderst du in den Knast.«

Günther schaute ihn fragend an. »Und wo soll ich hin? In Quedlinburg kriegen sie mich auch.«

»Ich habe da eine Idee.«

Zu Günthers Überraschung fing Matthias damit an, seine eigenen Sachen zu packen. »Ich komme mit. Ich habe hier schon lange die Schnauze voll. Willst du so enden wie die Kumpel in Mengede?«

Nach einer Schlagwetterexplosion auf der Zeche *Adolf von Hansemann* in Dortmund-Mengede waren Ende Juni fünf Bergleute ums Leben gekommen und fünfundzwanzig verletzt worden.

»Wir haben was Besseres verdient. Und ich denke schon länger darüber nach, von hier abzuhauen.«

»Was hast du vor?«

»Wir nehmen den nächsten Zug nach Landau.«

Günther sah seinen Freund irritiert an. »Landau? Nie gehört.«

»Das liegt an der französischen Grenze.«

Günther verstand immer noch nicht. »Was sollen wir in Landau?«

»In Landau ist ein Büro der Fremdenlegion.«

Günther fiel die Kinnlade herunter. »Fremdenlegion?!«

»Fällt dir was Besseres ein?«

Günther dachte einen Moment nach, dann packte er seinen Koffer.

4

Sonja Kruse saß an ihrem Schreibtisch im Bochumer Polizeipräsidium und starrte in Gedanken versunken auf den Förderturm, der das Bergbaumuseum zierte. Es war Dienstag, der Feierabend nahte. Sie zog den Kalender zu sich heran. Für die nächsten Abende gab es keinen Eintrag, für das Wochenende stand *Sauerland* auf dem Freizeitprogramm.

Die Hauptkommissarin hatte sich vorgenommen, ihre Eltern zu besuchen, die vor Jahren aus Bochum ins Sauerland gezogen waren, um dort ihren Lebensabend in einem Bungalow mit Garten, ein paar Hühnern und Kaninchen zu verbringen. Aber der Gedanke an die bevorstehenden Stunden mit den Eltern stimmte Sonja nicht froh. Alle Familiengeschichten waren erzählt. Viel Neues und Aufregendes erlebten ihre Eltern in dem Zweihundert-Seelen-Kaff nicht und so gehörte schon der dritte Platz im Züchterwettbewerb, den ihr Vater mit Rammler Bodo errungen hatte, zu den außergewöhnlichen Ereignissen, die ihren Vater zu einem einstündigen Monolog hinrissen.

Eine geschiedene Frau, die vierundvierzig Jahre alt wurde, gut aussehend, unternehmungslustig und immer noch neugierig auf das Leben war, sollte an ihrem freien Wochenende Besseres vorhaben.

Vielleicht sollte sie die Einladung ihres Kollegen Max Struck annehmen, der sie zu seiner Geburtstagsfeier am Samstagabend eingeladen hatte. Struck war Leiter ›Betrug‹, sportlich und amüsant. Ebenfalls geschieden. Sonja Kruse war nicht unbemerkt geblieben, dass er sie in der Kantine mit interessierten Blicken musterte.

Es klopfte an der Tür.

Bevor sich die Hauptkommissarin zu einem »Ja, bitte!« durchringen konnte, wurde die Tür geöffnet und ihr Chef trat in das Zimmer. Kriminalrat Schäfer war ein hochgewachsener Mann, dem man nicht ansah, dass er auf die sechzig zusteuerte. Sonja mochte seine direkte Art, auf Mitarbeiter zuzugehen und sie zu motivieren. Er war keiner von denen, die sich mit falschen Federn schmückten, sondern er betonte nach erfolgreichen Ermittlungen stets, dass sie ein Ergebnis von guter Teamarbeit waren.

»Schön, dass du noch hier bist!« Schäfer trat an ihren Schreibtisch und reichte ihr einen Zettel, auf dem eine Adresse notiert war. »Es gibt einen Toten im Sterbehospiz in Wattenscheid.«

»Was nicht ungewöhnlich ist«, bemerkte Sonja und überflog die Worte auf dem Zettel.

»Er heißt Matthias Birchel. Der Arzt, der den Totenschein

ausgestellt hat, ist sich nicht sicher, ob Birchels Tod krankheitsbedingt eingetreten ist. Er hat bei der Leichenschau Auffälligkeiten festgestellt.«

»Welche?«

»Das wird er dir selbst sagen. Er wartet auf dich. Am besten, du fährst sofort los.«

Zwanzig Minuten später parkte Hauptkommissarin Kruse ihren Toyota auf dem Besucherparkplatz des Hospizes und schaute auf das zweistöckige Haus mit den weißen Gardinen vor den kastenförmigen Fernstern. Das Hospiz war in einem früheren Verwaltungsgebäude untergebracht und strahlte immer noch den unnachahmlichen Charme der Bürokratie aus. Von der nahen A 40 drang das Dröhnen der Motoren herüber.

Über die Rollstuhlrampe betrat Sonja das Foyer des Hospizes. Es roch nach Reinigungsmitteln und Bohnerwachs. Ein paar Grünpflanzen im Eingang dokumentierten den vergeblichen Versuch, den trostlosen Ort zu verschönern. In einer Ecke befand sich der Fuhrpark, bestehend aus Rollstühlen und Rollatoren. In der anderen Ecke des Foyers standen verwaiste Besucherstühle neben einem Glastisch, auf dem sich die Illustrierten eines Lesezirkels stapelten. Gegenüber der Eingangstür gab es einen Empfangstresen, hinter dem ein glatzköpfiger Endfünfziger saß und auf einem kleinen Fernseher das TV-Programm verfolgte. Er nahm Sonja erst zur Kenntnis, als sie sich vor dem Tresen aufbaute und sich räusperte.

Der Pförtner sah sie fragend an. »Zu wem möchten Sie?«

»Zu Doktor Vogt. Ich bin Sonja Kruse, Kriminalpolizei.«

Der Mann erhob sich von seinem Stuhl und ragte ihr dennoch nicht bis zur Brust. Ein Zwerg, dachte Sonja Kruse und suchte nach einem nicht diskriminierenden Ausdruck für kleinwüchsige Menschen. Ihr fiel keiner ein.

Der kleine Mann nickte und kam um den Tresen herum. »Ich bringe Sie zu ihm!«

Sonja folgte dem Pförtner über den Gang. Vor der Tür mit der Nummer 104 blieb er stehen und klopfte.

In der Tür erschien ein hagerer Mann um die fünfzig mit kurzen Haaren und randloser Brille. Er musterte die Kommissarin. »Kripo?«

Sie nickte. »Sonja Kruse, Kriminalhauptkommissarin.«

»Ich bin Doktor Vogt. Kommen Sie bitte herein.« Der Arzt wandte sich an den Pförtner. »Vielen Dank. Wir benötigen Sie nicht weiter.«

Der Pförtner zuckte mit den Achseln und trollte sich.

Sonja betrat hinter dem Doktor das Zimmer und schaute sich um. Neben dem Bett gab es einen Besucherstuhl, einen kleinen Tisch mit einem Telefon, einen Spind und einen Fernseher, der an der Wand montiert war. Über dem Bett hing ein Aquarell, das ein Bochumer Hobbykünstler dem Hospiz vermacht hatte, es zeigte eine Berglandschaft mit schneebedeckten Gipfeln.

Sonja blickte auf den leblosen Körper, der bis zu den Schultern zugedeckt war. Die knochigen Hände lagen auf der Decke, die Augen waren geschlossen. »Kannten Sie den Toten?«

Vogt nickte. »Das Hospiz ist eine private Einrichtung, ich unterstütze sie, indem ich hin und wieder Krankenbesuche mache. Manche Patienten sind nur unzureichend versichert und können sich Arztbesuche nicht leisten.«

»Sehr nobel von Ihnen!«

»Ich könnte Ihnen jetzt einen Vortrag halten, welche Auswirkungen die sogenannten Reformen des Gesundheitswesens in den letzten Jahren auf die Schwächsten in der Gesellschaft haben, aber so viel Zeit werden Sie nicht haben.«

»Außerdem bin ich informiert«, sagte Sonja Kruse, »auch wenn ich privat versichert bin.«

Doktor Vogt schenkte ihr ein Lächeln, bevor sein Gesicht ernst wurde. »Matthias Birchel hatte nicht mehr lange zu leben. Lungenkrebs im Endstadium, ich habe ihm noch eine Woche gegeben. Ich wollte schon den Totenschein ausfüllen, aber dann habe ich seine Hände gesehen.«

Doktor Vogt wies auf die knochige Hand des Toten und winkte die Kommissarin heran.

Sonja Kruse ging in die Hocke.

»Schauen Sie sich die Fingernägel an. Vor allem Daumen, Ring- und Mittelfinger.«

»Hautpartikel. Könnte er sich gekratzt haben?«

Doktor Vogt schüttelte den Kopf. »Ich habe den ganzen Körper abgesucht. Es gibt keine Stelle, die Kratzspuren aufweist.«

Die Kommissarin erhob sich. »Haben Sie Würgemale am Hals festgestellt?«

»Nein, es gibt aber Druckstellen an seinen Schultern. Möglicherweise ist Herr Birchel mit seinem Kissen erstickt worden und hat sich gewehrt.«

Sonja dachte einen Moment nach, dann nickte sie. »Okay, ich werde das Kissen sicherstellen und untersuchen lassen. Wir lassen Ihren Patienten in die Rechtsmedizin überführen.« Sie seufzte. Den Besuch bei ihren Eltern konnte sie vergessen. Aber das war nicht die Schuld des aufmerksamen Mediziners. »Haben Sie vielen Dank, Herr Vogt. Nicht alle Ärzte sind so gründlich wie Sie.«

Vogt reichte ihr eine Visitenkarte. »Davon können Sie sich bei einem Besuch in meiner Praxis ein Bild machen. Privatpatienten sind mir immer willkommen!«

5

Frank schaute auf das Display. Er hatte noch 1,28 Minuten bis zur Verabschiedung. Hoffentlich kam er zeitig aus dem Sender. Die übliche Redaktionssitzung im Anschluss würde er schwänzen, die Kollegen konnten ihn telefonisch informieren, was sie für morgen früh geplant hatten.

In der *Stauschau* hatte er eben einen fünf Kilometer langen Stau ab Essen-Katernberg in Richtung Bochum verkündet. Er würde über Steele und Bochum-Linden nach Stiepel fahren müssen. Bis elf Uhr musste es zu schaffen sein.

Frank hatte verwundert und spontan zugesagt, als ihn sein Vater bat, ihm bei der Vorbereitung von Birchels Beerdigung zu helfen. Nie zuvor hatte ihn sein Vater um dergleichen gebeten. Und an traurigen Anlässen, die den Bekannten- und Verwandtenkreis der bergerschen Sippe dezimierten, fehlte es nicht.

Noch 0,35 Minuten. Frank kramte seine Notizen zusammen und verstaute sie in seiner ledernen Aktentasche. Die Musik wurde leiser. Die Lampe vor ihm leuchtete auf.

»Die Aktienkurse gehen weiter runter, die Temperaturen dafür rauf – das Leben ist eben ein ständiges Auf und Ab. Mit dieser philosophischen Weisheit möchte ich mich für heute verabschieden. Wenn Sie mögen, dann hören Sie mich morgen wieder. Mein Name ist Frank Berger, und das war das Morgenmagazin. Kommen Sie gut durch den Tag.«

Der letzte Musiktitel setzte ein. Frank winkte dem Nachrichtensprecher zu, der im Studio gegenüber seinen Platz einnahm.

Zwanzig Minuten später stand Frank in einem von ihm

nicht gemeldeten Stau bei Leverkusen. Um halb zwölf klingelte er an der Wohnungstür seines Vaters. Günther Berger trug ein weißes Hemd mit einer schwarzen Krawatte und schaute seinen Sohn missmutig an.

Frank verzog das Gesicht. »Ich sehe schon, du bist verärgert. Tut mir leid, ich stand im Stau.«

Sein Vater ließ ihn eintreten und schloss die Tür. »Deinetwegen bin ich nicht verärgert!«

»Sondern?«

»Ich habe eben im Hospiz angerufen. Matthias liegt in der Gerichtsmedizin. Er ist nicht für die Beerdigung freigegeben worden.«

Frank ließ sich auf dem Sofa nieder. »Ich denke, dein Freund hatte Lungenkrebs. Wieso denn Gerichtsmedizin?«

»Was fragst du mich? Ich weiß es nicht. Tut mir leid, dass du umsonst gekommen bist. Möchtest du einen Kaffee?«

Frank nickte.

Günther Berger ging in die Küche und Frank folgte ihm.

Sein Vater schaufelte Kaffee in einen Filter und füllte Wasser in die Maschine.

»Warum kümmerst du dich um die Beerdigung? Hatte dein Freund keine Familie?«, wollte Frank wissen.

»Nein. Er hat zuletzt in einem Altenheim in Bielefeld gelebt.«

»Woher kanntet ihr euch?«

»Wir haben zusammen auf der Zeche gearbeitet.«

Frank schaute seinen Vater irritiert an. »Du hast mal auf der Zeche gearbeitet? Ich kann mich nicht erinnern, dass du das je erzählt hast.«

»Das war auch nur kurz.« Als Günther Berger die Kaffeemaschine einschaltete, klingelte es an der Tür. »Das wird die Post sein. Gehst du mal an die Tür?«

Frank nickte und verließ die Küche. Schwungvoll öffnete

er die Haustür. Vor ihm stand eine elegant gekleidete Frau mit schwarzen kurzen Haaren. Sie trug einen dunkelblauen Mantel, einen weißen Schal und eine Sonnenbrille. Frank taxierte ihr Alter auf zwischen fünfzig und sechzig.

Die Frau nahm die Sonnenbrille ab. Himmelblaue Augen lächelten Frank an. »Guten Tag. Kann ich bitte Herrn Berger sprechen?«

Frank nickte mechanisch. »Einen kleinen Augenblick bitte.«

Was für ein cooler Auftritt, dachte Frank, als er in die Küche zurückging. Ob sein Vater eine Freundin hatte? Wenn, dann hatte er eine gute Wahl getroffen.

Sein Vater nahm gerade eine Milchtüte aus dem Kühlschrank und stellte sie neben die Kaffeetassen.

Frank blieb in der Tür stehen. »Du hast Besuch. Eine Frau.«

»Wer?«

Frank zuckte mit den Achseln. »Ich habe vergessen, sie nach dem Namen zu fragen. Wenn es dir weiterhilft: eine sehr schöne Frau!«

Sein Vater blickte ihn fragend an und verschwand aus der Küche.

Frank konnte seine Neugierde nicht zügeln und folgte ihm. Er blieb hinter der Garderobe stehen und spitzte die Ohren.

Die Frau mit den schwarzen Haaren war vor der Tür stehen geblieben und hatte sich abgewandt, um die gegenüberliegenden Häuser zu betrachten.

Günther Berger ging auf sie zu und räusperte sich. »Guten Tag. Ich bin Günther Berger. Was kann ich für Sie tun?«

Die Frau drehte sich zu ihm um. Das Lächeln aus ihrem Gesicht war verschwunden. »Mein Name ist Heide Rosenbaum!«

Sie ist also nicht seine Freundin, dachte Frank. Er hatte keine Zeit, weitere Spekulationen anzustellen, denn in diesem Augenblick brach sein Vater im Flur zusammen.

6

Landau, 18.04.1952

Günther Berger und Matthias Birchel standen mit Manfred Rosenbaum vor dem Büro des *Centre de Regroupement de la Légion Étrangère* in der französischen Kaserne in der Cornichonstraße. Sie warteten und rauchten. Zwanzig andere Männer in ihrem Alter taten es ihnen gleich.

Günther Berger fühlte sich, als hätte er eine Doppelschicht auf der Zeche geschoben. Dabei hatte er nur reden müssen. Immer wieder waren ihm vom Commandanten die gleichen Fragen gestellt worden. Es ging um seine Motivation, sein Vorleben, seine Familienverhältnisse, mögliche Straftaten.

Er musste nicht lügen. Mit der Polizei oder einem deutschen Gericht hatte Günther noch nie etwas zu tun gehabt. Den Vorfall im Kiosk vor der Zeche *Holland* erwähnte er nicht.

Manfred schnorrte eine Zigarette von Günther. Sie hatten Manfred Rosenbaum im Zug nach Landau kennengelernt. Er stammte aus Köln und war zwanzig Jahre alt, ein hochgewachsener sportlicher Typ mit blondem Haar. Man musste Manfred als gut aussehend bezeichnen. Sein Gesicht war fein geschnitten und besonders auffällig waren seine Augen: perfekt geformt und von einem lebhaften Himmelblau. Wenn Manfred lächelte, und das tat er häufig, bildeten sich ringsum Lachfältchen. Kurzum: Er war ein Typ, auf den die Mädels flogen.

Als sie vorgestern Nacht in einem Bummelzug in Landau ankamen, warteten Beamte der Bahn- und Kriminalpolizei auf dem Bahnsteig. Günther war das Herz in die Hose gerutscht. Fahndeten sie schon nach ihm?

Manfred wusste, dass die Polizei nach Straffälligen und Verheirateten suchte, die man wegen des Verstoßes gegen die Unterhaltspflicht belangen konnte. Auch nach Minderjährigen. Die Franzosen interessierte es nicht, dass man in der Bundesrepublik erst mit einundzwanzig volljährig wurde. Nach Vollendung des achtzehnten Lebensjahres konnte man Fremdenlegionär werden. Eine Erlaubnis der Eltern wurde nicht verlangt.

Günther hatte Manfred zu verstehen gegeben, dass er an einer Begegnung mit der Polizei nicht sonderlich interessiert sei. Also waren Günther, Matthias und Manfred auf die Gleise gesprungen und in der Dunkelheit der Nacht verschwunden.

»Wie ist es gelaufen?« Manfred ließ sich Feuer geben.

»Die haben mich mindestens fünf Mal das Gleiche gefragt!«, meinte Günther kopfschüttelnd.

»Klar, die wollen sehen, ob du dich in Widersprüche verwickelst.«

»Ob ich in der FDJ war, ob meine Eltern Kommunisten sind. Dabei interessiert mich Politik überhaupt nicht!«

Manfred hatte dafür eine Erklärung. »Du kommst aus der Ostzone. Die Franzosen kämpfen in Vietnam gegen die Kommunisten. Sie wollen verhindern, dass kommunistische Agenten die Fremdenlegion unterwandern.«

Matthias schüttelte den Kopf. »Ich denke, die brauchen dringend Leute! Dann sollen sie sich nicht so anstellen.«

»Sie nehmen auch sonst nicht jeden. Ein Kumpel hat mir erzählt, dass schon hier die Hälfte ausgesiebt wird. Die meisten werden abgelehnt, weil sie zu schwach sind.«

»Da sehe ich bei mir kein Problem«, sagte Günther. »Beim

Arzt konnte ich mich gleich wieder anziehen, als ich ihm sagte, dass ich auf der Zeche gearbeitet habe.«

Der Commandant, der Günther in die Mangel genommen hatte, trat auf den Hof. Er war ein hagerer Typ mit buschigen Augenbrauen. Er trug sein weißes Käppi und die scharlachroten Epauletten. Neben ihn trat ein Sergent. Dieser hatte einen stattlichen Bauch, den er durch eine überweite Uniformjacke nicht kaschieren konnte. Auch mit ihm hatten Günther Berger, Matthias Birchel und Manfred Rosenbaum Bekanntschaft gemacht, ihm Rede und Antwort stehen müssen.

Der Commandant wartete, bis die Bewerber einen Halbkreis vor ihm gebildet hatten. Er sprach sehr gut Deutsch mit Elsässer Färbung. »Meine Herren. Ich lese die Namen derjenigen vor, die den ersten Test bestanden haben. Die treten nach rechts raus. Wir werden Sie noch heute nach Straßburg bringen. Alle anderen erhalten von uns einen Freifahrschein zu jedem Ort in der Westzone, zu dem sie fahren wollen.«

Der Hagere begann die Namen vorzulesen. Schon bald durfte Matthias Birchel aus der Reihe der Wartenden nach rechts treten. Er konnte seine Freude kaum verbergen. Manfred Rosenbaum folgte ihm kurz darauf.

Günther Berger trat von einem Fuß auf den anderen. Er versuchte, ein System zu erkennen, aber alphabetisch wurden die Namen nicht aufgerufen. Als sieben Männer nach rechts getreten waren, faltete der Commandant den Zettel zusammen und gab ihn dem dicken Unteroffizier.

Günther konnte es nicht fassen. Er hatte das Mindestalter erreicht, er war gesund, er war stark. Er suchte den Blickkontakt mit seinen Freunden, die ebenfalls fassungslos waren.

Mit einer forschen Handbewegung wies der Commandant den Gescheiterten den Weg ins Büro, in dem sie ihre Freifahrscheine in Empfang nehmen sollten. Es gab keinen Widerspruch, keinen Protest, kein Aufbegehren. Gehorsam trotteten die Verlierer davon. Günther blieb stehen.

Der Commandant baute sich vor ihm auf. »Brauchen Sie eine Extraeinladung?«

Günther nahm seinen Mut zusammen. »Warum ich nicht?«

»Sie kommen aus dem Osten!«

»Ich bin vor einem Jahr dort weg. Glauben Sie, die Kommunisten haben mich mit siebzehn zum Agenten gemacht und lassen mich dann erst ein Jahr auf der Zeche arbeiten? So blöd sind doch selbst die nicht!«

Auf dem Gesicht des Hageren ließ sich keine Regung erkennen. »Treten Sie ab!«

Günther begriff, dass er den Mann nicht überzeugen konnte. Er wollte sich abwenden, als sich Matthias neben ihn stellte. »Streichen Sie mich von Ihrer Liste. Ohne meinen Freund fahre ich nicht nach Straßburg.«

Auf dem Gesicht des Commandanten machte sich Erstaunen breit. Derartiges schien er noch nicht erlebt zu haben. Sein Gesicht färbte sich rot. Bevor er etwas sagen konnte, sprach ihn der Schmerbauch von der Seite an. Die beiden gingen ein Stück zur Seite. Der Dicke redete auf seinen Vorgesetzten ein. Natürlich verstanden Berger und Birchel fast nichts, weil die Unterhaltung auf Französisch geführt wurde.

Manfred und die anderen fünf Auserwählen standen immer noch abseits und verfolgten das Geschehen neugierig.

Günther schaute seinen Freund missbilligend an. »Das hättest du nicht tun sollen. Jetzt nehmen sie dich auch nicht mehr!«

»Ist mir egal.«

Der Commandant kam zurück und ließ sich von dem dicken Unteroffizier den Zettel und einen Stift geben. Günther war sich sicher, dass er nun Matthias' Namen von der

Liste streichen würde. Aber der Commandant wandte sich an ihn. »Sie heißen Berger?«

»Ja. Günther Berger.«

Der Commandant schrieb Bergers Namen auf die Liste.

Günther und Matthias versuchten, sich ihre Triumphgefühle nicht anmerken zu lassen. Aber als die beiden Legionäre den Hof verlassen hatten, fielen sie sich in die Arme und lachten.

Manfred kam hinzu und schlug ihnen auf die Schultern. »Das nenne ich Mut!«

Günther boxte Manfred übermütig vor die Brust. »Man muss nur richtig auf die Kacke hauen, damit kommt man immer durch!«

Manfred wusste es besser. »Die stehen mächtig unter Druck. Jeden Monat müssen sie mindestens achthundertfünfzig Bewerber nach Straßburg bringen. Sie liegen in ihrem Soll weit zurück. Wir waren ursprünglich vierundzwanzig. Wenn sie Matthias auch noch vor der Liste gestrichen hätten, wären wir nur zu sechst gewesen. Viel zu wenig. Jetzt sind wir acht. Das ist besser.«

Eine Stunde später erhielten Günther Berger, Matthias Birchel, Manfred Rosenbaum und die anderen zukünftigen Legionäre die Uniformen der französischen Armee. Die meisten Sachen waren verschlissen, einige hatten Löcher von wehrkraftzersetzenden Motten. Bei der Kleiderausgabe achtete man nur bedingt darauf, dass die Größe stimmte. An den Uniformen gab es keinerlei Rangabzeichen bzw. Hinweise auf die Zugehörigkeit zu einem Regiment.

Nach Einbruch der Dunkelheit fuhr ein Omnibus der französischen Armee vor. Gut gelaunt traten die acht ihre Reise nach Straßburg an.

Der Commandant wartete vor dem Büro, bis der Bus abgefahren war. Günther winkte ihm zu. Der Offizier winkte nicht zurück.

Neben dem Busfahrer hatte ein Leutnant der französischen Armee Platz genommen. Er richtete nur ein einziges Mal das Wort an die jungen Männer, und zwar kurz nachdem das Hinweisschild des Grenzübergangs Schweigen aufgetaucht war.

»Sie haben gesehen, wie der Grenzort heißt: Schweigen. Und genau das befehle ich Ihnen. Sie dürfen erst wieder reden, wenn wir die Grenze hinter uns gelassen haben! Verstanden?!«

Die acht Männer nickten.

Kurz darauf erreichte der Omnibus den Grenzübergang. Die Schranke war heruntergelassen und zwei Zollbeamte standen demonstrativ davor. Günther hörte den französischen Offizier fluchen.

Der Busfahrer deutete den beiden deutschen Zöllnern mit einer Handbewegung, dass sie den Schlagbaum öffnen sollten. Das taten sie nicht, sondern forderten ihn im Gegenzug auf, die Tür zu öffnen.

Der schlecht gelaunte französische Leutnant herrschte sie an: »Dies ist ein Bus der französischen Armee. Sie haben nicht das Recht, uns aufzuhalten.«

Einer der beiden Zollbeamten hob beschwichtigend die Hände. »Wir suchen einen jungen Deutschen: Karl Lukowski. Wir müssen eine Passkontrolle durchführen.«

In der Reihe vor Günther wurde einer der Kameraden immer kleiner, bis er schließlich ganz zwischen den Sitzen verschwunden war.

»Hier gibt es keine Deutschen. Wir sind Soldaten der französischen Armee«, knurrte der Offizier.

Der andere Zollbeamte schaltete sich ein. »Herr Leutnant, wir wollen keinen Ärger. Wir sind aber auch nicht blöd. Sie fahren hier drei Mal die Woche durch. In Ihrem Bus sind ausschließlich Deutsche. Lassen Sie uns die Pässe kontrollieren. Wenn Karl Lukowski nicht unter Ihren Leuten ist, können Sie weiterfahren.«

»Das kommt nicht infrage!« Wutentbrannt stieg der Offizier aus dem Bus und wies den Fahrer an, die Tür zu schließen.

Die beiden Zollbeamten folgten dem Davoneilenden zum Wachhaus. Dort ließ der sich das Telefon geben.

Günther tippte den Kameraden vor sich an. »Was hast du ausgefressen?«, flüsterte er.

Karl Lukowski war klein und untersetzt, mit einem Schädel, der etwas zu groß für seinen Körper wirkte, zumal seine schwarzen lockigen Haare aus der Form geraten waren und in alle Himmelsrichtungen zeigten. Trotz seines gewaltigen Schädels hatte Lukowski ein Knabengesicht. Die spärlichen Haare über seiner Oberlippe resultierten wohl aus dem gescheiterten Versuch, älter und männlicher auszusehen. In seinen blauen Augen lag Angst. »Nichts.«

»Und warum suchen die dich?«

»Ich bin von zu Hause abgehauen.«

»Und warum machen die hier so einen Aufstand?«

»Ich bin noch nicht achtzehn. Das werde ich erst in einer Woche. Aber wenn ich erst mal in Straßburg bin, dann ist alles gelaufen.«

Günther runzelte die Stirn. »Woher wissen die Zöllner, dass du hier im Bus sitzt?«

Karl Lukowski seufzte. »Ich habe meiner Mutter einen Brief geschrieben, dass ich mich in Landau bei der Fremdenlegion bewerbe. Sie sollte sich keine Sorgen machen.«

»Selber schuld!«

»Ruhe!«, brüllte der Busfahrer.

Nach zehn Minuten stieg der Offizier wieder in den Bus und setzte sich wortlos auf seinen Sitz neben dem Fahrer. Die beiden Zollbeamten nahmen ihren Platz vor dem geschlossenen Schlagbaum ein.

Zwanzig Minuten passierte gar nichts. Dann fuhren von der französischen Seite der Grenze zwei Jeeps auf den Grenzposten zu. Die französischen Polizisten stiegen aus und machten sich am Schlagbaum zu schaffen. Es kam zu einem Handgemenge mit den beiden Zöllnern, die aber gegen die Übermacht keine Chance hatten.

Die Gendarmen öffneten den Schlagbaum. Der Busfahrer startete den Motor. Ungehindert passierte der Omnibus die Grenze.

Günther legte seinem Vordermann die Hand auf die Schulter. »Glückwunsch! Du hast es geschafft.«

Karl Lukowski lachte. »Es lebe Frankreich. Es lebe die Legion!«

7

Hauptkommissarin Kruse holte tief Luft und klopfte an die Tür des Staatsanwaltes. Als sie ein kräftiges »Herein!« vernahm, öffnete sie die Tür und trat ein. Staatsanwalt Ellersbach saß an seinem Schreibtisch und schaute sie über einen Berg Akten fragend an.

Sonja Kruse kannte den neuen Staatsanwalt bisher nur vom Hörensagen. Er hatte vor acht Wochen seinen Dienst aufgenommen und ihre Wege hatten sich noch nicht gekreuzt. Wenn sie nicht gewusst hätte, dass er nach der üblichen juristischen Laufbahn mindestens Ende zwanzig, wenn nicht Anfang dreißig sein musste, hätte sie ihn für Anfang zwanzig gehalten. Er trug eine Nickelbrille, Jeans und ein blaues Shirt. Sein linkes Ohrläppchen zierte ein Ohrring. Kurzum: Er sah aus wie ein Student im dritten Semester Politik oder Soziologie. Aber einer von der hübschen Sorte.

Sein Gesicht war fein geschnitten, seine schwarzen Haare schulterlang, sein Lächeln kess.

»Hauptkommissarin Kruse? Es freut mich, Sie kennenzulernen.« Der junge Staatsanwalt stand auf und kam auf sie zu. Er war mindestens eins neunzig groß und trug Nike-Turnschuhe. Sein Händedruck war kräftig, seine Hände warm und weich.

»Es freut mich auch. Wir hatten noch nicht das Vergnügen.«

Ellersbach bot ihr einen Stuhl an. »Ich bin noch dabei, die Fälle meines Vorgängers durchzuarbeiten. Gut, dass ich keine Stauballergie habe. Espresso?«

»Gerne!«

Der Staatsanwalt trat an eine Espressomaschine und drückte auf ein paar Knöpfe. »Ich bin ein Kaffeejunkie!«, gestand Ellersbach. »Das Gerät ist ein Geschenk meiner Eltern zu meiner Ernennung zum Staatsanwalt.« Er schob zwei Tassen unter die Düsen. »Erzählen Sie mir von Ihrem Fall!«

Sonja Kruse nahm erst Platz, als sich Ellersbach ebenfalls gesetzt hatte und ihr einen fragenden Blick zuwarf.

Mit kurzen Worten schilderte Sonja Kruse ihren gestrigen Besuch im Hospiz und gab ihr Gespräch mit Doktor Vogt wieder.

Ellersbach hörte aufmerksam zu. »Was hat die Obduktion ergeben?«

»Ich habe vorhin erst den Bericht erhalten. Birchel ist erstickt worden. Der Gerichtsmediziner hat einen Zungenbeinbruch festgestellt, so sind auch die leichten Quetschungen an der Schulter zu erklären. An Birchels Kopfkissen wurden Speichel und Nasensekret festgestellt, weit über der Menge, die ein Schlafender normalerweise absondert. Offenbar wurde Matthias Birchel mit seinem Kissen ermordet.«

Die Espressomaschine hatte ihren Job beendet. Der Staatsanwalt stand auf. »Reden Sie ruhig weiter!«

»Es wurden Hautpartikel unter den Fingernägeln sichergestellt. Birchel hat sich offenbar gewehrt. Ich habe eine DNA-Bestimmung in Auftrag gegeben.«

Der Staatsanwalt reichte ihr eine Kaffeetasse, samt Zuckerstücken und Löffel. »Beim Täter oder bei der Täterin wird es also Abwehrverletzungen geben.«

»Davon können wir ausgehen.«

Der Staatsanwalt sog den Duft des Kaffees ein und nippte an seiner Tasse. »Irgendetwas, was auf einen Täter oder ein Motiv schließen lässt?«

»Ich stehe am Anfang meiner Ermittlungen. Ich wollte erst das Ergebnis der Obduktion abwarten. Sicherheitshalber habe ich gestern Birchels Zimmer versiegelt. Die Spurensicherung ist schon auf dem Weg dorthin.«

»Wie kann ich Ihnen helfen? Brauchen Sie richterliche Anordnungen, einen Durchsuchungsbeschluss?«

Sonja Kruse trank ihre Tasse leer und stellte sie ab. »Vorerst nicht. Ich wollte Sie nur informieren, damit Sie auf dem Laufenden sind.« Sie stand auf.

Ellersbach lächelte sie an. »Haben Sie morgen Abend schon etwas vor?«

Sonja schaute ihn überrascht an. »Soll das eine Einladung zu einem Date sein?«

Ellersbachs Lächeln wandelte sich in ein bubenhaftes Grinsen. »Ich wollte Sie zu einem Konzert einladen. Meine Band spielt in der *Zeche*. Wir nennen uns *Lucas und die vier Gerechten*. Ich heiße Lucas.«

»Ich werde es mir überlegen«, sagte Sonja Kruse, reichte ihm die Hand und verließ mit hochrotem Kopf das Büro.

8

Frank hatte ein merkwürdiges Gefühl, als er am Nachmittag die Villa seines Vaters in Bochum-Stiepel betrat. Er war noch nie allein in dem Haus gewesen, hatte nie einen Schlüssel besessen. Als er sich mit achtzehn eine eigene Wohnung gesucht hatte, hatte seine Familie in einem Reihenhaus in Ehrenfeld gewohnt. Hier im Löwenzahnweg war er immer nur ›zu Besuch‹.

Auf dem kleinen Tisch in der Küche standen noch die Kaffeetassen und die Milchtüte, die sein Vater vorhin bereitgestellt hatte.

Frank ging zielgerichtet ins Schlafzimmer und öffnete den großen verspiegelten Kleiderschrank. Im Krankenhaus hatte man ihn gebeten, ein paar Sachen für seinen Vater zu holen, falls er wieder aufwachte und sie benötigen würde. Falls er wieder aufwachte …

Günther Berger hatte im Flur einen Herzinfarkt erlitten. Die Frau mit den kurzen schwarzen Haaren hatte offenbar die Lage sofort erkannt und Erste Hilfe geleistet, während Frank einen Notarzt anrief, der bereits wenige Minuten später eintraf. Frank hatte seinen Vater auf dem Weg zum Krankenhaus begleitet. Die elegante Frau, die vor dem dramatischen Geschehen aufgetaucht war, hatte er nicht mehr gesehen. Sie war wie eine mystische Erscheinung auf- und nach dem Eintreffen des Notarztes wieder abgetaucht. Und sosehr er sich auch bemühte, ihm fiel ihr Name nicht mehr ein.

Im Krankenhaus war Günther Berger sofort auf die Intensivstation gebracht worden. Frank musste zwei Stunden auf dem Flur herumlungern, bis ihm der behandelnde Arzt mitteilte, dass sein Vater »mit hoher Wahrscheinlichkeit« über den Berg sei. Er verdanke es seiner guten körperlichen Verfassung und dem schnellen Eintreffen des Notarztes.

Bei der Aufnahme sollte Frank einen Fragebogen ausfüllen und musste kapitulieren. Er wusste nicht, ob und welche Medikamente sein Vater nahm, wo er versichert war, ob er eine Krankenhauszusatzversicherung besaß, ihn Allergien plagten und wie sein Hausarzt hieß. Er versprach, die Daten nachzureichen.

Nun packte Frank Wäsche, Schlafanzug, Bademantel und persönliche Sachen aus dem Bad in einen kleinen Koffer. Er notierte die Namen der Medikamente, die im Medizinschrank standen, und die Namen aller Ärzte, die er im Adressbuch fand. Jetzt benötigte er nur noch die Versicherungsunterlagen.

Frank wusste, dass sein Vater penibel in solchen Dingen war. Im Arbeitszimmer würde er sicherlich einen entsprechenden Ordner finden. Das kleine Büro befand sich direkt neben dem Schlafzimmer und bot einen schönen Blick auf die Ruhr.

Am Fenster stand ein Schreibtisch aus Edelholz mit einer Schreibmaschine und Schreibutensilien. Sein Vater hatte den Anschluss an das Computerzeitalter verpasst. Als er noch die Firma leitete, erledigte eine Sekretärin die Schreibarbeiten. Sie stand ihm auch heute noch auf Honorarbasis stundenweise zur Verfügung. Wenn es ganz dringend war, tippte er seine Briefe im Zweifingersuchsystem in die elektrische Schreibmaschine.

Frank trat an den Schreibtisch. Ein paar Zeitungsartikel über die Stiftung lagen herum, handschriftliche Notizen, aktuelle Auszüge der Stiftungskonten.

Er zog die Schubfächer auf. Bezahlte Rechnungen, Kostenvoranschläge für den Umbau der Terrasse, Gratulationskarten, Einladungen.

In der unteren Schublade lag ein weißer DIN-A5-Umschlag mit einem magischen, handgeschriebenen Wort: *Testament.*

Frank nahm den Umschlag und drehte ihn um. Er war nicht verschlossen. Frank legte das Kuvert wieder zurück. Das Testament ging ihn nichts an, und sein Vater lebte noch. Außerdem war ihm klar, dass sein Vater sein Vermögen seiner Stiftung vermachen würde. Frank hatte kein Problem damit. Er verdiente sein eigenes Geld. Sein Vater hatte ihn nach dem frühen Tod seiner Mutter allein aufgezogen, ihm das Studium ermöglicht und ihn finanziell großzügig unterstützt. Frank hatte lange genug an der finanziellen Nabelschnur seines Vaters gehangen und war froh, dass er nun unabhängig war.

Frank schloss die Schublade und öffnete eine Schranktür, hinter der sich tatsächlich der gesuchte Aktenordner befand. Schnell suchte er die nötigen Versicherungsunterlagen und steckte sie ein.

Er ging zur Tür und blieb stehen. Seine Finger trommelten eine Weile am Türrahmen, dann machte Frank kehrt, öffnete die Schreibtischschublade erneut und nahm den Umschlag mit dem Testament heraus.

Als Erstes fiel ihm eine handschriftliche Notiz seines Vaters in die Hände, die besagte, dass das Original und weitere Details bei Rechtsanwalt und Notar Knipping hinterlegt seien. Frank erinnerte sich. Knipping war der bekannteste Anwalt in Bochum und hatte seinen Vater früher in geschäftlichen Angelegenheiten vertreten.

Mit klopfendem Herz faltete Frank den Briefbogen auf.

Mein letzter Wille. Im Falle meines Todes sollen mein Haus, alle beweglichen Güter, alle Wertsachen und Gemälde meiner Stiftung zukommen.

Die Nachricht überraschte Frank nicht. Er hatte nichts anderes erwartet. Aber das Testament ging noch weiter.

Meine Wertpapiere mit dem gegenwärtigen Kurswert von 1,2 Millionen Euro gehen zu gleichen Teilen an meinen Sohn Frank und meine Tochter Ha Phuong.

Frank las den Satz drei Mal: ... und meine Tochter Ha Phuong.

Sein Vater hatte eine Tochter?

Er hatte eine Schwester?

Und sie hieß nicht Carmen oder Stefanie, sondern Ha Phuong.

Benommen ging Frank an die kleine Bar im Wohnzimmer und goss sich einen Brandy ein.

9

Marseille, 06.05.1952

Obwohl ein kalter Wind vom Meer her wehte, saßen sie draußen vor einer Kneipe im Hafenviertel und tranken Pastis. Der Anisschnaps war zwar nicht ganz nach ihrem Geschmack, aber Franzosen tranken schließlich Pastis. Und sie fühlen sich wie Franzosen.

Im Joliette-Hafenbecken lagen Frachter mit Waren aus aller Welt. Es herrschte ein munteres Treiben auf den Piers, dem Günther Berger, Manfred Rosenbaum und Karl Lukowski interessiert zusahen. Sie hatten eins gemein: Sie waren noch nie am Meer gewesen. Sie sogen die salzige Luft in sich hinein, als könne man davon einen kostenlosen Rausch bekommen.

»Ich habe einen Mordshunger!«, meinte Manfred schließlich. »Sollen wir nicht schon mal was bestellen?«

Günther hob das Glas zum Mund. »Lasst uns auf Matthias warten.«

»Da können wir lange warten. Die Huren aus Afrika haben es ihm angetan«, meinte Karl Lukowski.

Karl gehörte jetzt mit dazu. An einem der langweiligen Abende in der Kaserne hatte er seine Geschichte erzählt. Karl Lukowski stammte aus Marl-Hüls. Sein Vater war in Stalingrad gefallen. Seine Mutter hatte nicht lange getrauert und machte sich an Kurt Wertmüller heran. Der war Inhaber einer Kohlenhandlung und war nicht zur Wehrmacht eingezogen worden, angeblich, weil er wegen der Versorgung der heimischen Bevölkerung mit Brennstoffen unentbehrlich war. Wahrscheinlicher war aber, dass sein Bruder, ein Gauleiter der NSDAP, dafür gesorgt hatte, dass Kurt Wertmüller nicht an der Front verheizt wurde.

Eines Tages kam Karls Mutter nach einer Kohlenlieferung aus dem Keller, ihr Kittel war pechschwarz. Sie habe in den Kohlen gelegen. Das war offenbar nicht gelogen. Karl erinnerte sich, dass seine Mutter keineswegs verärgert war über ihr Missgeschick. Im Gegenteil, sie machte einen höchst zufriedenen Eindruck. Zwei Monate später, es war im Januar 1946, Karl war damals elf Jahre alt, zogen sie aus ihrer Einzimmerwohnung aus und in das Haus des Kohlenhändlers ein. Und damit begann Karls Leidensgeschichte. Sein Stiefvater verprügelte ihn regelmäßig nach Strich und Faden. Er wollte die Frau, nicht das Kind. In dem Jungen sah er nur eine billige Arbeitskraft. Karls Mutter brachte es nicht fertig, sich schützend vor ihn zu stellen, und gab dem neuen Ernährer der Familie stets recht. Mehrfach war Karl abgehauen und von der Polizei aufgegriffen worden. Anschließend gab es die Prügel stets im Doppelpack.

Als Karl siebzehn wurde, schlug er zum ersten Mal zurück. Sein Stiefvater griff zu einem Feuerhaken. Karl verbrachte vier Monate im Krankenhaus und blieb von da an seinem Elternhaus fern. Im Krankenbett hatte er einen Artikel über die Fremdenlegion gelesen und den Entschluss gefasst, dort sein Glück zu versuchen. Die Wüste von Algerien konnte nicht schlimmer sein als die Hölle von Marl-Hüls.

Karl war per Anhalter quer durch Deutschland gereist. Doch im Landauer Büro der Fremdenlegion hatte man ihm gesagt, dass er zu jung für die Legion sei.

Die Wartezeit zu überbrücken, war nicht einfach. Er pennte in Ruinen und verdiente als Tagelöhner sein Essen, immer in Sorge, von der Polizei aufgegriffen zu werden. Eine Woche vor seinem Geburtstag hatte er erneut das Büro der Fremdenlegion in Landau aufgesucht.

In Straßburg waren die vier mit den Bewerbern zusammengetroffen, die in Kehl, Offenburg, Freiburg, Baden-Baden, Villingen und Koblenz den ersten Test bestanden hatten. Es erfolgte eine genaue medizinische Untersuchung und eine erneute Sicherheitsüberprüfung. Die für die Einstellungsverhöre zuständigen Soldaten des B. S. L. E. nahmen das Vorleben der Bewerber wiederholt unter die Lupe. Nur jeder zweite nahm die Hürde. Bei den meisten waren medizinische Gründe ausschlaggebend für das Aus, viele Bewerber waren unterernährt oder hatten nicht die nötige Kondition bewiesen.

Als man ihnen mitteilte, dass sie den Test bestanden hatten, wurde den vieren ein Kontrakt auf Französisch vorgelesen, mit dessen Unterzeichnung sie sich für die Dauer von drei Monaten der militärischen Disziplinargewalt unterwarfen. Sie hatten Rosenbaum fragend angesehen. Manfred sprach ein wenig Französisch. Er hatte als Einziger verstanden, um was es ging. Als er nickte, unterschrieben sie.

Ein paar Tage später wurden sie nach Marseille gebracht, wo sie mit allen vorläufig unter Vertrag genommenen Legionären aus ganz Europa zusammenkamen. Am Ende einer nochmaligen Überprüfung stand die Unterzeichnung eines fünfjährigen Engagements für die Fremdenlegion. Es sah eine mehrwöchige Ausbildung im algerischen Sidi Bel Abbès und einen mindestens zweijährigen Einsatz in Indochina vor.

Sie hatten ihre Einstellungsprämie von 26.000 Francs erhalten, was ungefähr 220 DM entsprach, und fühlten sich wie die Könige von Frankreich.

Manfred bestellt noch eine Runde Pastis. »Danach gehen wir was essen. Wir können nicht ewig auf den Bayern warten.«

Als der Kellner verschwunden war, bogen fünf Franzosen um die Ecke, alle etwas älter als die drei frischgebackenen Legionäre. Sie schienen mehr Pastis getrunken zu haben, als sie vertragen konnten, denn sie schwankten bereits und unterhielten sich grölend. Die fünf warfen einen abschätzigen Blick auf die drei Deutschen und machen abfällige Bemerkungen, wie Günther aus dem Tonfall schloss. Er wandte sich an Manfred. »Was haben sie gesagt?«

Manfred zuckte mit den Achseln. »Ich habe das nicht richtig verstanden, aber es waren keine Liebesbekundungen.«

»Was heißt denn ›Froschfresser‹ auf Französisch?«, wollte Karl wissen.

Manfred lachte. »Ich sage es dir besser nicht.«

In diesem Moment blieben die fünf Franzosen stehen und tuschelten miteinander, während sie den Deutschen verstohlene Blicke zuwarfen.

Günther wurde unruhig. »Vielleicht ist es besser, wenn wir zahlen und gehen.«

»Du hast recht«, sagte Manfred und stand auf. Er hatte noch nicht die Tür zur Kneipe erreicht, als zwei der Franzosen ihn anrempelten.

Günther und Karl hielten die Luft an.

Manfred ließ sich von der Attacke nicht beeindrucken und wollte seinen Gang fortsetzen. Einer der Franzosen hielt ihn am Ärmel fest und wollte ihm einen Stoß versetzen. Manfred wich geschickt aus, der Franzose stolperte und fiel auf einen der Tische. Im nächsten Moment stürzten sich seine Kumpane auf Manfred.

Günther und Karl tauschten einen Blick, dann sprangen sie auf, griffen ihre Korbstühle und prügelten damit auf die Angreifer ein.

Als wenig später der Wirt mit zwei kräftigen Fischern aus der Kneipe eilte, lagen zwei der Franzosen blutend im Dreck, ein anderer humpelte davon.

Günther und Karl lieferten sich einen Boxkampf mit den anderen, während sich Manfred stöhnend vom Boden erhob. Aus den Augenwinkeln sah er, wie der Wirt und die beiden Fischer Anstalten machten, sich Günther und Karl vorzunehmen. »Wir sind Legionäre!«, rief Manfred auf Französisch.

Günther und Karl hatten sich bereits darauf eingestellt, nun ordentlich Prügel zu beziehen, doch Manfreds Ruf wirkte wie eine Zauberformel. Der Wirt und die beiden Fischer schnappten sich ihre Landsleute und warfen sie zu den anderen in den Dreck. Der Wirt beschimpfte und bespuckte sie und die fünf machten, dass sie davonkamen.

Dann redete er mit großen Gesten auf Manfred ein, der nach Luft schnappte und mit knappen Worten antwortete.

Die Fischer nötigten Günther und Karl, sich wieder zu

setzen, und als Manfred sich den Dreck von den Klamotten geklopft hatte, war bereits einer der Fischer mit einer Flasche Pastis zurück und goss ihre Gläser randvoll. Er schlug ihnen übermütig auf die Schultern und verschwand mit seinem Kollegen und dem Wirt wieder in der Kneipe.

Günther und Karl sahen Manfred fragend an. »In der Kneipe habe ich ein Foto gesehen, das den Wirt in der Uniform der Legion zeigt.«

Günther hob das Glas. »Trinken wir auf unseren ersten Kampfeinsatz!«

Sie stießen an. Als sie die Gläser absetzten, sahen sie, wie Matthias Birchel um die Ecke bog und Kurs auf sie nahm.

»Mensch, was tun mir die Eier weh!«, stöhnte der Bayer und griff sich in den Schritt. »Diese Negermutti hat mich geritten, dass mir Hören und Sehen vergangen ist.« Er griff sich ein Glas und leerte es in einem Zug.

»Na, dann hat ja die Damenwelt in nächster Zeit ein bisschen Ruhe vor dir«, frotzelte Karl.

»Zwangsläufig.«

»Sag nicht, dass du pleite bist!«

»Das sowieso.« Er blickte in die Runde. »Wisst ihr es denn noch nicht? Wir laufen aus.«

»Wann?«

»In zwei Tagen ist die Einschiffung. Sidi Bel Abbès, wir kommen!«

10

Zwei Stunden lang hatte Frank wie im Rausch das Arbeitszimmer seines Vaters auf den Kopf gestellt, jeden Ordner gewälzt, jede Schublade durchsucht, jeden Briefumschlag geöffnet. Er hatte nichts gefunden, was Licht in das Dunkel brachte. Keine Adresse von Ha Phuong, keine Briefe – nichts.

Vor einer Stunde war ihm ein vager Verdacht gekommen. In der Firma seines Vaters hatte in den Neunzigerjahren eine Thailänderin gearbeitet. Sein Vater wollte Handelskontakte nach Thailand aufbauen und die Thailänderin, die in Essen mit einem Deutschen verheiratet war, führte zunächst den Schriftverkehr. Da sie zudem Englisch sprach, bot ihr Günther Berger eine feste Stelle im Sekretariat an.

Frank erinnerte sich an Betriebsrat Kunold und rief ihn an. Zwanzig Minuten später rief ihn die Thailänderin auf seinem Handy zurück. Ha Phuong, da war sie sich ganz sicher, sei ein vietnamesischer Name. Sie wusste auch, dass es zu keiner Zeit Geschäftsbeziehungen mit Vietnam gegeben hatte.

Frank war ratlos. Sein Vater war nie in Asien gewesen, weder geschäftlich noch im Urlaub. Er war in seinem ganzen Leben aus Europa nicht herausgekommen. Hatte er über eine Hilfsorganisation ein Patenkind? Frank konnte sich das nicht vorstellen, sein Vater hatte stets abwertend über diese Art von Adoptionen gesprochen.

Wo und wann hatte er eine Vietnamesin kennengelernt und mit ihr ein Kind gezeugt?

Natürlich gab es eine Menge chinesischer und thailändischer Restaurants im Ruhrgebiet, möglicherweise sogar vietnamesische. Aber sein Vater hatte aus seiner Ablehnung der asiatischen Küche nie ein Hehl gemacht. Mit der absurden Begründung, sie würden Ratten, Katzen und Hunde in ihrer Küche verarbeiten, mied er derartige Restaurants.

Frank stellte die Ordner zurück in den Schrank. Er würde warten müssen, bis sein Vater wieder ansprechbar war.

Als er mit der Reisetasche am langen Arm die Villa verlassen wollte, fiel ihm ein, dass er in keiner Schublade Fotos gefunden hatte. Frank erinnerte sich, dass er als Kind oft Alben durchgeblättert hatte, mit Fotos von seinen Eltern während der ersten Urlaube in Österreich, Schnappschüssen von Geburtstagsfeiern und Hochzeiten. Natürlich hatte es auch jede Menge Fotos und Dias gegeben, die ihn als Kleinkind zeigten, mit der Schultüte im Arm oder als er zur Kommunion ging. In den Achtzigerjahren war dann keine Zeit mehr für das aufwendige Einkleben in bunte Alben gewesen, die Fotos wurden in Kartons verpackt und später in den Keller gebracht.

Frank parkte die Reisetasche im Flur und ging ein Stockwerk tiefer. Auch hier hielt sein Vater Ordnung, vor allem in dem Teil des Kellers, in dem die Weine lagerten. Die Weinregale waren beschriftet und Frank konnte edle Tropfen ausmachen, die so viel kosteten wie ein Flugticket um die Welt.

In einer großen Holzkiste fand er schließlich, wonach er gesucht hatte. Kartons mit Fotos, Fotoalben, einen Ordner mit vergilbten Zeitungsartikeln über die Pionierjahre der Firma und eine kleine Schatulle. Sie war mit einem einfachen Hängeschloss gesichert. Frank holte einen Schraubenschlüssel und knackte das Schloss.

Zuerst fielen ihm vier Briefe in die Hand. Sie waren alle ungeöffnet. Absender war eine Heide Rosenbaum aus Köln.

Heide Rosenbaum!

Frank sah die elegante Frau mit den schwarzen kurzen Haaren und den himmelblauen Augen vor sich, die am Vormittag an der Tür gestanden hatte. Sie hatte sich mit Heide Rosenbaum vorgestellt. Die Briefe waren in den Achtzigerjahren an die damalige Adresse der Familie Berger in Ehrenfeld adressiert.

Unter den Briefen lag ein Foto, das vier Soldaten in einer Kaserne zeigte. Einer davon zwar zweifelsfrei Franks Vater. Neben dem Foto lag ein vergilbter Ausweis. Unter dem

Schriftzug *Légion Étrangère* waren die Gesichter von drei martialisch aussehenden Herren mit Schnurrbart und Helm zu sehen. Darunter stand *Legio Patria Nostra*. Die Legion ist unser Vaterland.

Es war ein Dienstausweis. Auf dem Gymnasium war Frank in Französisch nicht besonders gut gewesen, aber so viel konnte er verstehen: Günther Berger war am 2.5.1952 in die Fremdenlegion aufgenommen worden.

Frank wusste nicht, ob er lachen oder weinen sollte. Sein Vater war Legionär gewesen? Mit keinem Wort hatte er je etwas davon erwähnt. Frank erinnerte sich, dass sein Vater oft über seine Kindheit in Quedlinburg erzählt hatte, wie er 1956, lange noch vor dem Mauerbau, rübergemacht hatte und wie er 1962 Franks Mutter auf einem Ball der Tanzschule *Bobby Linden* kennenlernte. Wie sein Schwiegervater, Franks Großvater, ihn zunächst als Buchhalter in seiner Maschinenfabrik einstellte und ihn nach drei Jahren zu seinem Geschäftsführer machte.

Das Wort ›Fremdenlegion‹ war in seinen Schilderungen nie aufgetaucht. Auch das Wort ›Zeche‹ nicht. Hatte er nicht erwähnt, dass er Matthias Birchel von der gemeinsamen Arbeit auf einer Zeche kannte?

Was für Überraschungen hatte der Alte noch auf Lager?

Frank schaute auf die Uhr. Es war nach achtzehn Uhr. Er hatte vergessen, den verantwortlichen Redakteur anzurufen, um die Beiträge und die Moderation für den nächsten Morgen durchzusprechen. Da der sich ebenfalls nicht gemeldet hatte, schien es nichts Besonderes zu geben.

Frank nahm die Kiste, verließ den Keller, setzte sich an den Wohnzimmertisch und goss sich noch einen Brandy ein. Er sortierte die Briefe von Heide Rosenbaum nach dem Poststempel. Der erste Brief war am 2.11.1981 abgestempelt worden. Frank stärkte sich mit einem Schluck aus dem Glas und riss den Briefumschlag auf.

Sehr geehrter Herr Berger,
ich bin die Schwester von Manfred Rosenbaum. Er hat sie oft in seinen Briefen erwähnt. Viele Jahre nahm ich an, dass Sie tot sind. Als ich gestern in der Wirtschaftswoche *jedoch ein Foto von Ihnen sah, war ich sofort sicher, dass Sie der Günther Berger sind, mit dem mein geliebter Bruder so viel Leid und vielleicht auch Freud geteilt hat. Ich habe Sie auf einem Foto wiedererkannt, das mir Manfred aus Algerien geschickt hat. Den letzten Brief von meinem Bruder habe ich im Januar 1954 erhalten, aus Vietnam. Danach verliert sich seine Spur, ich habe nie wieder etwas von ihm gehört. Alle meine verzweifelten Nachforschungen sind im Sande verlaufen. Jetzt hoffe ich auf Sie. Können Sie mir etwas über Manfreds Schicksal sagen? Ich bin auf das Schlimmste gefasst, aber ich möchte endlich Klarheit. Bitte setzen Sie sich mit mir in Verbindung.*
Mit freundlichen Grüßen
Heide Rosenbaum

Es gab ein Wort, das Frank elektrisierte: Vietnam! Da war sie – die Verbindung seines Vaters zu Vietnam. Offenbar war er mit der Fremdenlegion dort gewesen.

Frank riss den nächsten Brief auf. Heide Rosenbaum ging davon aus, dass sein Vater ihren ersten Brief möglicherweise nicht erhalten hatte, und wiederholte ihr Anliegen. Im dritten Brief wurde die Briefschreiberin verzweifelt.

Ich kann verstehen, dass Sie möglicherweise nicht mehr an die damalige Zeit erinnert werden wollen. Vielleicht möchten Sie mich aber auch vor einer bitteren Wahrheit schonen. Wenn das Letzte zutrifft, dann möchte ich Ihnen versichern: Nichts ist so schlimm wie die Ungewissheit. Noch heute zucke ich bei jedem Klingeln zusammen, in der Hoffnung, dass mein Bruder vor der Tür steht. Wenn mein Bruder tot ist, kann ich um ihn trauern.

Der vierte Brief war erfüllt von Traurigkeit und Verständnislosigkeit.

Was immer Sie auch bewegt hat, mich weder anzurufen noch mir zu schreiben, es kann nicht so schlimm sein wie der Schmerz, den ich empfinde. Ich werde weiter auf Manfred warten müssen.

Als Postscriptum hatte Heide Rosenbaum angemerkt: *Ich werde Sie nicht weiter belästigen.*

Verflucht! Warum war sein Vater nur so ein Sturkopf? Warum hatte er die Briefe nicht gelesen und beantwortet? Wollte er die Vergangenheit ruhen lassen? Hatte er Angst um seinen guten Ruf, wenn er sich zu seiner Legionärszeit bekannte?

Wut stieg in Frank auf. Sein Vater war ein falscher Hund! Er berief sich gerne auf die ›Gnade der späten Geburt‹ – wie es Altkanzler Kohl einmal gesagt hatte, um auszudrücken, dass seine Generation zu jung war, um aktiv am Krieg teilgenommen und bei den Verbrechen der Nazis mitgewirkt zu haben. Sein Vater war – sieben Jahre nach dem Ende des Zweiten Weltkrieges – Soldat geworden. Frank wusste nicht viel über die Fremdenlegion, aber eines war klar: Die Legion war keine Trachtengruppe.

Es wurde Zeit, seinen Vater zur Rede zu stellen.

11

Sonja Kruse parkte neben dem Wagen der Kollegen von der Spurensicherung und stieg aus. Neben ihr wappnete sich eine Kleinfamilie für den Besuch des sterbenskranken Großvaters.

»Wenn Opa dich nicht erkennt, ist es nicht böse gemeint«, bereitete eine Mutter einen gelangweilten Achtjährigen auf die Begegnung vor. Ihr Ehemann schaute bereits auf die Uhr, als wollte er jetzt schon andeuten, dass es Zeit sei, den Rückweg anzutreten.

Sonja ließ den Angehörigen den Vortritt.

Der Pförtner erkannte sie und kam eilig auf sie zu. »Frau Kommissarin. Ihre Kollegen sind schon da.«

»Ich weiß. Herr …?« Sie schaute ihn fragend an.

»Ortwin Schulte.« Der Pförtner reichte ihr die Hand.

»Ich würde gerne später mit Ihnen sprechen. Wie lange haben Sie noch Dienst?«

»Bis zwanzig Uhr.«

»Dann bis gleich.« Sonja Kruse nahm Kurs auf das Zimmer 104. Die Tür war nur angelehnt, die Kollegen Simkeit und Berlinger schauten auf, als sie das Zimmer betrat.

»Wir sind gleich hier durch!«, meinte Berlinger. Sonja kannte die Kollegen schon einige Jahre. Beide waren zuverlässiger Arbeiter, die keine Fehler machten.

»Wir haben auch den Spind nach Hinweisen durchsucht. Das hier wird dich interessieren.« Der Spurensicherer reichte der Kommissarin eine Klarsichthülle mit einigen Dokumenten. Sie las das obere Schriftstück.

Berlinger erriet ihre Gedanken. »Wenn du diese Lena Misek suchst, sie hat gerade Dienst.«

Bei ihrem Gespräch mit der Krankenschwester, die Matthias Birchel gepflegt hatte, musste Sonja Kruse nach zehn Minuten eine Pause einlegen, weil Lena Misek einen Weinkrampf bekam.

Die Kommissarin reichte ihr ein Taschentuch. »Hören Sie auf zu weinen!«, sagte sie heftiger, als beabsichtigt.

Das Schluchzen der Polin erstickte.

»Es ist mein Job, alle Möglichkeiten in Betracht zu ziehen. Verstehen Sie das?«

Lena nickte und schaute die Kommissarin mit feuchten Augen an. »Ich habe Herrn Birchel sehr gern gehabt, das müssen Sie mir glauben. Warum sollte ich den armen Mann umbringen, er hatte doch nur noch ein paar Tage zu leben.«

Die beiden Frauen saßen zusammen in der verwaisten Küche des Hospizes und Sonja versuchte, sich ein Bild von der Krankenpflegerin zu machen. War die freundliche Polin ein Todesengel? Hatte sie Birchel ein Kissen auf das Gesicht gedrückt, um ihm Leid und Schmerz zu ersparen?

Lena Misek war kräftig gebaut, es bereitete ihr keine Mühe, Patienten in einen Rollstuhl zu heben oder im Bett aufzurichten.

Bereitwillig hatte die Pflegerin der Kommissarin zu Beginn des Gespräches ihre nackten Arme gezeigt. Sie hatte Kratzer am linken Oberarm, angeblich von ihrer Katze.

Körperlich war sie zu der Tat fähig. Und sie hatte – wenn es nicht Mitleid war – ein handfestes Motiv.

Sonja Kruse hielt ihr ein handschriftliches Testament vor die Nase. »Sie erben 15.000 Euro.«

Die Krankenpflegerin starrte fassungslos auf das Papier und wischte sich mit dem Handrücken die Tränen von der Wange. »Ich?«

»Matthias Birchel hat sein bescheidenes Vermögen zu gleichen Teilen einer Stiftung und Ihnen vermacht.«

»Das habe ich nicht gewusst«, stammelte die Kranken-pflegerin.

»Vielleicht doch. Vielleicht hat er es Ihnen erzählt.«

»Das hat er nicht. Und wenn er es mir gesagt hätte, müsste ich ihm doch dankbar sein. Warum sollte ich ihn umbringen?«

Sonja lehnte sich zurück. »Vielleicht haben Sie sich ge-stritten. Möglicherweise hat er gedroht, sein Testament zu ändern. Es sind schon Menschen für weniger Geld umge-bracht worden.«

Die Polin starrte sie an, als zweifelte sie am Verstand der Kommissarin.

Sonjas Handy klingelte. Sie zog es aus ihrer Jackentasche und nahm das Gespräch an. »Sonja Kruse!«

»Hier ist Lucas ohne die vier Gerechten.«

Die Bemerkung des Staatsanwaltes entlockte Sonja ein Lächeln. »Ich bin gerade in einem Gespräch.«

»Die DNA von den biologischen Spuren unter Birchels Fingernägeln liegt vor. Ich habe sie bereits zum BKA zwecks Abgleich gemailt. Ich hoffe, das war in Ihrem Sinne.«

Die Kommissarin fixierte die Krankenpflegerin, die das Testament in den Händen hielt und aufmerksam studierte. Aus ihrem Gesicht konnte man keine Freude über den plötzlichen Geldzuwachs ablesen, sie schien immer noch nicht zu glauben, dass Matthias Birchel sie beschenkt hatte.

Sonja Kruse stand auf und ging auf den Flur. »Haben wir es mit einem Mann oder einer Frau zu tun?«

»Mit einem Mann.«

Die Kommissarin holte tief Luft. Die Krankenpflegerin kam als Täterin nicht infrage. Sonja war froh darüber. »Vie-len Dank. Ich melde mich später.« Sie wartete die Antwort des Staatsanwaltes nicht ab und klappte ihr Handy zu.

Als sie zurück in den Raum kam, sah Lena Misek sie ängstlich an.

Die Kommissarin ging zu ihrem Platz und nahm ihren Notizblock. »Es tut mir leid, dass ich Ihnen solche Fragen gestellt habe, aber ich muss jedem Verdacht nachgehen. Wenn Sie Herrn Birchel gern gehabt haben, dann werden Sie mich verstehen. Ich versuche, seinen Mörder zu finden.«

Die Polin nickte.

Sonja Kruse reichte ihr die Hand. »Ich freue mich, dass Herr Birchel Sie für Ihre Arbeit belohnt hat. Sie haben einen harten Job!« Sonja ging zur Tür.

»Haben Sie mit der Frau gesprochen, die Herrn Birchel besucht hat?«

Die Kommissarin drehte sich um. »Welche Frau?«

»Die Schwester eines Freundes. Er hat mir keinen Namen gesagt. Aber ich habe ihm extra ein weißes Hemd anziehen müssen.«

»Wann war diese Frau bei ihm?«

»Ich weiß es nicht. Ortwin, unser Portier, hat ihr den Weg zu Herrn Birchels Zimmer gezeigt. Sie kam kurz darauf wieder heraus und sagte, dass Herr Birchel nicht mehr atmet. Nadja, das ist die Pflegerin, die mich abgelöst hat, hat dann den Arzt gerufen.«

Die Hauptkommissarin nahm Kurs auf den Pförtner, der eilfertig hinter dem Tisch hervorkam.

»Herr Schulte. Haben Sie jetzt Zeit für mich?«

»Natürlich. Setzen wir uns doch.« Er wies auf die Besucherecke und ging voran.

Sonja Kruse vermied es, auf seine kurzen Beine zu starren. Als er Platz genommen hatte, baumelten seine Füße über dem Boden.

»Was möchten Sie wissen?« Der Pförtner verschränkte seine Arme vor der Brust.

»Sie hatten Dienst, als Matthias Birchel starb.«

»Das ist korrekt.«

»Wann genau verstarb Herr Birchel?«

Der Pförtner strengte seine Gehirnzellen an. »Es muss so gegen siebzehn Uhr gewesen sein. Ich erinnere mich, dass eine Frau kam und sich nach seiner Zimmernummer erkundigte, als die Nachrichtensendung gerade anfing. Kurz danach kehrte sie zurück und sagte, dass Herr Birchel nicht mehr atmet. Ich habe dann Nadja gerufen, die Krankenschwester. Die hat dann Doktor Vogt angerufen. Der war so gegen achtzehn Uhr hier.«

Sonja Kruse schlug die Beine übereinander und zog ihren Rock über die Knie, als sie die Blicke des Pförtners bemerkte. »Wie hieß die Frau, die zu Herrn Birchel wollte?«

Der Pförtner zuckte mit den Schultern. »Sie hat ihren Namen nicht genannt. Sie sagte, dass Herr Birchel sie erwartete.«

»Können Sie sie beschreiben?«

»Sie hatte schwarze kurze Haare und trug einen blauen Mantel mit einem weißen Schal. Sie war sehr groß.«

Wider Willen musste Sonja über seine letzte Bemerkung schmunzeln. Sie ertappte sich dabei und setzte eine ernste Miene auf.

Aber dem Pförtner war die Veränderung ihres Gesichtsausdruckes nicht entgangen. »Natürlich sind für mich die meisten Menschen groß, aber sie war noch größer als Sie. Sie sind eins vierundsiebzig?«

»Eins fünfundsiebzig. Eins zu null für Sie!«

»Sie war eine schöne Frau. Ich habe sie auf Ende fünfzig geschätzt.«

»War sie schon einmal hier?«

»Nein. Sonst hätte sie sich ja wohl nicht nach Birchels Zimmernummer erkundigt«, erklärte der Pförtner mit einem spitzen Unterton.

»Zwei zu null für Sie. Hatte Herr Birchel überhaupt Besuch? Seinen Papieren habe ich entnommen, dass er keine Familie hat und früher in Bielefeld lebte.«

»Günther Berger hat ihn jeden Tag besucht. Jeden Vormittag. Gestern ist er allerdings nicht gekommen.« Der Pförtner musterte die Kommissarin. Die war sich sicher, dass sie den Namen Günther Berger kürzlich gehört oder gelesen hatte, aber sie erinnerte sich nicht mehr an den Zusammenhang.

Ortwin Schulte half ihr auf die Sprünge. »Günther Berger hat eine Stiftung für kranke Kinder aus Kriegsgebieten gegründet und wird dafür demnächst das Bundesverdienstkreuz erhalten. Das stand heute in der Zeitung. Wenn Sie wollen, kann ich sie Ihnen holen.« Der Pförtner machte Anstalten, vom Stuhl zu hopsen.

»Nicht nötig«, sagte Sonja Kruse. »Ich habe es auch gelesen.« Sie schob eine Strähne ihres blonden Haares aus dem Gesicht. Eine Verlegenheitsgeste, wenn sie nach Fragen suchte.

»Ist Ihnen irgendetwas Besonderes aufgefallen, nachdem Frau Misek ihren Dienst beendet hatte?«

Der Pförtner dachte nach. »Zehn Minuten, nachdem Lena gegangen ist, habe ich mir einen Kaffee geholt. Der Automat steht in unserer Küche, die ist am anderen Ende des Flurs. Als ich zurückkam, ging ein Mann über den Flur zum Ausgang. Ich habe ihn nur kurz gesehen, als er sich umdrehte. Es war ein älterer Mann und er trug einen Schnurrbart. Er muss die Patienten in Zimmer 104 oder 106 besucht haben, denn die anderen Zimmer in diesem Bereich sind nicht belegt.«

»Wer liegt in Zimmer 106?«

»Herr Wertmüller. Seine Verwandten wohnen in Soest, die kommen nur am Wochenende.«

Die Kommissarin erhob sich. »Ich möchte mich gern mit Herrn Wertmüller unterhalten.«

Der Pförtner ließ sich auf den Boden gleiten. »Da kommen Sie zu spät. Herr Wertmüller ist heute Morgen verstorben.«

12

Sidi Bel Abbès, 04.09.1953

Günther Berger, Manfred Rosenbaum und Matthias Birchel litten wie die Hunde. Sie mussten in der Mittagssonne exerzieren. Der Schweiß lief ihnen in Strömen über den Rücken. Immer wieder hetzte sie der Sergent im Laufschritt mit vollem Gepäck über die sandige Piste. Sie konnten kaum noch atmen, die auf vierzig Grad erhitzte Luft brannte in den trockenen Kehlen. Aber das war nichts gegen das, was Karl auszustehen hatte. Seit vierundzwanzig Stunden war sein Körper bis zum Hals im Wüstensand eingegraben. Ein kleines Zeltdach schützte ihn nur unzureichend vor der mörderischen Sonne. Alle vier Stunden erhielt er einen Viertelliter Wasser, damit er nicht krepierte.

Die Viererbande hatte sich beim Ausgang in Sidi Bel Abbès um zehn Minuten verspätet. Es war ihnen klar gewesen, dass sie mit einer Strafe zu rechnen hatten. Karl konnte trotzdem bei der Urteilsverkündung das Maul nicht halten. Er nannte den Leutnant »einen verdammten Froschfresser«. Dessen Deutsch war offenbar so gut, dass er es verstand.

Die Konsequenz: sechsunddreißig Stunden *Tambeau*. Die schlimmste Strafe vor der Überstellung in die Strafkolonie Colomb-Béchar in der algerischen Sahara.

Günther war am Ende seiner Kräfte. Ihm wurde schwarz vor Augen. Er taumelte noch ein paar Schritte, dann fiel er auf die Knie und kippte um. Der Sergent war in schnellen Schritten bei ihm und schrie ihn an. Die Worte drangen in sein Ohr und ihm war bewusst, dass er aufstehen musste, aber seine Beine machten nicht mehr mit.

Der Sergent trat ihn in die Seite, Günther schnappte nach Luft. Als der Sergent erneut zutreten wollte, kam Manfred hinzu und sagte ein paar Worte auf Französisch.

Der Sergent funkelte Manfred an, dann nickte er. Manfred und Matthias griffen Günther unter die Arme und zerrten ihn aus der Sonne in den schattigen Unterstand für die Pferde. Matthias warf Günther eine Handvoll Wasser aus dem Wassertrog ins Gesicht.

Der Sergent blieb abseits stehen und zündete sich eine Zigarette an. Er ließ das Trio nicht aus den Augen.

»Was hast du zu ihm gesagt?«, wollte Matthias wissen.

Manfred knöpfte dem apathischen Günther die oberen Knöpfe seiner Uniformjacke auf, damit er besser Luft bekam. »Ich habe den Scheißkerl daran erinnert, dass es schnell passieren kann, dass er seinen Dienstgrad verliert und er wieder einer von uns ist. Man trifft sich immer zweimal im Leben.«

Günther versuchte etwas zu sagen, aber er bekam nur ein Krächzen heraus. Matthias nahm seine Feldflasche und hielt sie Günther vor den Mund. Der trank mit gierigen Schlucken.

Der Sergent nahm noch einen Zug an seiner Zigarette, dann drehte er die glühende Spitze mit den Fingern ab und steckte die Reste in eine Tabakdose. Er gab das Kommando zum Antreten. Manfred und Matthias halfen Günther auf die Beine. Günther schwankte.

»Wenn er weitermacht, bring ich ihn um«, röchelte er.

»Mach jetzt keine Dummheiten! Reiß dich zusammen!«, beschwor ihn Matthias.

Sie nahmen vor dem Unteroffizier Aufstellung. Er befahl »Stillgestanden«. Manfred sah aus den Augenwinkeln, wie sich jeder Muskel in Günther anspannte. In seiner Verfassung war ihm zuzutrauen, dass er sich bei dem Befehl zur Fortsetzung der sinnlosen Übung auf den Vorgesetzten stürzen würde. Angriff auf einen Vorgesetzten führte zu Arrest oder der Verlegung in die Strafkompanie.

Zu Manfreds Erleichterung erklärte der Sergent das Strafexerzieren für beendet und ließ sie auf die Stuben wegtreten.

Die vier waren zusammen mit anderen Deutschen, Österreichern, Tschechen, Engländern, Dänen und Franzosen in einer Kompanie. Die Deutschsprachler bildeten mit rund siebzig Prozent die Mehrheit der Legionäre, was dazu führte, dass man sich in den Unterkünften auf Deutsch unterhielt. Die Ausbilder brüllten ihre Befehle ausschließlich auf Französisch. Also wurde Manfred pausenlos als Dolmetscher eingesetzt. Der Ausbildungsleiter stellte ihm sogar eine Beförderung in Aussicht.

Manfred hatte in Köln in einem Großhandelsbetrieb gearbeitet, der seine Waren aus Frankreich bezog, und dort hatte er auch die Sprache gelernt. Einer der älteren Kollegen in der Firma hatte ihm von der Fremdenlegion erzählt. Er war fünf Jahre in Algerien und Vietnam gewesen und seine Augen leuchteten, wenn er davon erzählte. Das war es, was Manfred wollte: andere Länder sehen, Abenteuer erleben. Er war sicher, dass er überdurchschnittlich gute Chancen hatte, aufgenommen zu werden. Er war gesund, sportlich und er sprach passabel Französisch, was ihn von neunundneunzig Prozent der deutschen Bewerber unterschied.

Als sie nun am Abend auf ihren Betten lagen, hatte sich Günther immer noch nicht beruhigt. Manfred kannte das

Legionärswort für Günthers Zustand: *Cafard*. Heimweh, Verzweiflung und Unzufriedenheit gepaart mit der Unverträglichkeit des Klimas traten eruptiv zutage und bewirkten, dass Legionäre die Kontrolle über sich verloren. *Cafard* führte nicht selten zu aussichtslosen, da improvisierten Fluchtversuchen, Schlägereien, Amokläufen oder Selbstmorden.

Manfred und Matthias redeten mit Engelszungen auf Günther ein. Sie hatten den größten Teil der sechswöchigen Ausbildung hinter sich, Günther musste durchhalten. Danach werde alles besser.

Nach dem Abendessen wurde die Post verteilt. Günther erhielt einen Brief von Kurt aus Wattenscheid, mit dem er und Matthias das Zimmer im Lehrlingswohnheim geteilt hatten. Kurt schrieb aus dem Krankenhaus. Auf der Zeche *Holland* war ein Stollen eingestürzt und hatte drei Bergleute unter sich begraben. Sie konnten lebend gerettet werden, Kurt war mit einem Beinbruch und Quetschungen eingeliefert worden. Er machte in seinem Brief keinen Hehl daraus, dass er froh war, der ›Knochenmühle‹ für ein paar Wochen entkommen zu sein. Erst am Schluss seines Briefes kam er auf das zu sprechen, was Günther am meisten interessierte.

Du wolltest wissen, was aus Slobinski geworden ist. Die Trinkhalle ist wieder geöffnet und er verkauft mehr als je zuvor. Nachdem jemand ihn niedergeschlagen hat, ist die Polizei im Wohnheim aufgetaucht und hat viele Fragen gestellt. Aber es konnte ihnen niemand helfen. Sie haben auch nach Matthias und dir gefragt. Als wir ihnen gesagt haben, dass ihr zur Legion wolltet, haben sie nur genickt. Ihr seid nicht die Einzigen, die in den letzten Monaten abgehauen sind. In der Zeitung habe ich gelesen, dass viele von der Maloche unter Tage die Schnauze voll haben und

*zur Fremdenlegion gehen. Schreib mir mal, wie es euch so
geht, vielleicht komme ich auch.*

Günther faltete erleichtert den Brief zusammen. Slobinski
lebte, er war kein Mörder. Hätte er das damals schon gewusst, hätte er sich die Schinderei in Algerien ersparen können. Aber nun war es zu spät.

Als der Caporal das Licht in der Stube löschte, versuchte
Günther, an Elisabeth zu denken. Er hatte die Achtzehnjäh-
rige kennengelernt, als er bei seinem Steiger zur Geburtstagsfeier eingeladen war. Elisabeth war die Tochter des Vor-
arbeiters. Sie trug ihre blonden Haare bis zu den Schultern.
Neben ihrer entzückenden Stupsnase befand sich ein Leber-
fleck. Günther hatte sich damals zusammenreißen müssen,
um nicht die ganze Zeit auf ihren wohlgeformten Busen zu
starren. Bei dem Gedanken daran bekam er eine Erektion.
Als seine Hand in seine Schlafanzughose wanderte, ging
unvermittelt das Licht an.

Zwei Caporals schleiften einen leblos wirkenden Körper
herein und ließen ihn in der Mitte des Raums liegen. Als
Günther erkannte, dass es Karl war, waren alle erotischen
Gedanken verflogen.

Karl hatte von Hitze und Trockenheit verbrannte und
verkrustete Lippen, die Augenlider waren aufgequollen, seine Gesichtshaut sah aus wie rotes Schmirgelpapier. Aber er
atmete.

Matthias benetzte mit dem Wasser aus seiner Feldflasche
Karls Lippen und ließ ihn anschließend schluckweise trin-
ken. Karl sprach einen tonlosen Satz. Matthias, Günther und
Manfred schauten sich an. »Was hat er gesagt?«

Matthias beugte sich zum Kleinen hinunter, bis sein Ohr
direkt vor dessen Mund war. Karl wiederholte, was er gesagt
hatte.

»Und?«

Matthias kratzte sich irritiert am Kopf. »Also, wenn ich ihn richtig verstanden habe, hat er gesagt: ›Den Froschfressern habe ich es aber gezeigt, was?‹«

Obwohl der Zustand ihres Kameraden sicherlich keinen Anlass zur Heiterkeit bot, prusteten die drei los. Auf dem Gesicht des Marl-Hülsers war ein Lächeln zu erkennen.

13

Die Lampe leuchtete auf. Frank schob seinen Oberkörper näher an das Mikro heran. »Guten Morgen, liebe Frühaufsteher. Leider habe ich eine schlechte Nachricht für Sie. Heute sind wir alle ein bisschen Remscheid. Denn in Remscheid regnet es eigentlich ohne Pause. Ist zumindest mein Eindruck. Ob das wirklich so ist, darüber unterhalten wir uns gleich mit einem Wetterfrosch auf zwei Beinen. Er wird uns sagen, wo heute in Nordrhein-Westfalen überall Remscheid ist. Und wo Sonne. In wenigen Minuten hier bei uns.«

Es folgte – das lag nahe – *It's raining men* von den Weather Girls. Frank verfluchte den Musikredakteur, dass er ihm solch altbackene ›Akzentmusik‹ untergejubelt hatte.

Er lehnte sich zurück und nippte an seiner Tasse. Während des letzten Songs hatte Frank der Kaffeemaschine in der Redaktion einen vierfachen Espresso abgetrotzt und hoffte, dass ihn das Koffein wach hielt. Er hatte eine schlaflose Nacht hinter sich gebracht und war bereits um fünf Uhr auf der Autobahn gewesen. Beinahe hätte ihn ein Sekundenschlaf kurz vor Köln von der Piste gefegt. Gott sei Dank kam die Tachonadel seines Oldtimers nur knapp über hundert und er hatte die Leitplanke noch rechtzeitig gesehen.

Mit einem Porsche wäre er wahrscheinlich direkt von der Straße in die ewigen Jagdgründe gerast.

Gestern Abend hatte er noch einmal das Krankenhaus aufgesucht. Er reichte die notwendigen Unterlagen nach und gab die Reisetasche mit den Sachen für seinen Vater ab. Günther Berger lag weiter auf der Intensivstation. Sein Zustand war stabil, aber er war noch nicht ansprechbar.

Frank war mit seinen unbeantworteten Fragen nach Hause gefahren. Er brauchte an diesem Abend jemanden, mit dem er reden konnte. Aber er hatte Pech. Anja war beruflich in München, Carlos im Urlaub, Lisa hatte Migräne, Miriam ihre Doppelkopfrunde. Er hatte sich eine Flasche Weißwein gegönnt, um besser einschlafen zu können, aber der Schlaf wollte sich nicht einstellen. Vor seinem geistigen Auge sah er seinen Vater durch Reisfelder ziehen und Vietnamesen abschlachten.

Frank hörte die Stimme seines Kollegen Rippelmeyer im Kopfhörer. »Ich habe jetzt den Frosch in der Leitung. Willst du vorher mit ihm sprechen?«

»Nein, er soll sein Pulver nicht verschießen. Ich moderiere ihn an und nehme ihn sofort rein. 1,30 maximal?«

»Kommt drauf an, was er zu erzählen hat. Aber bei spätestens 2,00 musst du raus, sonst können wir den letzten Titel keine zwei Minuten anspielen, und das klingt scheiße!«

Den Weather Girls gingen die Männer aus, die Lampe an.

»Wo regnet es in NRW am meisten, wo scheint oft die Sonne? Darüber wollen wir uns jetzt mit einem Mann unterhalten, der es wissen müsste, Professor Doktor Bulthoff vom Wetterdienst Rhein-Ruhr. Guten Morgen, Herr Professor.«

»Guten Morgen, Herr Berger.« Die Stimme des Wetterfrosches war dünn und kraftlos.

»Habe ich recht mit meiner These, dass man in Remscheid

am besten immer mit Gummistiefeln und Regenschirm auf die Straße gehen sollte?«

Die Antwort ließ auf sich warten. »Ja und nein. Das kommt darauf an, welche statistische Größe man hinzuzieht.«

Okay, entschied Frank schon nach diesem Satz: 1,30 müssen reichen.

Nach der Sendung nahm Frank das Kölner Telefonbuch und schlug den Namen Heide Rosenbaum nach. Er hatte es nicht zu hoffen gewagt, aber es gab eine Heide Rosenbaum mit der gleichen Anschrift, die auf den Briefen stand.

Franks Herz pochte, als er den Hörer aufnahm und die Nummer wählte.

»Rosenbaum!«

Frank räusperte sich. »Mein Name ist Frank Berger, ich bin der Sohn von Günther Berger. Sind Sie die Frau, die gestern bei uns war?« Frank wartete gespannt auf eine Reaktion.

»Wie geht es ihm?«

»Er ist über den Berg, aber ich konnte noch nicht mit ihm reden. Ich habe gestern Ihre Briefe an meinen Vater gelesen. Ich möchte mich gerne mit Ihnen unterhalten.« Frank lauschte in den Hörer. Hatte sie aufgelegt?

»Sie wissen, wo ich wohne?«

»Ja.«

»Wann passt es Ihnen?«

»Wenn es Ihnen recht ist, bin ich in einer Stunde bei Ihnen.«

»Ich erwarte Sie!«

Frank nahm Kurs auf die Tür, als sich ihm die bullige Figur des Redaktionsleiters in den Weg stellte. Benrath war eine der Urgestalten des öffentlich-rechtlichen Rundfunks. Er war so alt, dass er sich noch an die Zeiten erinnerte, als man am Radio an einem Knopf drehen musste, um einen Sender zu empfangen. Als Willi Brandt Kanzler wurde, hatte er als Mitarbeiter einer Verbraucherschutzsendung den ›Gang durch die Institutionen‹ begonnen und wollte die Welt verändern. Irgendwann hatte er die Vorstellung aufgegeben, eigene Kerben ins Holz der Weltgeschichte zu schnitzen, und war darüber grau geworden. Sein stattliches Einkommen als fest angestellter Redakteur trug er regelmäßig zu einem Edelitaliener am Chlodwigplatz, wo er zwischen RTL-Serienschauspielern und Werbetextern saß und doch allein war. Zwei Ehen waren gescheitert und kinderlos geblieben, sein Heim war der Sender, seine Familie die Redakteure.

Frank wusste, dass Benrath seinen Hormonhaushalt in Ordnung zu halten versuchte, indem er sich an Volontärinnen und freie Mitarbeiterinnen heranmachte. Dass er hin und wieder einen Treffer landete, lag weniger an seinem Charme als an der Macht, die er besaß. Benrath hatte wesentlichen Einfluss darauf, wer in der Hörfunkredaktion eine Chance bekam. Wer weiblich, gut aussehend und nicht über dreißig war, fand bei Benrath stets ein offenes Ohr und einen Platz an seiner Seite im Doppelbett in seiner geräumigen Altbauwohnung in Köln-Ehrenfeld.

Frank hatte nur eine Chance bekommen, weil sich eine Mitarbeiterin gegen Benraths Zudringlichkeiten gewehrt hatte und ihren Arbeitsplatz räumen musste.

Frank war Benrath dankbar, dass er ihm das Angebot gemacht hatte, als ›Freier‹ in der Redaktion mitzuarbeiten, und später, regelmäßig das Morgenmagazin zu moderieren. Ihr freundschaftliches Verhältnis war allerdings abgekühlt, als Frank vor zwei Wochen zusammen mit anderen freien Mitarbeitern vor das Arbeitsgericht gezogen war, um eine Festanstellung zu erreichen. Für Benrath war Frank nun ein Verräter.

»Wo willst du hin?«, fragte Benrath und versenkte seine Hände scheinbar lässig in den Taschen seiner Jeans.

»Ich habe einen Termin. Es geht um meinen Vater.«

Benrath kratzte sich seinen Dreitagebart. »Du warst gestern nicht auf der Sitzung und angerufen hast du auch nicht.«

Frank wich Benraths Blick aus. »Ich habe dir doch erzählt, was passiert ist!«

»Verstehe ich ja alles, aber trotzdem kannst du nicht kommen und gehen, wann du willst. Es ist deine Sendewoche.«

Frank hatte absolut keine Lust, sich mit Benrath anzulegen, aber es widerstrebte ihm auch, den Termin mit Heide Rosenbaum zu verschieben.

Was sollte bei der Sitzung schon herauskommen? Morgen früh würde er wieder irgendwelche Hinterbänkler in der Leitung haben, die sich politisch profilieren wollten, in der Hoffnung, mit ihrem Gesülze in die Morgennachrichten zu kommen. Es gab eine stille, nie getroffene Vereinbarung zwischen diversen Politikern und der Redaktion. Die Politprofis quälten sich in aller Frühe aus dem Bett und gaben zu einem aktuellen Ereignis ein Statement ab und die Redaktion bemühte sich, die geäußerte Meinung, wenn sie nicht totaler Schwachsinn war, in den Frühnachrichten zu platzieren. So profitierten beide Seiten davon.

Frank schüttelte den Kopf. »Es geht wirklich nicht. Ich kann den Termin nicht verschieben. Ihr werdet schon ohne mich klarkommen.« Frank drückte sich an Benrath vorbei auf den Gang. Er spürte den bohrenden Blick seines Redaktionsleiters im Nacken.

»Klar doch, Frank. Ich bin sicher, dass wir auch ohne dich klarkommen.«

Leck mich, dachte Frank.

Fünfundfünfzig Minuten später parkte er seinen Volvo in einer kleinen Straße in der Nähe des Müngersdorfer Stadions. Wer hier wohnte, der lebte nicht von Hartz IV. Es gab

Ein- und Zweifamilienhäuser mit Garagen und gepflegten Vorgärten. Am Ende der Straße stand ein viergeschossiges Appartementhaus. Es war das Haus mit der Nummer 14. Auf dem Klingelschild stand nur *Heide Rosenbaum*, offenbar lebte sie allein.

»Sie sind pünktlich auf die Minute«, sagte sie und ließ ihn eintreten. Auf einem Couchtisch standen eine Kanne Kaffee, zwei Tassen und Gebäck. Heide Rosenbaum setzte sich auf das Sofa und wies auf den bequemen Sessel gegenüber. Sie starrte ihn unverhohlen an, Frank war nicht wohl in seiner Haut.

Heide Rosenbaum spürte sein Unbehagen. »Entschuldigen Sie, dass ich Sie so anstarre. Aber Sie haben eine gewisse Ähnlichkeit mit meinem Bruder. So wie Sie gehen, wie Sie sich hinsetzen, von der Statur her. Er war achtzehn, als ich ihn zuletzt gesehen habe, und ich habe mir immer vorgestellt, wie er später aussehen würde.«

»Ich habe immer gedacht, ich habe Ähnlichkeit mit meinem Vater.«

»Die haben Sie, ohne Zweifel. Außerdem hatte Manfred blaue Augen, himmelblaue Augen, die immer strahlten. Zumindest in meiner Vorstellung. Ich war damals sechs, als er verschwand.«

Frank wollte nicht, dass sie schon jetzt in Erinnerungen ersoff. »Warum waren Sie gestern so schnell verschwunden?«

»Was hätte ich noch tun sollen? Der Notarzt kümmerte sich um Ihren Vater. Ich hätte nur gestört.« Heide Rosenbaum goss ihm und sich Kaffee ein. Während sie ihren umrührte, schaute sie ihn an. »Gab Ihr Vater Ihnen die Briefe?«

Frank schüttelte den Kopf. »Ich fand sie zufällig. Die Briefe waren ungeöffnet. Mein Vater weiß noch nicht, dass ich sie gelesen habe.«

Heide Rosenbaum wirkte verwundert. »Er hat sie nicht geöffnet? Aber warum nicht?«

Frank trank einen Schluck Kaffee. »Ich habe keine Ahnung. Wissen Sie mittlerweile, was aus Ihrem Bruder geworden ist?«

Statt einer Antwort stand sie auf und ging zum Wohnzimmerschrank. Sie zog die Schublade auf und nahm ein Bündel Briefe heraus. »Nein«, sagte sie, als sie die Briefe auf den Couchtisch legte. »Alles, was ich von ihm habe, sind seine Briefe. Der letzte stammt vom Dezember 1953. Weder die Fremdenlegion noch das Rote Kreuz konnten mir Antworten auf meine Fragen geben. Meine letzte Chance war Ihr Vater.«

Auf den Briefen lag ein vergilbtes Foto. Es zeigte ein kleines Mädchen, das auf den Schultern eines jungen Mannes in die Kamera lächelte. Dahinter war der Kölner Dom zu sehen. »Das war im April 1952, eine Woche, bevor er plötzlich verschwand. Unsere Eltern sind bei einem Bombenangriff ums Leben gekommen. Die Schwester unserer Mutter hat uns aufgenommen. Bei ihr sind wir aufgewachsen. Sie war sich sicher, dass Manfred einem Verbrechen zum Opfer gefallen ist und irgendwann seine Leiche im Rhein auftauchen würde. Ein paar Wochen später erhielten wir einen Brief aus Marseille von ihm. Darin schrieb er, wir sollten uns keine Sorgen machen, er sei jetzt bei der Legion. Danach kam in regelmäßigen Abständen Post von ihm, immer an mich adressiert, an seine kleine Schwester.« Heide Rosenbaum kämpfte sichtlich mit ihrer Fassung.

Einen Moment herrschte Stille.

Heide Rosenbaum musterte Frank. »Warum sind Sie gekommen?«

»Mein Vater hat mir nie erzählt, dass er bei der Fremdenlegion war. Ich bin erst darauf gestoßen, als ich aus seinen Unterlagen erfuhr, dass ich eine Schwester habe. Genauer gesagt, eine Halbschwester. Sie heißt Ha Phuong. Das ist ein vietnamesischer Name, so viel habe ich herausgefunden. Hat

Ihr Bruder in seinen Briefen irgendwann einmal erwähnt, dass mein Vater eine Vietnamesin kennengelernt hat?«

Heide Rosenbaum wollte nach den Briefen greifen, überlegte es sich aber anders und lehnte sich zurück. »Ich muss nicht nachsehen, ich kenne seine Briefe fast auswendig, so oft habe ich sie gelesen. Ja, Manfred schrieb, dass Ihr Vater sich in Saigon in eine Vietnamesin verliebt hat. Sie muss eine schöne Frau gewesen sein. Von einem Kind war allerdings nicht die Rede. Ich fürchte, ich kann Ihnen da nicht weiterhelfen.«

Frank seufzte. Er würde warten müssen, bis er mit seinem Vater sprechen konnte. »Was wollten Sie gestern bei meinem Vater?«

»Ich wollte mit ihm über den Tod von Matthias Birchel sprechen.«

»Standen Sie in Kontakt mit Herrn Birchel?«

Heide Rosenbaum schüttelte den Kopf. »Ich hielt ihn für tot. Aus den Briefen meines Bruders wusste ich, dass er im Dezember 1953 mit einer Schussverletzung im Lazarett lag. Vor drei Tagen bekam ich einen Anruf von ihm. Als er seinen Namen nannte, wusste ich sofort, wer er war. Er erzählte, dass er in einem Hospiz liegt und die Ärzte ihm noch eine Woche gegeben haben. Er wollte, dass ich zu ihm komme. Er wollte mir etwas über das Schicksal meines Bruders erzählen. Am Tag darauf bin ich hingefahren. Als ich ankam, war er schon tot.«

»Das ist tragisch.«

»Wenn er nicht schon sterbenskrank gewesen wäre, würde ich glatt denken, dass jemand nachgeholfen hat.«

Erst nach Sekunden wurde Frank klar, was die Frau gesagt hatte.

»Matthias Birchel wollte das Geheimnis um das Verschwinden meines Bruders lüften. Und bevor er etwas sagen kann, ist er tot. Finden Sie das nicht rätselhaft?«

Frank schaute sie ungläubig an. »Diese ganze Legionärs-
geschichte ist über fünfzig Jahre her.«

»Aber es gibt die Fremdenlegion noch immer. Die Legionäre fühlen sich auch heute noch wie eine Elite und sind
ihrer Geschichte und ihren Kameraden von damals eng verbunden. Wussten Sie, dass es in vielen deutschen Städten
Kameradschaften von ehemaligen deutschen Fremdenlegio-
nären gibt?«

Frank schüttelte den Kopf. Mit der Fremdenlegion beschäftigte er sich erst seit gestern Nachmittag.

»Ich habe viel recherchiert. Die größten Kameradschaften
gibt es in Berlin, Dresden, Frankfurt, Dortmund und Bochum. Und eine Parole ist mir in Erinnerung geblieben.«

Sie machte eine Kunstpause, bis sie sich sicher war, dass
Frank aufmerksam zuhörte.

»Tod den Verrätern!«

14

Phat Diem, 05.04.1953

Seit Mitte des 19. Jahrhunderts war Vietnam französische
Kolonie. Die Kolonialherren, vor allem an Kohle und Kau-
tschuk interessiert, plünderten das Land aus. Eine Verände-
rung erfolgte durch den Zweiten Weltkrieg, als sich die
Franzosen den Japanern ergeben mussten, die die gesamten
Erträge der Kohle-, Kautschuk- und Reisproduktion nach
Tokio bringen ließen. Das führte zu Hungersnöten und
Seuchen mit zwei Millionen Opfern und zur Gründung der
Viet Minh (Liga für die Unabhängigkeit Vietnams), die sich
einen erbitterten Kampf gegen die Kolonialmächte auf die

Fahnen geschrieben hatte. Angeführt wurde die Viet Minh von Ho Chi Minh, der schon als junger Mann Bauernde-monstrationen gegen die Steuern und Lebensumstände unter dem Kolonialregime organisiert hatte und nach dreißig-jährigem Exil zurückgekehrt war. Nach der Kapitulation der Japaner 1945 verstärkten die Franzosen, die nicht bereit waren, ihre Besitztümer in Vietnam aufzugeben, ihr militärisches Engagement mit zunehmender Unterstützung der USA, die eine Ausbreitung des Kommunismus in Asien befürchteten.

Weder Günther Berger noch Matthias Birchel oder Karl Lukowski kümmerten die Hintergründe dieses Krieges. Auch die anderen Legionäre der Kompanie waren nicht an politischen Informationen interessiert, sondern froh, dass sie Drill und Schikane im algerischen Ausbildungslager entronnen waren und endlich das tun konnten, wofür sie ausgebildet worden waren: kämpfen.

Nur Manfred Rosenbaum war gut informiert. Immer wieder suchte er das Gespräch mit französischen Offizieren, deren Kompanie dem 1. Régiment étranger d'infanterie (R. E. I.) zugeteilt und eine Woche nach ihrer Ankunft in Vietnam an die Front geschickt worden war.

Günther, Manfred, Matthias und Karl saßen zusammen mit einem Dutzend Legionäre in einem Boot, mit dem sie von einem zahnlosen Vietnamesen nach Phat Diem gebracht wurden.

Phat Diem war ein kleines Städtchen, nur ein paar Kilometer von der Mündung des Song Hong in den Golf von Bac Bo entfernt, etwa hundert Kilometer Luftlinie südlich von Hanoi. Es war eine lebhafte Stadt mit einer eindrucksvollen Kathedrale sowie einer engen, langen Straße mit hölzernen Buden, Garküchen und Teestuben, in der die Menschen von Fischfang und Reisanbau leben konnten und lange geglaubt hatten, dass sie vom Krieg verschont bleiben könnten. Anfang der Fünfzigerjahre hatten die Franzosen das Städtchen jedoch zu einem wichtigen Vorposten für ihre Einsätze im Norden ausgebaut, indem sie Offiziersheime und Mannschaftsbaracken, eine Flugbahn und ein Gefangenenlager errichteten. Aber immer noch war der Krieg weit weg. Das änderte sich, als es eine von der katholischen Kirche inszenierte Prozession zu Ehren der Heiligen Jungfrau von Fatima gab, ein Spektakel, das Schaulustige aus den Dörfern rings umher in die Stadt lockte. Der Bischof nahm teil und das gesamte französische Offizierskorps marschierte mit feierlicher Miene an der Spitze der Prozession. Tausende Gläubige schlossen sich an und gaben so den Sabotagetrupps der Viet Minh die Möglichkeit, unbehelligt und von den Gläubigen unbemerkt in das Zentrum der Stadt zu gelangen.

Noch in der gleichen Nacht rückten die regulären Streitkräfte der Viet Minh von Norden her auf Phat Diem zu und überwältigten einen französischen Vorposten nach dem anderen. Zur selben Zeit schlugen die Sabotagetrupps zu, sprengten das Offiziershaus und griffen andere militärische Ziele an.

Vier Tage dauerte der Straßenkampf, bis die Viet Minh mithilfe von Fallschirmspringern eine halbe Meile aus der Stadt gedrängt war, die nun in Schutt und Asche lag. Die französischen Einheiten, unter anderem auch Bataillone der Fremdenlegion, waren eingekesselt und mussten aus der Luft versorgt werden.

Günther, Matthias, Manfred und Karl gehörten zu den Einheiten, die den Eingekesselten zu Hilfe kommen sollten. Trotz dauerhaftem Beschuss durch Heckenschützen war es ihnen gelungen, sich der Stadt mit Booten über das verzweigte Kanalsystem zu nähern.

Die sechzehn Männer an Bord des kleinen Kahns, die unter Manfreds Kommando standen, lagen an Deck und hielten – Gewehr im Anschlag – das Ufer unter Beobachtung. Es war schwül. Hin und wieder wehte eine Brise vom Meer her, aber das brachte kaum Erleichterung.

Günther wischte sich den Schweiß vom Gesicht. »Verdammte Hitze!«, stöhnte er.

»Schnauze!«, fuhr ihn Manfred leise zischend an.

In diesem Moment gab es einen Knall und eine Kugel bohrte sich in das Holz des kleinen Unterstands.

Günther und Matthias schossen in die Richtung, aus der auf sie gefeuert worden war, es war ihnen gleichgültig, ob ihre Kugeln einen Heckenschützen oder einen Büffel trafen.

Der Kanal wurde immer schmaler, das Ufer war nicht mehr als drei Meter entfernt. Manfred wurde nervös. Wer hinter den Bambusrohren am Ufer stand, war nicht zu erkennen, sie selbst aber gaben eine gute Zielscheibe ab.

Plötzlich bewegte sich das Boot nicht mehr weiter. Waren sie auf Grund gelaufen oder hatte die Viet Minh eine Blockade errichtet?

Manfred robbte auf allen vieren zum Bug und schaute vorsichtig über die Reling. Er wandte sich sofort wieder ab. Der Kanal war voll mit Leichen. Es mussten Hunderte sein, die im Wasser trieben, von Kugeln zerfetzte, aufgedunsene Körper, Männer, Frauen und Kinder, dazwischen ein paar Kühe und Büffel. Manfreds Kameraden hatten den Menschenbrei noch nicht gesehen, aber sie hielten ihre Nase in den Wind und schnüffelten. Irgendetwas stank erbärmlich.

»Günther, Matthias!«, rief Manfred. »Kommt her und macht den Weg frei. Wir geben euch Feuerschutz.«

Günther und Matthias legten ihre Gewehre zur Seite, schnappten sich zwei lange Ruder und huschten in geduckter Haltung ebenfalls zum Bug.

Günther war davon ausgegangen, dass Wasserpflanzen oder Bambusrohre die Weiterfahrt behinderten. Als er die Ursache des plötzlichen Stopps sah, erbrach er sich über Bord.

»Nun macht schon!«, trieb Manfred die beiden an, die nun ihre Ruder in die Menschenleiber stießen und diese zur Seite schoben. Nach ein paar Minuten konnten sie ihre Fahrt fortsetzen.

Manfred konnte den Gesichtern seiner Männer ansehen, dass sie von Entsetzen gepackt waren. Bisher hatten sie nur vom Krieg gesprochen, jetzt waren sie mittendrin.

Nach einer halben Stunde, die ohne weitere Zwischenfälle vergangen war, machte das Boot in der Nähe des Marktplatzes fest. Über der Stadt lag der Geruch von Feuer und Verwesung. Einige Häuser standen immer noch in Flammen. In der Ferne wurde geschossen, ab und zu war die Detonation einer Granate oder eines Sprengsatzes zu hören.

Nicht alle Kameraden hatten ihr Ziel lebend erreicht. Auf dem hinteren Boot waren vier Legionäre von Heckenschützen tödlich getroffen worden, sechs waren verletzt.

Der Sergent, der ihren Einsatz leitete, ließ einen Sanitäter bei den Verwundeten zurück und bestimmte Günther und Matthias zu Wachen, die an den Booten bleiben sollten. Die Einheit würde zur Garnison vordringen und Hilfe für die Verletzten organisieren.

Günther und Matthias beobachteten mit gemischten Gefühlen, wie sich die anderen entfernten.

Matthias bot Günther eine Zigarette an. Günther schüttelte den Kopf. »Mir ist immer noch schlecht!«

Matthias entzündete sein Sturmfeuerzeug und nahm einen tiefen Zug. »Wer hat wohl dieses Gemetzel veranstaltet? Die oder wir?«

Günther zuckte mit den Schultern. »Den Toten wird es egal sein.« Er spürte wieder ein Grummeln in den Eingeweiden. Er sah sich nach einer Gelegenheit um, wo er ungestört sein Geschäft verrichten konnte. Fünfzig Meter weiter gab es einen Holzschuppen, dessen Dach zerstört war. »Ich muss scheißen! Ich geh da zum Schuppen.«

Matthias nickte. »Pass auf dich auf!«

Günther lief erst langsam, dann immer schneller, zum Schluss rannte er. Er schaute in den Schuppen. Er war leer. Wenn dort je etwas gelagert hatte, dann war es verbrannt.

Er schaffte es gerade noch, seine Hose runterzuziehen. Erleichtert säuberte er sich kurz darauf mit ein paar zerschnitten Zeitungsseiten, die er für diesen Zweck immer in der Hosentasche trug.

Als er seine Hose hochzog, bemerkte er zwei dunkle Augen, die ihn durch das rahmenlose Fenster anstarrten. Das Gesicht eines Vietnamesen, in dessen Augen er keine friedlichen Absichten zu erkennen glaubte.

Günthers Gewehr lehnte am Eingang des Schuppens, zwei Meter entfernt. Günther machte einen Satz und konnte es greifen, als der Mann schon in der Tür stand und eine Pistole auf ihn richtete. Durch den Sprung verlor Günther das Gleichgewicht und fiel auf die Seite. Das rettete ihm das Leben. Die Pistolenkugel verfehlte seine Brust nur knapp und wirbelte Asche und Staub auf. Das Gewehr an sich gepresst, rollte Günther aus der Schussbahn. Der Vietnamese musste einen Schritt vortreten, um erneut auf ihn anlegen zu können. Günther entsicherte seine Waffe und zog den Finger durch. Er erwartete, dass der Vietnamese zurückfeuerte. Aber der stand nicht mehr in der Tür. Mit dem Gewehr im Anschlag erhob sich Günther, zielte mal auf das Fenster, mal auf den Eingang. Dann wusste er, dass er sich vor der Pistole des Angreifers nicht mehr fürchten musste. Der Vietnamese lag leblos im Staub. Die Gewehrkugel hatte ihm das halbe Gesicht zerfetzt.

Günther stieg über den toten Vietnamesen hinweg. Heute war ein denkwürdiger Tag. Er hatte zum ersten Mal in seinem Leben einen Menschen getötet.

15

Frank saß am Krankenbett seines schlafenden Vaters. Günther Berger war von der Intensivstation verlegt worden und befand sich nun in einem komfortablen Einbettzimmer auf der Privatstation. Sein Herz arbeitete wieder aus eigener Kraft. Er bekam zwar noch eine Infusion aus Kochsalzlösung, aber sein Zustand war stabil. Die Ärzte hatten eine gefährliche Verengung der Herzkranzarterie festgestellt und einen Stent gesetzt. Die Krankenschwester, die Frank zu Günther Bergers Zimmer geführt hatte, berichtete ihm, dass sein Vater heute Morgen nach einem herzhaften Frühstück verlangt hatte.

Frank musterte den Alten. Die leichte Bräune, die sein Vater dem regelmäßigen Golfspiel verdankte, war verschwunden. Am Kinn und auf den Wangen sprossen graue Bartstoppeln. Frank war sich sicher, dass sein Vater noch heute darauf bestehen würde, sich zu rasieren. Männer mit Bart konnte er nicht ausstehen.

Frank erinnerte sich. Er war gerade achtzehn geworden und mit Freunden in den Ferien nach Kreta geflogen. Als er nach drei Wochen zurückkam, war er stolz auf das, was man wohlwollend als Bartansatz bezeichnen konnte. Sein Vater terrorisierte ihn so lange, bis Frank um des lieben Friedens willen zum Rasierer griff.

Günther Berger schlug die Augen auf. »Oh, da muss ich doch wieder eingeschlafen sein. Hast du mir eine Zeitung mitgebracht?«

Frank war nicht besonders überrascht über diese Reaktion. Sein Vater klärte stets als Erstes die Rollenverteilung. Frank war versucht, sich zu entschuldigen, bekam aber noch rechtzeitig die Kurve. »Du kannst im Liegen nicht lesen. Das konntest du nie!«

»Wer sagt denn, dass ich liegen bleibe? Ich bin fit.«

Frank schüttelte den Kopf. »Der Arzt meint, dass du frühestens morgen aufstehen sollst.«

»Quacksalber!« Günther Berger richtete sich auf und schob sich das Kissen hinter den Rücken. »Gib mir mal die Wasserflasche!«

Frank reichte sie ihm, und er nahm die Flasche mit ruhiger Hand und trank mit kräftigen Zügen. Der Mann vermittelte nicht den Eindruck, dass er krank oder schwach war. Frank hatte lange überlegt, wann er seinem Vater die Fragen stellen konnte, die ihm auf dem Herzen lagen. Sollte er ihn schonen? Bestand die Gefahr eines erneuten Herzinfarktes? Doch angesichts des munteren Auftretens seines Vaters sah er nun keine Veranlassung zu warten. »Ich soll dir Grüße von Heide Rosenbaum bestellen.«

Sein Vater schien nur einen kurzen Augenblick überrascht. Dann nickte er. »Ich habe sie sofort erkannt. Sie hat die gleichen Augen wie ihr Bruder.«

Frank sagte nichts. Sein Vater warf ihm einen prüfenden Blick zu. »Ihr habt euch unterhalten.«

Frank nickte. »Warum hast du nie erzählt, dass du bei der Fremdenlegion warst?«

Günther Berger zögerte keine Sekunde mit der Antwort. »Weil ich mit dieser Episode in meinem Leben abgeschlossen habe. Aus. Vorbei. Ich habe nie wieder darüber nachgedacht, nie wieder darüber gesprochen.«

»Aber du warst mit Matthias Birchel befreundet, der war doch auch dabei.«

»Na und?«, gab Günther Berger zurück. »Dem ging es ebenso. Wir haben über andere Dinge geredet.«

Frank schaute seinem Vater in die Augen. »Würdest du mir von dieser Zeit erzählen? Was hat dich dazu gebracht, in die Legion zu gehen?«

Günther Berger wandte sich ab.

»Du willst, dass ich mich nicht in dein Leben einmische. Okay, akzeptiert. Aber das Gleiche erwarte ich dann auch von dir.« Frank hatte keinesfalls vor, sich einfach so abspeisen zu lassen. »Nach dem Krieg haben auch alle so getan, als ob nichts gewesen wäre. Nur nicht darüber reden …«

»Was fällt dir ein!«, blaffte ihn sein Vater in ungewöhnlicher Lautstärke und mit Härte an. »Wie kannst du es wagen, mich mit Nazis und Kriegsverbrechern zu vergleichen? Du hast doch überhaupt keine Ahnung!«

»Wie sollte ich auch?«, sagte Frank trotzig. »Aber vielleicht kannst du mich aufklären.«

Eine Krankenschwester kam herein. »Der Chefarzt will Sie gleich noch einmal besuchen. Ich möchte schon mal den Blutdruck messen.«

Frank hob die Hand. »Geben Sie uns noch fünf Minuten. Bitte!«

An der Miene der Krankenschwester war zu erkennen, dass sie Widerspruch nicht gewohnt war. Aber sie besann sich darauf, dass sie es mit einem Privatpatienten zu tun hatte. »Okay, ich bin gleich wieder da.« Sie drehte sich resigniert um und ging.

Frank wartete, bis die Frau die Tür hinter sich geschlossen hatte. »Was habt ihr in Vietnam gemacht?«

»Gekämpft, was sonst.«

»Und wie kam Ha Phuong zustande?«

Frank hatte seinen Vater selten sprachlos gesehen. Jetzt war einer dieser seltenen Augenblicke. Günther Berger starrte aus dem Fenster. Die Birken vor dem Krankenhaus trugen frisches Grün.

»Du hast mein Testament gelesen?!«

Frank sparte sich die Antwort.

Günther Berger nickte wissend. »Ich habe in Saigon eine Frau kennengelernt. Sie hieß Mai Linh. Irgendwann schrieb sie mir, dass aus unserer Beziehung eine Tochter hervorgegangen ist und sie sie Ha Phuong genannt hat. Kurz darauf kam ich in Gefangenschaft. Ich habe Mai Linh nicht wiedergesehen.«

Die Krankenschwester betrat in Begleitung des Chefarztes das Zimmer.

»Na, Herr Berger. Wie geht es Ihnen?«, plapperte der Chefarzt los, ohne Franks Anwesenheit wahrzunehmen.

»Gut!«, meinte Günther Berger und wandte sich an seinen Sohn. »Komm heute Nachmittag wieder. Dann erzähle ich dir von ihr.«

Frank nickte und schickte sich an, das Zimmer zu verlassen.

»Frank!«

Frank drehte sich um.

Sein Vater hatte eine ernste Miene aufgesetzt. »Sie war die Liebe meines Lebens!«

Frank schloss die Tür.

16

Saigon, 15.06.1953

Endlich Saigon. Günther Berger, Manfred Rosenbaum, Matthias Birchel und Karl Lukowski hatten sich am Bahnhof vier Cyclos genommen und genossen die Fahrt im Fahrradtaxi in die Rue Catinat. Sie wollten sich in der Nähe der eleganten Flaniermeile ein kleines Hotel nehmen und anschließend die Sau rauslassen. Es war Manfreds Idee gewesen, einen Teil ihres dreißigtägigen Jahresurlaubs schon jetzt zu nehmen und in Saigon zu verbringen. Die schlechten Nachrichten vom Kriegsverlauf mehrten sich, möglicherweise war bald mit einer Urlaubssperre zu rechnen.

Am Golf von Tonkin, im Norden Vietnams, verteidigten französische Truppen nur mit Mühe und Not das Delta des Roten Flusses, an dem Hanoi und der einzige Hafen der nördlichen Provinz, Haiphong, lagen. Hier gedieh der Reis am besten. Bald würde erneut der Kampf um den Besitz der Ernte entbrennen. Im Süden kontrollierten französische Regimenter mit Unterstützung der offiziellen vietnamesischen Streitkräfte die großen Städte und die Hauptstraßen. Aber nur bis zum Einbruch der Dunkelheit. Die Nacht gehörte der Viet Minh, die in die Städte einsickerte.

In den vier Monaten, die sie jetzt in Vietnam waren, hatten sie kaum etwas von ihrem Sold ausgeben können. In Algerien hatten sie umgerechnet 24 DM im Monat bekommen, seit sie in Vietnam waren, betrug der Sold 170 DM. Das war zwar weniger als die Hälfte dessen, was ein Industriearbeiter in Westdeutschland verdiente, aber sie hatten freie Unterkunft, Verpflegung und Kleidung. Kurzum: Sie hatten die Taschen voller Geld und den festen Willen, es richtig krachen zu lassen.

Matthias Birchel klopfte seinem hageren Cyclofahrer auf die Schulter. »Weißt du, wo das *Haus der fünfhundert Frauen* ist?«, fragte er auf Französisch.

Der Vietnamese zeigte ein zahnloses Lachen und nickte.

»Lass uns doch erst mal ankommen!«, meinte Karl verärgert. Karls Gesicht hatte in dem halben Jahr, in dem sie bei der Fremdenlegion waren, die kindlichen Züge verloren. Aus dem Flaum über seinem Mund war ein Schnurrbart geworden. Sein Cyclo fuhr direkt neben dem von Matthias. »Erst mal duschen und was essen. Zum Ficken wirst du noch genug Zeit haben!«

»Weißt du, wie lange ich keine Frau mehr hatte?«

Der Cyclofahrer schaute Matthias fragend an. Matthias gab sich geschlagen und deutete ihm an, den anderen zu folgen.

Auf dem Weg ins Zentrum kam ihnen eine Marschkolonne französischer Panzer entgegen. Die vier Fremdenlegionäre winkten übermütig den Offizieren zu, die aus den Geschütztürmen hervorlugten und die Straße kontrollierten. Die Offiziere erwiderten die Grüße nicht.

Ein belgischer Legionär hatte ihnen ein kleines Hotel in einer ruhigen Seitenstraße der Rue Catinat empfohlen, das von einer vietnamesischen Familie betrieben wurde. Nicht ganz billig, aber saubere Zimmer und einmal am Tag warmes Wasser.

Die Adresse erwies sich als guter Tipp. Günther und Manfred inspizierten die beiden Doppelzimmer, deren Schlüssel ihnen ein grauhaariger Vietnamese ausgehändigt hatte, und handelten mit ihm den Preis für eine Woche aus.

Der alte Mann bestand darauf, dass sie im Voraus bezahlten, und Günther überließ es Manfred, sich mit ihm zu einigen. Schließlich zückte Manfred ein Geldbündel und drückte dem Mann ein paar Scheine in die Hand. »Er hat Angst, dass wir den ganzen Sold für Frauen und Saufen ausgeben und dann pleite sind.«

Günther grinste. »Nicht ganz unberechtigte Sorgen. Was hast du ihm gegeben?«

»Das Geld für die ersten drei Nächte.«

»Fairer Kompromiss!«

Als sie auf die Straße traten, um den anderen Bescheid zu sagen, ging Matthias gerade auf seinen Cyclofahrer los und versetzte ihm eine schallende Ohrfeige. Der hohlwangige Vietnamese, der Matthias nicht mal bis zu den Schultern reichte, ging von dem Schlag zu Boden.

Matthias' Gesicht war puterrot. »Verdammtes Schlitzauge. Was meinst du denn, wen du vor dir hast?« Er versetzte dem Mann einen Tritt, bevor ihn Günther und Manfred zurückreißen konnten.

Im Nu hatte sich eine Traube neugieriger Passanten um sie versammelt. Günther schaute in ihre Gesichter. Er konnte keine Feindseligkeit oder Wut in ihren Augen erkennen. Ihre schmalen Gesichter zeigten keinerlei Regung. Er würde aus diesen Menschen nie schlau werden.

»Was ist los?«, wollte Manfred von Matthias wissen, der sich nur langsam wieder beruhigte.

»Dieser Schweinehund wollte mich betrügen. Er hat mir zu wenig Geld rausgegeben!«

Der Cyclofahrer hatte sich aus dem Staub erhoben und redete gestenreich auf Manfred ein, den er für den Anführer der Viererbande hielt.

»Warum sollte er das tun?«

»Was weiß ich? Vielleicht ist er ein beschissener Viet Minh.«

Die Hotelangestellten nahmen das Gepäck von den Fahrradtaxis und trugen es auf die Zimmer. Die Menschenmenge zerstreute sich langsam, ohne die Klagen des Fahrers weiter zu beachten. Man hörte seinen Singsang noch, als Günther und Manfred ihr Zimmer betraten und sich auf die Betten warfen. Günther hatte darauf bestanden, sich mit Manfred ein Zimmer zu teilen. Matthias, der in der Kaserne im Bett über ihm schlief, hatte sich zu einem penetranten Schnarcher entwickelt. Wenigstens im Urlaub wollte Günther durchschlafen.

Manfred verschränkte die Hände hinter seinem Kopf. »Es

wird Zeit, dass Matthias zu den Nutten geht und Dampf ablässt. Der kocht sonst über.«

»Wer geht sich zuerst waschen?«

Manfred federte aus dem Bett. »Ich. Ich stinke wie eine Bergziege.« Er nahm ein Handtuch von einem der beiden Korbstühle, die neben dem Kleiderschrank und den Betten das einzige Inventar des Zimmers bildeten, und machte sich auf die Suche nach dem Etagenbad.

Nach zehn Minuten kam er zurück, das Handtuch um seine Hüften geschlungen. »Mann, tat das gut. Das Bad ist frei!«

Günther hörte ihn nicht. Er lag auf dem Rücken, so wie er sich ins Bett hatte fallen lassen, und schlief.

Als er erwachte, brach die Dämmerung über Saigon herein. Es würde nur zehn, fünfzehn Minuten dauern und der Lärm der Generatoren würde das Zirpen der Grillen und das Klingeln der Cyclos übertönen.

Manfred hatte ihm eine Nachricht auf den Rucksack gelegt, der noch immer unausgepackt in der Ecke stand. Sie würden schon mal ein paar Drinks nehmen und gegen zwanzig Uhr in einer Bar gegenüber dem *Continental* auf ihn warten.

Günther schälte sich aus seinen Klamotten und ging in das Etagenbad. Zwanzig Minuten später hatte er sich rasiert und ausgehfertig gemacht.

Die Eingangshalle des Hotels diente der Familie als Wohnraum. Eine alte, zahnlose Frau lächelte ihn aus einer Hängematte an, als er die Treppe herunterkam und nach einer Gelegenheit suchte, den Zimmerschlüssel abzugeben.

In diesem Moment trat eine junge Frau aus der Küche und streckte beide Hände vor, um den Schlüssel in Empfang zu nehmen. Sie trug eine weiße Seidenhose und ein langes geblümtes Gewand. Ihre schwarzen glatt gekämmten Haare fielen auf die Schultern herab. Eine silberne Haarspange blitzte im Licht der Petroleumlampen. Als sie sich aufrichtete, schaute Günther in große, dunkle Augen, die ihn unter pechschwarzen Augenbrauen fixierten. Sie hatte einen wohlgeformten Mund und eine kleine Nase mit einer leichten Wölbung. Das schummrige Licht im Raum gab ihrer Haut die Tönung von dunklem Bernstein.

Günther konnte seinen Blick nicht abwenden, so fasziniert war er von der Schönheit dieses Mädchens. Er hatte erwartet, dass sie sich mit einer unterwürfigen Bewegung zurückzog, doch sie hielt seinem Blick stand und sagte etwas zu ihm. Fasziniert lauschte er ihren Worten, die für ihn keinen Sinn ergaben. Lächelnd wartete sie offenbar auf seine Antwort. Dann bemerkte sie seine Verwirrung.

»Sprechen Sie nicht Französisch?«, fragte sie.

»Ein wenig«, brachte er heraus und merkte, dass er sie die ganze Zeit mit offenem Mund angestarrt hatte.

»Dann sind Sie nicht aus Frankreich?«

»Ich bin aus Deutschland.«

»Hamburg?«

Aus nicht ersichtlichen Gründen nickte er, überrascht davon, dass sie eine Stadt in Deutschland kannte. Er hatte noch keinen Vietnamesen getroffen, der eine grobe Ahnung besaß, wo Deutschland lag.

Erneut huschte ein Lächeln über ihr Gesicht und sie plapperte munter drauflos. Viel verstand Günther nicht, aber offenbar war ihr Vater früher zur See gefahren und bis nach Europa gekommen. Günther verfluchte sich, dass er die vielen vertrödelten Stunden nicht genutzt hatte, um sich von Manfred Französisch beibringen zu lassen. Er hätte der jungen Frau stundenlang zuhören und zusehen können, aber dann wurde sie in die Küche gerufen.

»Ich heiße Mai Linh«, sagte sie, und mit einem höflichen Kopfnicken verschwand sie aus seinem Blick.

Günther taumelte auf die Straße. Der Geruch der Garküchen in den Straßen drang in seine Nase, das Rufen der Cyclofahrer, die ihre Dienste anboten, in seine Ohren. Aber das alles perlte von ihm ab wie ein Wassertropfen an einem Lotusblatt. Was er eben erlebt hatte, nahm ihm noch immer die Luft zum Atmen. Er war in seinem ganzen Leben noch nie einer so schönen Frau begegnet.

17

Ihr Handgelenk schmerzte. Sie hatte den Rückstoß ihrer Dienstwaffe unterschätzt und den Knauf nicht fest genug an den Handballen gepresst. Die Ergebnisse auf der Scheibe waren wie immer gut, was ihren Chef allerdings nicht davon abhielt, sie regelmäßig zum Schießen abzukommandieren. Der Versuch, sich mit Hinweis auf die laufenden Ermittlungen zu drücken, war misslungen. »Irgendwas ermitteln wir immer«, hatte er achselzuckend gesagt.

In ihrer Abwesenheit war eine E-Mail vom BKA eingetroffen. Die DNA, die man nach den Hautpartikeln unter Birchels Fingernägeln bestimmt hatte, war nicht in der zentralen Datenbank erfasst, die den genetischen Fingerabdruck von 600.000 Personen und 140.000 Spuren enthielt.

Der Mann mit dieser DNA war also bisher polizeilich nicht aufgefallen. Dass es sich dabei um einen Mann handelte, war sicher. Mehr nicht. Anders als in den Niederlanden und in den USA war es in Deutschland verboten, die DNA-Untersuchung für Fahndungszwecke auch auf äußerlich sichtbare Merkmale und die Abstammung auszuweiten.

Sonja Kruse legte die Mail in das Postfach *Birchel*.

Es klopfte und das Gesicht des Staatsanwaltes erschien in

der Tür. »Ich wollte nur kurz Guten Tag sagen. Ich habe Ihre Bitte erfüllt und bei der Telefongesellschaft die Aufstellung aller ein- und ausgehenden Telefonate von Birchels Anschluss im Hospiz angefordert. Die Liste mit den Nummern und den Namen der Teilnehmer – sofern sie im Computer erfasst sind – wird Ihnen gleich per Mail zugehen. Bekomme ich ein Fleißkärtchen?«

Sonja lächelte. »Zwei!«

Auf dem Flur gingen ein paar Kollegen vorbei. Ellersbach trat ins Büro und schloss die Tür hinter sich. »Haben Sie sich das mit dem Konzert heute Abend überlegt?«

»Was für eine Art Musik machen Sie denn?«

»Tanzbare. Funk!«

»Ich war schon ewig nicht mehr tanzen.« Sonja Kruse strich sich verlegen eine Strähne aus dem Gesicht.

»Tanzen ist nicht Pflicht. Sie können auch einfach nur zuhören. Ich würde mich freuen, wenn Sie kommen.« Er zwinkerte ihr zu und verließ das Büro.

Warum eigentlich nicht, dachte sie.

Die angekündigte Mail ging ein. Die Liste der Telefonate, die Matthias Birchel geführt hatte, war nicht lang. Er hatte viermal Günther Berger angerufen, einmal die Telefonauskunft und danach einen Anschluss in Köln, der auf den Namen Heide Rosenbaum gemeldet war.

Angerufen worden war er nur einmal. In der Liste war als Teilnehmer eine *Pension Schnittker* an der Wasserstraße in Bochum verzeichnet. Sonja Kruse notierte sich die Nummern.

Wieder klopfte es an der Tür. In freudiger Erwartung, erneut Ellersbach zu sehen, rief sie: »Herein!«

Eine elegant gekleidete Frau um die sechzig betrat das Dienstzimmer. »Hauptkommissarin Kruse?«

Sonja nickte.

»Sie leiten die Ermittlungen im Mordfall Birchel?«

»Darf ich Ihren Namen wissen?«

»Heide Rosenbaum.«

Wider Willen musste Sonja Kruse lachen. Heide Rosenbaum schaute sie irritiert an.

»Sie müssen entschuldigen«, rechtfertigte sich die Kommissarin, »aber ich wollte Sie gerade anrufen. Nehmen Sie doch bitte Platz.«

Heide Rosenbaum setzte sich auf den Besucherstuhl vor dem Schreibtisch. »Ich warte seit Tagen auf Ihren Anruf. Ich habe doch der Krankenpflegerin meine Karte gegeben.«

»Lena Misek?«

Heide Rosenbaum schüttelte den Kopf. »Sie hieß Nadja.«

»Oh, na dann …«, sagte Sonja Kruse und lehnte sich zurück. »Diese Nadja ist für ein paar Tage verreist. Wir konnten sie bisher nicht erreichen. Na gut, jetzt haben wir uns gefunden. In welcher Beziehung standen Sie zu Herrn Birchel?«

Heide Rosenbaum beugte ihren Oberkörper nach vorne und Sonjas Blick fiel auf eine goldene Halskette mit einem türkisfarbenen Edelstein. Nicht billig, das Ding, dachte sie.

»Matthias Birchel war mit meinem Bruder befreundet. Manfred ist seit über fünfzig Jahren verschwunden.«

Dreißig Minuten später hatte Heide Rosenbaum der Kommissarin vom Anruf Matthias Birchels erzählt, vom Auffinden des Toten, von ihrer Begegnung mit Günther Berger, dessen Zusammenbruch und dem Besuch von Bergers Sohn Frank bei ihr in Köln. Die Kommissarin hatte aufmerksam zugehört und nur Zwischenfragen gestellt, wenn sie Namen notieren oder Zeitangaben präzisieren wollte.

Zum Schluss ihrer Ausführungen griff Heide Rosenbaum in ihre Handtasche und förderte einen Packen Briefe hervor, die mit einer rosafarbenen Schleife zusammengebunden waren. »Das sind die Briefe meines Bruders. Vielleicht helfen sie Ihnen, sich in die damalige Welt von Manfred, Herrn Birchel und Herrn Berger hineinzuversetzen.«

Als Heide Rosenbaum gegangen war, öffnete Sonja Kruse einen Brief nach dem anderen und begann zu lesen. Manfred Rosenbaum war ein guter Erzähler, seine Erlebnisse in Straßburg, Algerien und Vietnam zogen Sonja schnell in ihren Bann. Sie tauchte ein in eine andere Zeit, in eine ferne Welt.

18

Saigon, 18.06.1953

Der Bayer hatte sie zu einem Besuch im *Haus der fünfhundert Frauen* überredet. Sie fuhren in zwei Cyclos zum Chinesenviertel. Rechts und links der Straße dampfte und brodelte es in den Garküchen, Händler boten ihre Waren feil, Frauen wuschen Wäsche in Trögen am Straßenrand und kippten das schmutzige Wasser anschließend einfach auf den Boden, wo es sich mit Kies, Sand und Staub zu einer unansehnlichen Pampe verband. Eine Büffelherde trabte vor ihnen her, angetrieben durch den Stock ihres Besitzers.

Günther nahm das alles wahr, aber seine Gedanken waren bei Mai Linh. Während die anderen gestern losgezogen waren, um sich zu amüsieren und vollaufen zu lassen, war er eine Stunde lang vor dem Hotel auf- und abgelaufen, in der Hoffnung, sie ›zufällig‹ zu treffen. Seine Hartnäckigkeit wurde belohnt. Sie verließ das Haus in einem weißen Seidengewand, in dem sie so hinreißend aussah, dass es Günther erneut die Sprache verschlagen hatte. Sie erkannte ihn und grüßte freundlich. Sie war auf dem Weg zum Einkaufen und ›zufällig‹ hatte Günther den gleichen Weg. Die Konversation war äußerst mühsam und Günther hatte seine noch in der Nacht gelernten französischen Wörter schnell verbraucht. Dennoch gab es keinen Augenblick der Stille, denn Mai Linh redete ununterbrochen, mal auf Französisch, mal auf Vietnamesisch. Egal, was sie sagte — Günther hing an ihren Lippen.

An Marktständen kaufte Mai Linh Gemüse, Obst, Reis und ein halbes Huhn. Der Handel dauerte eine Ewigkeit, Mai Linh begutachtete gründlich die Ware, debattierte mit den Verkäufern über die Qualität und feilschte schließlich um den Preis. Sie hatte nichts dagegen, dass er ihr den Korb nach Hause trug. Offenbar genoss sie es sogar, dass ein weißer hochgewachsener Mann an ihrer Seite ging und die Blicke der Nachbarn auf sich zog. Zum Abschied hatte sie ihre zierliche Hand auf seinen Arm gelegt und ihm gedankt. Günther Berger war glücklich.

Sie erreichten das *Haus der fünfhundert Frauen* und bezahlten ihre Cyclofahrer.

»Jungs, ich warte in der Kneipe dort drüben. Ich wünsche euch viel Spaß«, sagte Matthias.

Die drei sahen ihn erstaunt an.

»Du kommst nicht mit? Was ist denn passiert?«, fragte Karl.

»Ich war gestern die halbe Nacht dort. Ich bin jetzt noch wund. Mein Schniedel braucht eine kleine Pause.«

Verwundert sahen Günther, Karl und Manfred dem Bayern nach, wie er die Straße überquerte und sich in eine der Bars setzte. Neugierig traten sie durch das große Tor in den riesigen, mit Gras bewachsenen Innenhof. Einige der Vorhänge der kleinen Kammern, die den Hof säumten, waren zugezogen. Dreißig oder vierzig junge Frauen lungerten auf der Wiese herum und schauten ihnen erwartungsvoll entgegen.

Gleich hinter dem Eingang stand ein Wachposten der Militärpolizei und warf ihnen einen kurzen Blick zu. Es war ein

Caporal der Fremdenlegion, der aufpasste, dass keine vietnamesischen Männer und sonstige Unbefugte das Gelände betraten. Das riesige Bordell war eine Einrichtung des französischen Militärs und stand unter seiner Aufsicht.

Während sich Günther noch zu orientieren suchte, stürmte ein Dutzend Frauen auf ihn zu. Die Frauen zerrten an seinen Armen, drückten seine Hände gegen ihre kleinen Brüste, legten Arme um ihn, um ihn mit sich zu zerren. Seinen beiden Freunden ging es nicht anders.

Günther sah in ihre Gesichter. Sie waren mädchenhaft mit gierigen Blicken, wild entschlossen, den Freier nicht der Konkurrentin zu überlassen. Er fühlte sich angewidert und musste an Mai Linh denken. Ein paar Kilometer entfernt gab es die schönste Frau der Welt. Jede Minute, in der er sie sehen durfte, war kostbarer als jede Stunde mit einer dieser Huren, so ansehnlich sie auch waren.

Günther stieß die Frauen von sich und ging zurück zum Tor. Er überquerte die Straße und lief in die Bar, in der Matthias mit Karel, einem Tschechen, saß, der ebenfalls in ihrer Kompanie war. Die beiden tranken Bier.

Matthias schaute ihn überrascht an. »Das ging aber schnell!«

Günther legte die Hand auf seinen Bauch. »Mir geht es nicht gut. Magenschmerzen. Vielleicht habe ich gestern was Falsches gegessen. Ich leg mich ins Bett.«

Matthias sah ihn mitfühlend an. »Soll ich mitkommen?«

»Ich komm schon zurecht. Wir sehen uns morgen.« Günther winkte ein Cyclo heran.

Eine halbe Stunde später betrat er gut gelaunt das Hotel und schaute sich um. Es war später Nachmittag und bis auf die alte Frau, die in der Eingangshalle in der Hängematte lag und schlief, war niemand zu sehen. Aus der Küche hörte er das Klappern von Kochtöpfen. Er schaute um die Ecke. Sein Herz machte einen Sprung: Mai Linh stand am offenen Feuer und rührte in einem Suppentopf. Sein Blick klebte minutenlang an ihr, bis sie ihn schließlich bemerkte. Sie war keineswegs erschrocken, sondern lächelte und winkte ihn zu sich, fischte geschickt mit den Essstäbchen etwas aus der Suppe und hielt es ihm hin. Günther nahm ihre zarte Hand und führte die Stäbchen zu seinem Mund. Er hatte keine Ahnung, was er runterschluckte, es hätte Ratte oder Schlange sein können, seine Antwort wäre die gleiche gewesen. »Es schmeckt köstlich!«

Sie nahm seine Hand und führte ihn zu einem Tisch, auf dem allerlei Gemüse lag, und erklärte ihm die Zutaten der Suppe. Günther verstand kein Wort, aber ihre Hand brannte in seiner. Er betete, dass sie seine Hand nicht wieder loslassen würde. Das geschah erst, als ihr Vater hereinkam und ihn verdutzt anschaute. Mai Linh plapperte los, ihr Vater knurrte ein paar Worte, nickte dann aber.

Wenig später wusste Günther, was es mit dem Kopfnicken auf sich hatte. Er war auf Mai Linhs Initiative zum Abendessen eingeladen worden. Kurz darauf saß er dann zusammen mit Mai Linh, ihrem Vater, ihrer Mutter und fünf anderen Vietnamesen, deren Verwandtschaftsgrad er nicht durchschaute, auf dem Boden und schaufelte die heiße, höllisch scharfe Suppe in sich hinein. Es machte ihm nichts aus, dass er sich den Gaumen verbrannte, Hauptsache, er durfte in Mai Linhs Nähe sitzen. Immer, wenn er die Eltern abgelenkt glaubte, warf er Mai Linh einen verstohlenen Blick zu, immer lächelte sie, wenn sich ihre Blicke trafen. Man trank Tee und Wasser und lachte viel. Möglicherweise über ihn, aber das war ihm egal.

Irgendwann machte die Mutter eine Bemerkung und die anderen Frauen kreischten vor Lachen und schauten zu Mai Linh, die errötete, sich kurz abwandte, aber dann in das Lachen einstimmte. Günther hätte einen Monatslohn dafür gegeben, die Bemerkung verstanden zu haben. Nach dem Essen löste sich die Versammlung auf und man gab ihm zu verstehen, dass sich nun die Wege trennten. Günther verabschiedete sich brav von allen und ging auf sein Zimmer.

Als Manfred gegen Mitternacht in das Zimmer torkelte, lag Günther noch immer wach auf seinem Bett. Er war verliebt, zum ersten Mal in seinem Leben.

19

Als Frank am frühen Abend das Krankenzimmer betrat, trug Günther Berger die Sachen, die ihm Frank gebracht hatte, einen blauen Schlafanzug unter dem passenden Morgenmantel. Er war frisch rasiert und hatte offenbar geduscht. Er saß an dem kleinen Tisch in seinem Zimmer. Vor ihm lagen diverse Tageszeitungen, die er sich am Kiosk in der Kantine besorgt hatte. Der Chefarzt hatte ihn nur mit Mühe überreden können, zur Beobachtung noch einen Tag in der Klinik zu bleiben.

Zu Franks Überraschung kam sein Vater schon bald zu Sache. »Ich bin dir noch eine Erklärung schuldig, warum ich nie über meine Zeit in der Legion geredet habe.«

Frank setzte sich auf die Kante des Bettes. »Ich bin gespannt.«

Günther Berger stand auf und trat an das Fenster. »Ich bin im Mai 1954 in vietnamesische Kriegsgefangenschaft gekommen. Die Viet Minh hat mich anständig behandelt, aber viele meiner Kameraden sind gestorben. Ich glaube, erst da ist mir wirklich klar geworden, auf was für eine Sache ich mich eingelassen hatte. Ich hatte zwei Möglichkeiten: an die Franzosen übergeben zu werden, was bedeutet hätte, dass ich meinen Kontrakt hätte erfüllen und noch drei Jahre bei der Legion dienen müssen. Das wollte ich auf keinen Fall, ich hatte vom Krieg die Schnauze voll. Die andere Möglichkeit war, in die DDR zurückzukehren.«

Frank war überrascht. »In die DDR?«

»Ja, die DDR hat ihre kommunistischen Brüder in Vietnam unterstützt und Ulbricht handelte mit der Viet Minh ein Abkommen über die Rückführung deutscher Legionäre aus. Ich bin im März 1955 in Bischofswerder angekommen. Zusammen mit ein paar Hundert anderen. Die Männer aus dem Westen durften ohne Probleme nach Hause fahren. Mich haben sie im Osten dabehalten.« Er machte eine Pause und trank einen Schluck Wasser.

»Warum ausgerechnet dich?«, fragte Frank.

»Weil ich in Quedlinburg geboren bin. Auch die anderen aus der Ostzone mussten bleiben. Und dann ging es los mit den politischen Schulungen. Ich sollte auf Betriebsversammlungen reden, Imperialismus und Kolonialismus anprangern.« Günther Berger machte eine wegwerfende Handbewegung. »Ich habe das eine Zeit lang mitgemacht, dann hatte ich genug. Die Mauer stand noch nicht, man konnte in Berlin einfach in den Westteil gehen. Das habe ich getan. Und das Kapitel Fremdenlegion hinter mir gelassen.«

Frank schüttelte den Kopf. »Du hast mit niemandem darüber geredet? Was war mit Mutter?«

Günther Berger setzte sich wieder auf den Stuhl. »Mit niemandem, auch mit ihr nicht! Schon aus Selbstschutz. Wenn ich den französischen Militärbehörden in die Finger gefallen wäre, hätten sie mich wegen Fahnenflucht zu zehn Jahren Gefängnis verurteilt. Glaub mir, das ist einigen passiert. Du darfst nicht vergessen, ich hatte einen Fünfjahresvertrag mit der Legion abgeschlossen und erst zwei davon waren rum.«

»Hast du denn nie den Versuch unternommen, Kontakt mit Mai Linh aufzunehmen?«

»Nein.«

»Aber du hast ihre Tochter in deinem Testament bedacht. Warum?«

Günther Berger stand auf und trat ans Fenster. »Nenn es Sentimentalität, schlechtes Gewissen, Wiedergutmachung, ich weiß es nicht. Als ich vor ein paar Wochen das Testament gemacht habe, war es mir ein Bedürfnis. Stört es dich, dass du das Geld teilen musst?«

Frank lachte trocken auf. »Klar. Mit einer halben Million komme ich nicht weit!«

Das Telefon auf dem Tisch neben dem Bett klingelte. Günther Berger stand auf und nahm das Gespräch an. Er hörte nur einen kurzen Moment zu. Sein Gesicht verfärbte sich. »Ich habe Ihnen schon einmal gesagt, dass ich Ihnen nichts zu sagen habe. Lassen Sie mich in Ruhe!« Zornig legte er den Hörer auf.

Frank schaute seinen Vater fragend an.

»Das war wieder Frau Rosenbaum.«

»Was wollte sie?«

Günther Berger schüttelte den Kopf. »Die Frau spinnt. Sie hängt irgendwelchen Verschwörungstheorien nach.«

Frank nickte. »Sie glaubt, dass dein Freund Matthias ermordet wurde. Weil jemand verhindern wollte, dass sie von ihm die Wahrheit über das Verschwinden ihres Bruders erfährt.«

»Tragische Person.« Sein Vater setzte sich wieder an den Tisch und blätterte demonstrativ in der Tageszeitung.

»Weißt du wirklich nicht, was aus ihm geworden ist?«

Günther Berger schüttelte den Kopf. »Nein. Bevor ich in Kriegsgefangenschaft kam, war in Dien Bien Phu die Hölle los. Wir haben uns damals aus den Augen verloren und ich habe nie wieder etwas von ihm gehört.«

20

Ellersbach gab bei der Zugabe sein Bestes. Seine Version von *Sexmachine* kam zwar nicht an das Original heran, aber die hundert Leute vor der Bühne rockten, was das Zeug hielt.

Vor zehn Minuten hatte er die Hauptkommissarin hinter den Tanzwütigen entdeckt. Angelehnt an einen Pfeiler, ein Bierglas in der Hand, hatte sie ihm einen gut gelaunten Blick zugeworfen. Ellersbach bedankte sich bei den Fans und Freunden für ihr Kommen und kletterte von der Bühne.

Sonja Kruse erwartete ihn mit einem Lächeln. »Kompliment. Das war sehr gut!«

»Freut mich, dass es Ihnen gefallen hat!«

Sonja nahm einen Schluck aus ihrem Bierglas. »Ich habe leider nur die letzten zwei Songs gehört.«

Auch Ellersbach bestellte sich ein Pils. »Sie kommen direkt vom Präsidium?«

Die Hauptkommissarin nickte. »Ich dachte, Sie würden sich für meine Ermittlungsergebnisse interessieren.«

»Und ich dachte, Sie wären meinetwegen gekommen.«

Beide grinsten.

Die junge Kellnerin reichte Ellersbach ein Glas und schmachtete ihn an.

Ellersbach nahm einen Schluck. »Einen Euro für Ihre Gedanken!«

Sonja hielt ihm die offene Hand hin.

Ellerbach nestelte sein Portemonnaie aus seiner Jeans und reichte ihr einen Euro.

Die Kommissarin steckte ihn lächelnd ein. »Er wird es nicht schwer haben, hier jemanden abzuschleppen.«

»Das haben Sie gedacht?«

»Warum sollte ich lügen?«

Ellersbach stellte das Glas auf dem Tresen ab. »Sie täuschen sich. Ich bin schüchtern. Und treu.«

Sonja schaute auf seine Hand. »Sie tragen keinen Ehering.«

»Ich bin nicht verheiratet. Aber ich war bis vor ein paar Monaten fest liiert. Ist leider in die Brüche gegangen.«

Mit einer verlegenen Geste griff er an sein Ohrläppchen und überprüfte, ob der kleine Brilli noch an Ort und Stelle war.

»Aber Sie sind nicht gekommen, um mit mir über meine sexuellen Aktivitäten zu sprechen. Erzählen Sie mir, was Sie herausgefunden haben.«

Sonja Kruse schüttelte den Kopf. »Ich glaube nicht, dass das hier der beste Platz ist.«

Ellersbach nickte. »Ich weiß einen besseren.«

Eine halbe Stunde später saßen sie in einem spanischen Restaurant in der Nähe der *Zeche* und orderten Tapas und Rotwein.

»Bringen wir es hinter uns«, forderte Ellersbach.

Sonja lehnte sich zurück. »Wir können das Ganze auch morgen im Präsidium besprechen. So eilig ist es nun auch wieder nicht.« Sie wollte bei Ellersbach nicht den Eindruck erwecken, übereifrig und dienstgeil zu sein. Es ärgerte sie nun, dass sie einen dienstlichen Grund vorgeschoben hatte, ihn wiederzusehen.

»Erst machen Sie mich neugierig und jetzt wollen Sie mich schmoren lassen? Das ist nicht fair.«

»Na gut«, lenkte Sonja ein. »Bis das Essen kommt.« Sie berichtete über ihre Ermittlungen im Hospiz und ihr Gespräch mit Heide Rosenbaum. Nachdem sie im Büro die Briefe von Manfred Rosenbaum gelesen hatte, hatte sie nach weiteren Informationen über Matthias Birchel gesucht. Viel hatte sie nicht herausgefunden. Die biografischen Angaben waren bescheiden. Nach seiner Freilassung aus vietnamesischer Kriegsgefangenschaft kehrte der Bayer nach Frankreich zurück und meldete sich erneut bei der Legion. Er verlängerte seinen Vertrag und wurde in Algerien stationiert. 1962 verließ er die Legion und kaufte sich von seiner Abfindung eine Kneipe in Saarbrücken. Erst 1965 zog er nach Bielefeld um und arbeitete bis zum Eintritt ins Rentenalter bei einem mittelständischen Transportunternehmen. 2006 bezog er eine Wohnung im Altenheim. Bereits 2004 wurde bei ihm Lungenkrebs diagnostiziert. Zwei Wochen vor seiner Einlieferung in das Wattenscheider Hospiz war er mit einer schweren Lungenentzündung in ein Bielefelder Krankenhaus eingeliefert worden. Er hatte nie geheiratet und, soweit bekannt, keine Kinder.

Als die Tapas kamen, unterbrach Sonja Kruse ihren Vortrag und sie widmeten sich mit großem Appetit dem Essen.

Ellersbach schüttete seiner Tischpartnerin den Rest aus der Flasche in ihr Glas und orderte eine neue. »Glauben Sie, dass der Mord an Matthias Birchel mit dem Verschwinden Manfred Rosenbaums zu tun hat?«

»Ich weiß es nicht«, gab Sonja zu. »Doch in den letzten dreißig Jahren ist nichts im Leben von Matthias Birchel passiert, woraus sich ein Motiv für seine Ermordung erkennen lässt. Ich finde es schon seltsam, dass er Frau Rosenbaum eine Enthüllung ankündigt und dann umgebracht wird.«

»Haben Sie mit Günther Berger gesprochen?«

Sonja schüttelte den Kopf. »Er liegt nach seinem Herzinfarkt noch immer im Krankenhaus. Ich wollte erst mehr Hintergründe kennen, bevor ich ihm mit meinen Fragen komme.«

Ellersbach nahm einen Probeschluck von der neuen Flasche Wein und gab sein Okay. Die Kellnerin füllte die Gläser auf.

»Sie wissen, dass er demnächst das Bundesverdienstkreuz verliehen bekommt?«

Sonja Kruse schaute den Staatsanwalt skeptisch an. »Das soll was heißen?«

Ellerbach hob abwehrend die Hände. »Nichts. Gar nichts. Ich wollte es nur erwähnen. Gibt es noch andere Zeitzeugen?«

Sonja Kruse griff in ihre Handtasche, förderte ein vergilbtes Foto zutage, das sie den Briefen entnommen hatte, und reichte es Ellersbach. Das Foto zeigte vier Legionäre vor einer Pagode.

»Die beiden in der Mitte sind Matthias Birchel und Günther Berger. Rechts steht Manfred Rosenbaum.«

»Und wer ist der Mann links mit dem Schnurrbart?«

»Karl Lukowski. Die vier waren unzertrennlich.« Sie nahm das Weinglas in die Hand und setzte es wieder ab. »Schnurrbart? Das ist mir gar nicht aufgefallen.«

Ellersbach reichte ihr das Foto zurück.

Tatsächlich. Karl Lukowski trug einen Schnurrbart. Die Kommissarin grübelte.

»Woran denken Sie?«

Sie trank einen Schluck Wein und stellte das Glas nachdenklich ab. »Es gab einen geheimnisvollen Besucher im Hospiz, ungefähr zur Tatzeit. Der Pförtner hat ihn kurz gesehen. Der Mann war alt und er trug einen Schnurrbart.«

Ellersbach schmunzelte. »Sie glauben, dieser Besucher war Karl Lukowski? Nur weil er einen Schnurrbart trägt? Das Foto wurde vor über fünfzig Jahren gemacht. Ich tippe mal auf einen Zufall.«

»Wahrscheinlich haben Sie recht«, sagte Sonja Kruse und nahm sich vor, am nächsten Tag weitere Suchanfragen zu starten. Vielleicht lebte Karl Lukowski noch.

21

Frank saß am Küchentisch in Anitas Wohnung und schob die Reste des Tiramisus von sich. »Es hat super geschmeckt, aber ich bin pappsatt.«

Anja nahm die Weinflasche und schenkte die Gläser voll. Dabei blickte sie ihm tief in die Augen. Frank wusste, was das bedeutete. Entweder sie wollte mit ihm ins Bett oder sie hatte etwas auf dem Herzen.

Frank hatte Anja vor über einem Jahr auf einer Party eines Schulfreundes kennengelernt. Anja arbeitete in einem Architekturbüro und war frisch geschieden. Sie gingen ein paarmal zusammen ins Kino und stellten fest, dass sie über die gleichen Filme lachen konnten. Nachdem sie gemerkt hatten, dass sie auch im Bett harmonierten, traten sie als Paar auf. Es war sein Wunsch gewesen, dass zunächst jeder seine Wohnung behielt, bis die Zeit für gemeinsame vier Wände reif sei. Frank hatte diese Regelung stets als segensreich empfunden. Er freute sich, wenn er die Tür seiner Wohnung hinter sich schließen und mit seinen Büchern und seiner Musik allein sein konnte.

Anja zwinkerte ihm mit ihren blauen Augen zu. »Wir müssen etwas besprechen.«

»Schieß los!«

»Was hältst du davon, wenn wir heiraten?«

Frank verschluckte sich an seinem Wein und lief rot an.

Anja kicherte. »Das verschlägt dir die Sprache, was?«

Frank nickte und hustete in die Serviette.

»Laura und Bastian heiraten demnächst. Eine Doppelhochzeit wäre doch ganz schön. Wir haben ohnehin die gleichen Freunde, da sparen wir auch noch Geld bei der Party.«

Frank war perplex. Ehe war für ihn ohnehin kein Thema. Aber zu heiraten, damit man bei der Hochzeitsfeier ein paar Euro sparen konnte, das hielt er für absurd.

Anja ergriff seine Hand. »Du musst dich ja nicht sofort entscheiden.«

Frank räusperte sich. »Warum kann nicht alles bleiben, wie es ist? Wir sind doch auch ohne Trauschein glücklich. Oder?«

Anjas Blick wurde ernst. »Meine biologische Uhr tickt. Ich kann nicht noch ein paar Jahre mit dem Kinderkriegen warten.«

Frank wurde schwarz vor Augen. Heirat. Kinder. Jetzt fehlte nur noch die Frage nach einer gemeinsamen Wohnung.

Anja schien seine Gedanken lesen zu können. »Die Einfamilienhaussiedlung, die ich in Gerthe gebaut habe, ist in drei Monaten bezugsfertig. Der Bauträger startet morgen die Verkaufsaktion. Ich könnte uns das beste Haus reservieren lassen.«

Frank hatte das Gefühl, dass ihm die Kehle zugedrückt wurde.

»Das sind super Häuser. Ich muss es ja wissen. Willst du die Pläne sehen?«

Frank stand auf und riss das Fenster auf. Der Windzug blies die Kerzen aus, die auf dem Tisch standen. Frank nahm ein paar tiefe Züge von der kalten Aprilluft und drehte sich um.

Anja hatte eine Aktentasche auf ihren Schoß gelegt und kramte in den Bauplänen.

»Anja. Das ist alles ein bisschen viel auf einmal für mich.«

»Andere Männer würden sich freuen, wenn man ihnen einen Antrag machen würde.«

»Ich bin aber nicht ›andere‹!«

Anja hielt in ihren Bewegungen inne und sagte nichts. Frank bemerkte, dass sich ihre Augen mit Wasser füllten. »Es tut mir leid, dass ich nicht so reagiere, wie du es erwartet hast. Ich muss über das alles nachdenken.«

Anja nickte stumm. Dann pumpte sie Luft. Frank ahnte, dass er ihre Geduld überstrapaziert hatte.

»Weißt du, was du bist?«, fragte Anja und in ihrer Stimme lag etwas Unheilvolles. »Du bist ein emotionaler Krüppel. Du bist auf dem Weg, genauso zu werden wie dein Vater.«

Der Vergleich mit seinem Vater traf Frank. Er war tief und fest davon überzeugt, in Gefühlssachen keine Ähnlichkeit mit ihm zu haben. Er hatte seinen Vater nie weinen gesehen. Er dagegen bekam feuchte Augen, wenn im Kino die Geigen schluchzten. Sein Vater hatte seiner Mutter nie in der Öffentlichkeit einen Kuss gegeben. Frank liebte es, mit Anja Händchen haltend durch die Stadt zu bummeln. Sein Vater hatte nie von seinen Träumen, Ängsten, Wünschen und Visionen gesprochen. Frank konnte nächtelang über dergleichen schwadronieren.

»Was soll dieser schwachsinnige Vergleich? Du kennst doch meinen Vater überhaupt nicht.«

»Würde mich nicht wundern, wenn du nicht auch irgendwo einer Frau ein Kind gemacht und dich vor der Verantwortung gedrückt hättest!«

Frank nahm wortlos seine Jacke und verließ Anjas Wohnung.

Den nächsten Tiefschlag erhielt Frank am nächsten Tag, als Benrath in der Redaktionssitzung den Dienstplan für die nächsten Wochen herumreichte. Frank war nicht für eine Moderation vorgesehen.

Benrath nannte ihm den Grund. »Das hat mit deinem Prozess beim Arbeitsgericht zu tun. Nur wenn du eine regelmäßige Beschäftigung beim Sender nachweisen kannst, hast du möglicherweise Erfolg. Wir werden einen Teufel tun und dir dabei helfen.«

Frank suchte nach Worten. »Und wovon soll ich leben? Du weißt doch genau, dass ich das Geld brauche.«

Benrath grinste. »Du kannst mir ja ein paar Zweiminüter anbieten. Ich habe heute in der WAZ gelesen, dass sie im Duisburger Zoo ein süßes Elefantenbaby haben. Und in Ehrenfeld gibt es wieder Zoff wegen der Moschee.«

Frank holte tief Luft. »Was habe ich dir getan? Bist du sauer, weil ich zweimal die Sitzung geschwänzt habe?«

Benrath hob die Augenbrauen und warf Frank einen mahnenden Blick zu. Er wollte das Thema nicht länger diskutieren und kam zu einem anderen Punkt. Die Kollegen von der Redaktion ›Reise und Tourismus‹ waren der Grippe zum Opfer gefallen und hüteten das Bett. Einer der beiden hatte bereits zugesagt, an einer Promotiontour des andalusischen Fremdenverkehrsverbandes teilzunehmen. Abflug: Freitagabend nach Almeria, Rundreise. Abflug von Granada: Montagabend. Gebraucht wurden ein paar O-Töne, ein bisschen touristisches Gesülze, verbraucherfreundliche Tipps. Fünf Minuten maximal. Das Ganze hörte sich mehr nach Urlaub als nach Arbeit an.

Frank war sich sicher, dass Benrath sich nicht vor Freiwilligen retten konnte, aber niemand meldete sich. Seine Kolleginnen und Kollegen hatten Verpflichtungen: die Kinder, der lang angesagte Besuch von Freunden aus Bremen, die VIP-Karte für das Heimspiel des 1. FC Köln, die Anstreicher in der Wohnung.

Benrath schüttelte den Kopf. »Ich habe gedacht, ich mache einem von euch eine Freude. Ihr könnt mich doch nicht hängen lassen. Wie stehe ich denn da vor den Kollegen?« Er nahm Frank ins Visier.

Der schüttelte den Kopf. »Mein Vater liegt im Krankenhaus!«

»Er wird auch ohne dich wieder gesund.«

»Das kannst du doch nicht machen!«

Benrath grinste, dass seine Wangen Falten warfen. »Doch, das kann ich machen. Es ist ein dienstlicher Auftrag.«

»Den ich dankend ablehne.«

»Du fliegst!«

»Arschloch!«

Benrath lehnte den Kopf in den Nacken.

Frank wusste, dass er zu weit gegangen war. Aber die Ereignisse der letzten Tage und der Streit mit Anja lagen ihm im Magen. Er war gereizt und nicht mehr Herr seiner Sinne.

Benrath stützte die Ellbogen auf. »Du fliegst tatsächlich. Aber nicht nach Andalusien, sondern raus! Ich muss mir deine Frechheiten und Beleidigungen nicht länger bieten lassen. In einer halben Stunde ist dein Schreibtisch leer. Du kannst mich ja verklagen!«

Benommen und unter den bedauernden Blicken seiner Kollegen stopfte Frank zehn Minuten später seine persönlichen Sachen in einen Pappkarton. Es gab kein Wort des Mitgefühls und der Solidarität. Alle wussten, dass sie gegen Benrath nur den Kürzeren ziehen würden.

Als Frank den Sender verließ, stand Benrath zusammen mit einer hochgewachsenen Rothaarigen beim Pförtner. Sie war Ende zwanzig und hatte eine üppige Oberweite, die sie durch einen freizügigen Ausschnitt der interessierten Öffentlichkeit präsentierte. Sie schenkte Benrath ein Lächeln aus einem makellosen Gebiss, als er dem Pförtner sagte, dass er einen Hausausweis für das Geschöpf an seiner Seite beantragt hatte. »Frau Trochowski wird demnächst als Moderatorin bei uns anfangen.«

Auf seinem Anrufbeantworter zu Hause war Anjas Stimme zu hören. Sie gab ihm drei Tage Zeit, sich zu entscheiden. »Ich liebe dich und will dich nicht verlieren. Aber ich muss wissen, woran ich bei dir bin.«

Frank bekam Kopfschmerzen und warf ein Aspirin ein. Es war zu viel in zu kurzer Zeit passiert. Er hatte erfahren, dass sein Vater ein Söldner gewesen war und dass er eine Halbschwester in Vietnam hatte. Er hatte den Job verloren und musste sich innerhalb von drei Tagen entscheiden, welche Richtung sein Leben nehmen sollte. Jahrelang war sein Leben in beschaulichen Bahnen verlaufen, so beschaulich, dass er es als gegeben und unveränderlich ansah. Unglücke und Schicksalsschläge brachen stets über Menschen herein, die man nicht kannte. Wenn er gläubig gewesen wäre, hätte er sich in eine Kirche zurückgezogen und Gott um Rat gefragt. Wenn er an die Vorsehung der Karten geglaubt hätte, wäre er zu einer Wahrsagerin gegangen. Aber Frank glaubte nicht an das Schicksal.

Er dachte an seine Halbschwester. Sie war zehn Jahre älter als er. Wie sah sie aus? Welche Gene hatten sich durchgesetzt? Würde er seinen Vater in ihr erkennen? Gab es irgendeine Ähnlichkeit mit ihm selbst? Arbeitete sie irgendwo auf einem Reisfeld? Nähte sie in einer Fabrik Jeans, die irgendwann bei C&A auf dem Wühltisch landen würden? War sie verheiratet? Hatte sie Kinder?

Aber die alles entscheidende Frage war: Lebte sie überhaupt noch?

Die Antwort seines Vaters beim Besuch am Nachmittag war kurz und knapp. »Ich weiß es nicht!«

Frank war dabei, die Sachen seines Vaters in der Reisetasche zu verstauen. Günther Berger hatte sich in den Kopf gesetzt, die Klinik zu verlassen, auf eigenes Risiko.

Frank schüttelte verständnislos den Kopf. »Du bestimmst Ha Phuong zur Erbin und weißt nicht einmal, ob sie noch lebt? Wie soll man sie ausfindig machen?«

»Ich habe meinem Notar alle Angaben gegeben, die er braucht, um sie zu finden. Wahrscheinlich führt die Familie immer noch das Hotel in der Nähe der Rue Catinat. Ich kann mich noch genau erinnern. Es lag in der zweiten oder dritten Seitenstraße, wenn man vom Fluss kam. Von der Dachterrasse konnte man das *Continental* sehen.«

»Na toll«, stöhnte Frank. »Ist ja auch erst fünfzig Jahre her.«

»Herrgott!« Günther Berger funkelte seinen Sohn an. »Knipping wird jemanden runterschicken, der mit einem Bündel Dollarscheinen durch die Behörden zieht. In zwei Tagen wird er sie aufgetrieben haben. Da kannst du ganz sicher sein.«

Frank verschränkte die Arme vor der Brust. »Knipping wird niemanden runterschicken. Ich werde sie selbst suchen.«

Günther Berger zog gerade das weiße Hemd an, das er am Tag seiner Einlieferung getragen hatte. Er hielt inne und starrte seinen Sohn an.

Frank genoss die Fassungslosigkeit, die sich auf dem Gesicht seines Vaters ausbreitete. »Und ich werde nicht bis zu deinem Tod warten.«

Günther Berger legte seine Hand auf Franks Schulter. »Nein, das wirst du nicht machen!«

»Doch, genau das werde ich machen.«

Der Griff seines Vaters wurde fester. »Ich verbiete es dir!«

Frank streifte die Hand seines Vaters ab. »Du kannst mir nichts verbieten.«

Günther Bergers Augen funkelten vor Wut. »Du hast kein Recht, dich in mein Leben einzumischen!«

Frank versuchte, ruhig zu bleiben. Noch vor fünf Minuten hatte er nicht im Traum daran gedacht, nach Vietnam zu fliegen. Aber die Sturheit und Gleichgültigkeit, die aus den Worten seines Vaters sprachen, hatten ihn derart gereizt, dass er ihn aus der Reserve locken wollte. »Sie ist meine Halbschwester. Ich will sie kennenlernen.«

Frank ließ seinen Vater stehen und ging zur Tür. Dort drehte er sich noch einmal um. »Wenn dir noch etwas einfällt, was mir bei der Suche behilflich sein kann, dann ruf mich an.« Er schloss die Tür lauter, als beabsichtigt.

Günther Berger setzte sich auf den Stuhl und starrte auf das Türblatt. »Dieser Narr!«, murmelte er. »Dieser verdammte Narr!«

22

Saigon, 25.06.1953

Günther Berger war verzweifelt. Noch drei Tage, dann mussten sie zu ihrer Einheit zurück. In seinem Werben um Mai Linh war er nur einen kleinen Schritt weitergekommen. Sie hatten zusammen in einem Café in der Rue Catinat gemeinsam Tee getrunken, nachdem er sie beim Einkaufen abgepasst hatte. Günther fürchtete, dass Mai Linhs Eltern seine Gefühle für ihre Tochter nicht verborgen geblieben waren. Es gab keine Minute, in der sie Mai Linh allein ließen, wenn er in der Nähe war. Immerhin wusste er nun, dass sie zwanzig Jahre alt war und ihr Vater sie zu einem Sprachkurs geschickt hatte, damit sie Französisch lernte. Offenbar hatte ihr Vater sich damit abgefunden, dass die französische Besetzung auf ewig bestehen würde, und war der Meinung, dass es das Beste für die Zukunft seiner einzigen Tochter sei, die Sprache der Kolonialherren zu beherrschen.

Natürlich hatten auch Matthias und Karl bemerkt, dass Günther der Tochter des Hotelbesitzers kaum von der Seite wich, und entsprechende Witze gemacht. Manfred dagegen gratulierte ihm zu seinem Geschmack. Aber er warnte Günther, sich zu viele Hoffnungen zu machen. »Wer weiß, ob wir je nach Saigon zurückkommen! Vielleicht wirft uns die Viet Minh bald aus dem Land. Selbst wenn Mai Linh deine Liebe erwidert, es kann nicht gut gehen. Wir sind hier in einer anderen Kultur. Es ist besser, wenn du sie dir aus dem Kopf schlägst und dir deinen Spaß woanders holst.«

Heute Morgen hatte Günther beobachtet, wie sich Mai Linh und Manfred lange miteinander unterhielten und lachten. Neid bohrte in seinen Eingeweiden. Mit seinen Französischkenntnissen standen Manfred alle Türen offen. Nach seiner Rückkehr sollte er zum Caporal befördert und Führer einer Einheit werden, möglicherweise der Vorgesetzte von Matthias, Karl und ihm.

Als Günther dann noch sah, wie Mai Linh ihre Hand auf Manfreds Arm legte, eine Geste, von der er glaubte, dass sie ihm vorbehalten war, schoss ihm das Blut in den Kopf. Er musste sich zusammenreißen, um nicht vorzutreten und ihre Hand von Manfreds Arm wegzufegen. Hatte er sich getäuscht? War Mai Linh nur freundlich zu ihm, weil er Gast des Hotels war?

Als Mai Linh in der Küche verschwunden war und Manfred auf die Straße treten wollte, hielt er ihn am Arm fest. »Sie ist mein Mädchen!«

Manfred schaute ihn überrascht an. »Was willst du von mir?« Er schüttelte Günthers Hand ab.

»Über was habt ihr geredet?«

Manfred musterte ihn missmutig. »Sie wollte wissen, wie das Leben in Deutschland ist. Ob wir auch Reis anbauen und ob es stimmt, dass es Berge gibt, die das ganze Jahr mit Schnee bedeckt sind. Solche Sachen.«

»Ich warne dich. Wenn du ihr zu nahekommst, schlage ich dich tot!«

Manfred sah ihn befremdet an. »Spinnst du? Was ist los mit dir?«

Günther war selbst überrascht, welche Worte aus seinem Mund geflossen waren. Er drehte sich um und ging zurück auf sein Zimmer. Manfred sah ihm kopfschüttelnd nach.

Günther warf sich auf sein Bett und starrte an die weiß getünchte Decke. Was war nur in ihn gefahren? Tief in seinem Inneren spürte er ein Gefühl, das er bisher noch nicht gekannt hatte: Eifersucht.

Günther blieb den ganzen Abend allein auf dem Zimmer. Er versuchte, Ordnung in sein aufgewühltes Gefühlsleben zu bringen. Irgendwann ging er doch hinunter, in der Hoffnung, Mai Linh zu sehen. Aber sie war offenbar schon zu Bett gegangen. Manfred kehrte gegen Mitternacht zurück. Er war angetrunken, murmelte einen Gruß, streifte die Sandalen ab und warf sich aufs Bett.

Günther drehte sich zu ihm um. »Es tut mir leid, was ich vorhin gesagt habe.«

Manfred gähnte. »Ist schon gut. Vergessen.«

Günther wartete, bis Manfred sich zu ihm umdrehte. »Manfred, du musst mir helfen.«

Manfred rückte sich das Kissen zurecht. »Womit?«

»Ich will Mai Linh sagen, dass ich sie liebe. Aber mein Französisch reicht nicht aus, um ihr all das zu sagen, was ich für sie empfinde. Kannst du nicht für mich übersetzen?«

Alles, nur das nicht, dachte Manfred. Denn ihm ging es kaum anders als Günther. Auch er fühlte sich zu Mai Linh hingezogen, genoss die Plauderei mit ihr, ihr Lächeln, ihre sanften, scheinbar unabsichtlichen Berührungen. Zuerst hatte er versucht, seine eigenen Gefühle ihr gegenüber zu unterdrücken, weil er um Günthers Liebe für sie wusste. Aber als sie ihn heute in ein Gespräch verwickelt hatte, musste er sich eingestehen, dass er ebenfalls hoffnungslos verliebt war. Er hätte Stunden mit ihr plaudern können, sie war intelligent und klug und neugierig auf die Welt. Wie konnte er für seinen Freund ihr gegenüber eine Liebeserklärung abgeben, die eigentlich die seine war?

»Wirst du das für mich tun?«, fragte Günther erneut.

»Ja!«, sagte Manfred. Schöne Scheiße, dachte er.

23

In Saigon war es noch vor sechs Uhr, als in der oberen Etage eines schmalen, dreistöckigen Hauses in der Dong Khoi das Telefon klingelte.

Oskar Kern drehte sich in seinem Kingsizebett von der Seite auf den Rücken und fluchte. Er laborierte immer noch an den Folgen des Jetlags und hatte gehofft, durchschlafen zu können. Er warf einen Blick auf seine vietnamesische Geliebte, die sich zum Schutz vor der kalten Luft der Klimaanlage in das dünne Leinentuch gewickelt hatte. Sie schlief tief und fest. Er legt seine Hand auf ihre Hüfte und rüttelte. Sie murmelte ein paar vietnamesische Wörter, machte aber keine Anstalten aufzustehen. Als das Telefon das vierte Mal klingelte, erhob sich Oskar Kern ächzend aus dem Bett und schlurfte zum Telefon, das auf einer Anrichte stand. Dabei fiel sein Blick auf den Wandspiegel. Aus seinen gestreiften Boxershorts ragten zwei Storchenbeine und auch die faltige

Haut an seinem Bauch machte ihn nicht gerade zu einem schönen Mann. Aber er hatte immer noch einen breiten Rücken und Muskeln an den Oberarmen, um die ihn weit Jüngere beneideten. Dazu trug er einen stattlichen Schnurrbart, den die Vietnamesen sehr bewunderten.

Missgelaunt ging er ans Telefon. »Ja«, knurrte er.

»Bist du es, Oskar?«

»Welches Arschloch auch immer dran ist, weiß dieses Arschloch, wie spät es ist?«

Am anderen Ende der Leitung war es für einen kurzen Moment still. »Ich rufe aus Deutschland an.«

»Schon mal was von Zeitzonen gehört?« Oskar Kern ging zurück zum Bett. »Wer ist denn da?«

»Günther!«

»Günther? Wo ist denn der Saft in deiner Stimme geblieben?«

»Ich hatte einen Herzinfarkt, bin aber auf dem Weg der Besserung.«

Oskar Kern setzte sich auf das Bett. Er war nicht besonders erfreut über den Anruf. Er konnte nur Probleme bedeuten.

Das Gespräch dauerte fünfzehn Minuten. Zwischendurch musste Oskar Kern aufstehen und sich ein paar Notizen machen. Als er den Hörer auflegte, war an Schlaf nicht mehr zu denken. Er trat ans Fenster und zog die Vorhänge zur Seite. Es war mittlerweile hell geworden. In der Dong Khoi herrschte lebhafter Verkehr. Das Hupen der Motorräder auf der Straße hatte bereits Diskothekenlautstärke erreicht. Die ersten Teestände und Garküchen wurden aufgebaut, die Bauarbeiter, die an der nächsten Straßenecke ein neues Hochhaus errichteten, warteten bereits rauchend auf kleinen Plastikstühlen.

Natürlich konnte er Günther Berger die Hilfe nicht verweigern. Er stand tief in seiner Schuld. Über *Western Union* erhielt er jeden Monat tausend Dollar ausgezahlt. Zusammen mit den Mieteinnahmen seiner beiden Häuser in der Hai Ba Trung konnte er in Saigon wie ein kleiner Fürst leben. Die Häuser hatte er vor zehn Jahren mithilfe eines Strohmanns gekauft. Ihr Wert und auch die Mieteinnahmen hatten sich in der Zwischenzeit vervierfacht.

Günthers Sohn würde planmäßig um 7.30 Uhr landen. Bis er sein Gepäck hatte und die Einreiseformalitäten erfüllt waren, würde sicherlich noch einmal eine knappe Stunde vergehen.

Oskar Kern war sich nicht sicher, ob er den Jungen sofort erkennen würde. Ihm fiel das Foto ein, das ihm Günther in Deutschland geschenkt hatte. Es zeigte Vater und Sohn zusammen auf einer Geburtstagsfeier. Das Foto lag direkt unter seinem Pass und den Unterlagen seiner letzten Reise.

Während er unter der Dusche stand, plante er die Observation. Vom Flughafen bis zu den Hotels im Zentrum waren es nur ein paar Kilometer. Er würde das Motorrad nehmen, damit könnte er völlig in der Masse untergehen und war schnell und wendig.

Tropfnass ging er zurück ins Schlafzimmer und zog das Leinentuch vom Körper der Schlafenden weg. Seine Bettgefährtin zuckte zusammen. »Duong. Mach Frühstück!«, sagte er auf Vietnamesisch. »Ich muss gleich weg.«

Duong schälte sich widerwillig aus den Federn und strich sich mit den Fingern durch ihr schulterlanges schwarzes Haar. Sie trug eine gestreifte Pyjamajacke, die ihr fast bis zu den Kniekehlen reichte. Sie schlüpfte in ihre blauen Badelatschen und verließ wortlos das Schlafzimmer.

Oskar Kern ging an den Kleiderschrank und nahm Unterwäsche, ein blaues kurzärmliges Hemd und eine dunkelblaue Hose heraus. Als er nach einem Paar fester Schuhe suchte, fiel sein Blick auf einen Schuhkarton. Er öffnete den Deckel und vergewisserte sich, dass die *Smith & Wesson*, Kaliber 7 mm, noch immer in ihrem ölgetränkten Lappen lag. Er hatte sie schon lange nicht mehr benutzt. Und er hoffte, dass er sie auch diesmal nicht benutzen musste.

24

Frank erhielt einen unsanften Stoß in die rechte Seite und öffnete die Augen. Der dicke Schwabe grinste ihn an. »Wir landen.«

Frank reckte sich. Die meiste Zeit des elfstündigen Fluges hatte er vor sich hingedöst. Sein Kreuz tat weh, die Augen brannten von der trockenen Luft. Irgendwie konnte er es immer noch nicht fassen, dass er seinen Entschluss tatsächlich umgesetzt hatte. Zuerst hatte er sich verflucht, dass er großspurig erklärt hatte, sich auf die Suche nach seiner Halbschwester zu machen. Es war doch nur eine Trotzreaktion gewesen. Aber dann war ihm klar geworden, dass es kein Zurück geben konnte, wollte er sich vor seinem Vater nicht lächerlich machen. Tatsächlich waren noch Plätze im nächsten Flugzeug von Frankfurt nach Ho Chi Minh City frei. Beim vietnamesischen Generalkonsulat in Frankfurt bekam er ein vorläufiges Visum. Achtundvierzig Stunden nach seinem spontanen Entschluss hatte er Fakten geschaffen.

Der Schwabe stieß ihm beim Anschnallen den Ellbogen in die Seite. »Das Frühstück haben Sie verpasst. War eh nicht gut! Vor drei Monaten, als meine Frau und ich mit Thai Air geflogen sind, also das Frühstück, ein Traum. Die Vietnamesen müssen noch viel lernen, was den Service angeht.«

Bevor Frank eingeschlafen war, hatte ihn der Schwabe mit

seinen Reiseerlebnissen gelangweilt. Der Mann war Bauunternehmer, seine Söhne hatten das Geschäft übernommen und jetzt erkundete der Vater mit seiner auf wohltuende Art mundfaulen Frau im Quartalsabstand die Welt.

»Nach so einem Flug in der Holzklasse kann ich zwei Tage nicht richtig laufen. Die Bandscheibe, wissen Sie!«

Businessklasse zu fliegen kam für ihn allerdings nicht infrage: »Ich bin meinem Geld doch nicht böse.«

Frank fragte sich, ob diese Sparsamkeit sprichwörtlich mit der Herkunftsregion seines Sitznachbarn zu tun hatte.

Er schaute aus dem Fenster. Es war hell geworden und trotz der frühen Stunde lag bereits eine Dunstglocke über der Millionenstadt. Er stellte seine Uhr um, als auf dem Monitor vor ihm die lokale Zeit angegeben wurde. In Deutschland war es jetzt kurz vor ein Uhr. Anja würde tief und fest schlafen. Ach, Anja! Das letzte Telefonat, das sie geführt hatten, war eine einzige Katastrophe gewesen. Als Frank ihr mitteilte, dass er nach Vietnam fliegen werde, um seine Halbschwester zu suchen, hatte sie ihn keineswegs zu seinem mutigen Plan beglückwünscht. »Das machst du nur, weil du dich vor der Entscheidung drücken willst, ob du noch länger mit mir zusammen sein willst.«

»Nein, ich drücke mich nicht. Außerdem geht es nicht darum, ob ich mit dir zusammenleben will, sondern wie. Wenn ich dein Ultimatum richtig verstanden habe, dann möchtest du eine Antwort auf die Frage, ob ich dich heirate.«

»Ich will wissen, ob unsere Beziehung eine Perspektive hat.«

»Warum sollte sie es denn nicht haben?«

»Du willst keine Ehe, du willst keine gemeinsame Wohnung, du willst wahrscheinlich auch keine Kinder. Wo ist da eine Perspektive?«

Das Gespräch dauerte fast eine Stunde. Frank hatte zunehmend den Eindruck, dass sie zwar miteinander sprachen, aber nicht in der gleichen Sprache. Wieder einmal mehr bestätigte sich sein Gefühl, dass die beiden Geschlechter nicht das Gleiche meinten, wenn sie vom Gleichen redeten. Das Telefonat endete damit, dass sie ihn zum Teufel wünschte. Sie kündigte ihm an, dass nach seiner Rückkehr ein Karton mit seinen Sachen bereitstehen würde, den sie ihm im Austausch mit ihren Sachen nach Verabredung überreichen würde.

Als Frank — um die deprimierende Angelegenheit etwas aufzulockern — vorschlug, sich dann für die Übergabe Punkt zwölf Uhr auf dem Dr.-Ruer-Platz zu treffen, hatte sie aufgelegt.

Trennungen waren stets mit Schmerz verbunden, diese Erfahrung hatte Frank des Öfteren gemacht und so wartete er auch diesmal auf eine Welle von Traurigkeit und Abschiedsschmerz. Da sie ausblieb, hatte er sich mit Inbrunst der Vorbereitung seiner Reise gewidmet.

Während er im Flugzeug vor sich hin döste, glaubte er, eine Theorie gefunden zu haben, warum er die Trennung von Anja so gut wegsteckte. Beim Beginn einer Liebesbeziehung wird eine Uhr gestellt, die immer wieder aufgezogen wird durch Zuneigung, Vertrauen, Liebesbeweise, gemeinsame Erlebnisse, gemeinsames Glück, gemeinsames Leid. Wenn dieser Input nicht da ist, bleibt die Beziehungsuhr stehen und ein Wecker klingelt. Die Zeit ist um. Manche hören den Wecker, manche sind zu bequem, ihn auszustellen. Seine Beziehungsuhr zu Anja war längst abgelaufen, er hatte den Wecker allerdings nicht gehört.

Das Flugzeug setzte auf. Frank war in Vietnam.

Vietnam war noch immer ein sozialistischer Staat. Frank erwartete rote Fahnen und Parolen gegen den Imperialismus. Aber die Ankunftshalle des Terminals 2 in Saigon unterschied sich nicht von denen, die er sonst gesehen hatte.

Sie war groß, übersichtlich, hell, und diejenigen, die hier für ihre gerechte Sache warben, hießen Panasonic, Mercedes Benz und Canon.

Frank schleppte seine müden Knochen zu einem der Einreiseschalter und stellte sich hinten an. Eine Vietnamesin in grüner Uniform und mit einer Schirmmütze, die das Staatszeichen Vietnams zierte, bat ihn kurz darauf mit einer lässigen Handbewegung vor ihren Schalter.

Frank versuchte, ein charmantes Lächeln aufzusetzen und beizubehalten, aber die Frau würdigte ihn erst eines Blickes, als sie das Passbild mit dem real existierenden Gesicht verglich. Dazwischen lagen Welten. Unbeirrt knallte sie einen Stempel in seinen Pass und wünschte ihm in einer Sprache, die Ähnlichkeit mit Englisch hatte: »Have a nice time.«

Zwanzig Minuten später saß er in einem Taxi. Er ließ sich zum *Continental* fahren, in der Hoffnung, im ältesten und berühmtesten Hotel Saigons, das Persönlichkeiten wie Somerset Maugham und Graham Greene beherbergt hatte, noch ein Zimmer zu bekommen.

Frank konnte auf der halbstündigen Fahrt ins Zentrum seinen Blick nicht von den zwei- und vierrädrigen Fahrzeugen lassen. Das Treiben auf der Straße erinnerte ihn an einen Ameisenhaufen. Ständig hatte er das Gefühl, Zeuge eines Unfalls zu werden, weil Hunderte Motorräder, die nicht selten mit drei Personen besetzt waren, an einer Kreuzung aufeinander zu fuhren. Wie durch ein Wunder suchte sich jedes Fahrzeug einen unfallfreien Weg durch das scheinbare Chaos, unter Einsatz von Hupe, Bremse und Gaspedal. Hin und wieder sah Frank auch Fahrräder, aber die Herrscher der Straße waren Mopeds und Motorräder. Die wenigen Pkws waren meist japanischer Herkunft und sie stellten die Regeln auf: Wer mehr PS hat, hat Vorfahrt.

Von dem Motorradfahrer mit dem blauen Helm, der seit

dem Flughafen hinter ihnen herfuhr, nahm Frank keine Notiz. Und so fiel ihm auch nicht auf, dass der Fahrer seine Maschine auf der anderen Straßenseite des Hotels parkte, als das Taxi vorfuhr und ein Hotelangestellter die Wagentür öffnete.

Der Taxifahrer, der kein einziges Mal das Wort an Frank gerichtet hatte, verlangte fünf Dollar. Paradiesische Zustände, dachte Frank, der einmal für die Fahrt vom Köln-Bonner Flughafen zum Sender fünfundvierzig Euro bezahlt hatte. Als er die Quittung in der Buchhaltung abrechnen wollte, hatte man ihm gesagt, er hätte den Bus nehmen sollen. Dass er dann eine halbe Stunde zu spät zur Sendung gekommen wäre, interessierte nicht. Frank blieb auf seiner Quittung sitzen und hatte sich vorgenommen, es beim nächsten Mal darauf ankommen zu lassen. »Wir beginnen unsere heutige Sendung später. Unser Moderator ist noch mit dem Bus unterwegs.«

Im *Continental* hatten sie ein Zimmer frei, mit Blick auf die Oper und das geschäftige Treiben in der Dong Khoi, der Einkaufsstraße für Touristen, Geschäftsleute und wohlhabende Vietnamesen.

Frank duschte, packte seinen Koffer aus und legte sich aufs Bett. Einige Minuten später war er eingeschlafen.

25

Günther Berger drehte den Dienstausweis in seinen Händen und reichte ihn Sonja Kruse zurück. »Warum haben Sie vorher nicht angerufen? Ich habe jetzt keine Zeit.«

Die Kommissarin verstaute den Ausweis in ihrer Jackentasche. »Ich war gerade in der Gegend. Es dauert nur fünf Minuten!« Sie schenkte ihm ein Lächeln.

Günther Berger seufzte und machte den Weg frei. Er bot Sonja einen der breiten Ledersessel an, von dem aus sie auf die gegenüberliegende Burg Blankenstein sehen konnte.

Günther Berger ließ die Kommissarin nicht aus den Augen. »Ist die Leiche von Matthias Birchel endlich zur Beerdigung freigegeben?«

Sonja ließ sich Zeit mit der Antwort. »Ja. Die Gerichtsmediziner sind fertig. Das Ergebnis der Autopsie ist eindeutig. Matthias Birchel wurde ermordet.«

Günther Berger schüttelte den Kopf. »Das kann ich nicht glauben.«

»Es tut mir leid, aber es gibt keinen Zweifel.«

Günther Berger drehte ihr den Rücken zu und ging zum Schrank. Er nahm eine Flasche Kognak heraus und schaute sie fragend an. »Auf den Schrecken brauche ich einen Drink. Sie auch?«

Sonja Kruse schüttelte den Kopf. »Wer könnte das getan haben?«, fragte sie.

Günther Berger nahm einen kräftigen Schluck aus dem Glas und setzte sich auf das Sofa. »Matthias hat ein ruhiges, beschauliches Leben geführt. Er hatte keine Feinde.«

»Sie kannten ihn aus Ihrer gemeinsamen Zeit in der Fremdenlegion.«

Bergers Miene verfinsterte sich. »Woher wissen Sie das?«

Sonja hatte keinesfalls vor, ihm von ihrem Gespräch mit Heide Rosenbaum zu erzählen. »Manchmal liegt der Schlüssel zur Aufklärung eines Verbrechens in der Vergangenheit.«

»Was soll das heißen? Fahnden Sie jetzt nach vietnamesischen Killerkommandos, die alte Legionäre aufstöbern und töten? Das ist doch absurd.«

Die Kommissarin lehnte sich zurück. »Vielleicht gibt es noch offene Rechnungen zwischen alten Kriegskameraden?«

Günther Berger schüttelte energisch den Kopf, als wollte

er eine Fliege verscheuchen. »Mit Verlaub, gnädige Frau. Sie haben überhaupt keine Ahnung. Als wir nach dem Krieg zurückkehrten, waren Sie noch nicht einmal ein frommer Wunsch Ihrer Eltern. Streitereien zwischen Legionären kamen vor, aber sie wurden an Ort und Stelle beigelegt. Anders hätte man so eine Truppe gar nicht zusammenhalten können. Ich kann Ihnen versichern, dass es niemanden gab, der noch eine offene Rechnung mit Matthias hatte.« Günther Berger erhob sich demonstrativ. »Ich habe weder Zeit noch Lust, mir Ihre wilden Spekulationen anzuhören.«

»Wissen Sie, was aus Karl Lukowski geworden ist?«

»Nein.«

»Möchten Sie es erfahren?«

Berger war hin- und hergerissen. Auf der einen Seite wollte er die neugierige Kommissarin schnell loswerden, auf der anderen wollte er wissen, was sie herausgefunden hatte.

Die Kommissarin wartete seine Antwort nicht ab und zog ihren Notizblock aus der Jackentasche. »Karl Lukowski ist Ende der Fünfzigerjahre nach Marl-Hüls zurückgekehrt. Dort hat er nach einem Streit seinen Stiefvater erstochen. Wegen schwerer Körperverletzung mit Todesfolge wurde er zu sechs Jahren Gefängnis verurteilt. Er saß die Strafe ab und verschwand aus Deutschland. Man hat nie wieder etwas von Karl Lukowski gehört.«

Günther Berger sah sie abwartend an. »Interessant. War es das?« Er schaute auf seine Uhr.

Sonja Kruse unternahm keine Anstalten, sich vom Sessel zu erheben. »Ende der Sechzigerjahre gab es in Frankfurt einen Raubüberfall. Die Polizei konnte Fingerabdrücke sicherstellen. Sie waren mit denen von Karl Lukowski identisch. Die Ermittlungen ergaben, dass Lukowski Papiere auf den Namen Oskar Kern besaß. Er konnte nicht gefasst werden, weil er sich rechtzeitig nach Asien abgesetzt hatte.«

Günther Berger verzog keine Miene. »Er lebt also möglicherweise noch.«

»Ich bin ganz sicher. Ich habe seinen Namen auf der Passagierliste von Vietnam Airlines entdeckt. Er hatte einen Hin- und Rückflug Saigon–Frankfurt gebucht und auch angetreten.« Die Kommissarin suchte den Blickkontakt zu Günther Berger. »Interessiert es Sie, wann er zurückgeflogen ist?«

Günther Berger gab sich gelangweilt.

»Am Tag nach dem Mord an Matthias Birchel.«

Der Unternehmer öffnete den Mund, sagte aber kein Wort.

Sonja genoss das Gefühl, ihren herrischen Gesprächspartner sprachlos gemacht zu haben. »Er war in Bochum. Hat er Sie nicht besucht?«

Günther Berger schüttelte den Kopf. »Nein.«

»Er hat in der *Pension Schnittker* in der Wasserstraße gewohnt und von dort Matthias Birchel im Hospiz angerufen. Das wird Ihnen Ihr Freund doch erzählt haben.«

»Nein!«

»Vielleicht wollte er Abschied von seinem Kriegskameraden nehmen.«

Günther Berger wich ihrem Blick aus. »Das kann natürlich möglich sein. Aber ich weiß davon nichts.«

»Wissen Sie, wie ich Karl Lukowski alias Oskar Kern erreichen kann? Haben Sie eine Telefonnummer? Ich würde ihm gerne ein paar Fragen stellen.«

Günther Berger war auf der Hut und fiel nicht auf den Trick herein. »Ich habe Ihnen doch gesagt, dass ich nicht wusste, dass er überhaupt noch lebt!«

Es klingelte an der Tür. Günther Berger lebte förmlich auf. »Das ist mein Hausarzt. Er will mich untersuchen. Sie müssen jetzt gehen.«

Sonja Kruse erhob sich aus dem Sessel und musterte ihren

Gesprächspartner mit kaltem Blick. »Möglicherweise komme ich wieder. Gute Besserung. Danke, ich finde allein hinaus.«

Günther Berger sah ihr nach. Ihm wurde kalt. Er hörte, wie sie die Tür öffnete und seinen Arzt hineinließ. Günther Berger schüttete sich noch einen Kognak ein. Der edle Tropfen brannte in seinem Hals, aber das wärmende Gefühl wollte sich nicht einstellen.

26

Als Frank am Morgen seine Suche nach Mai Linh und ihrer Tochter begann, hatte er außer Namen und Alter nur die Beschreibung, die ihm sein Vater gegeben hatte. Das Hotel der Familie sollte in der zweiten oder dritten Seitenstraße von der Rue Catinat, die jetzt Dong Khoi hieß, gestanden haben, aus Richtung des Flusses gesehen. Von der Dachterrasse hatte man einen Blick auf das Hotel *Continental.*

Das war nicht viel, aber Frank hatte einen Plan, den er sofort in die Tat umsetzte. Er bat die Rezeptionistin, ihm einen Dolmetscher zu besorgen. Giang war siebenundzwanzig Jahre alt, studierte Englisch und Deutsch und bot seine Kenntnisse für zwanzig Dollar die Stunde an. Er war bereits zweimal in den USA auf Verwandtenbesuch gewesen. Sein Onkel hatte drei vietnamesische Restaurants in Cleveland und finanzierte großzügig die Ausbildung seines Neffen. Dass es Giang finanziell gut ging, erkannte man auch an seiner kräftigen Figur. Während die meisten Vietnamesen schlank waren, hatte Giang einen Wohlstandsbauch. Er trug moderne, westliche Kleidung und fuhr ein teures, in Japan hergestelltes Motorrad, während die meisten seiner Altersgenossen auf billigeren chinesischen oder koreanischen Geschossen die Straßen unsicher machten.

Giang begriff auf Anhieb, was Frank von ihm wollte. Er war selbst im Zentrum Saigons geboren und er machte Frank nicht viel Hoffnung, dass ausgerechnet in der Nähe der Flaniermeile Saigons die Zeit stehen geblieben sei. Aber einen Versuch war es wert.

Sie gingen zu Fuß die paar Hundert Meter, kamen an der Oper vorbei und bogen gegenüber dem *Sheraton* in die erste Seitenstraße ein. Die Straße war nicht sehr lang, vielleicht zweihundert Meter, dann stieß sie bereits auf die Nguyen Hue, die Parallelstraße zur Dong Khoi. Es gab kein Hotel, lediglich Restaurants, Massagestudios und Galerien. Auch in den anderen Seitenstraßen hatten sie kein Glück.

Das Thermometer zeigte achtunddreißig Grad an. Das luftige Hemd, das Frank trug, klebte bald an seinem Rücken. Außerdem litt er unter dem Jetlag, der benzinhaltigen Luft und einer ausgetrockneten Kehle.

Giang bemerkte, dass sich Frank mehr schlecht als recht auf den Beinen hielt, und machte einen rettenden Vorschlag: »Warum setzen Sie sich nicht in ein Café und trinken etwas? Ich werde mich ein wenig umhören. Ich habe auf der anderen Seite ein paar kleinere Hotels gesehen, vielleicht kann sich jemand an Mai Linh und ihre Familie erinnern.«

Frank nahm den Vorschlag dankend an und verschwand in einem klimatisierten Lokal, orderte Kaffee und einen Papayashake.

Im Café saßen ausschließlich Europäer, Amerikaner und Australier, gebeugt über Stadtpläne und Reiseführer, an ihren Stühlen lehnten Plastiktüten, gefüllt mit Lackarbeiten, Seidenschals und anderen Souvenirs.

Aus den Boxen klang die Stimme von Madonna, auf dem Flachbildschirm in der Ecke stürmte Liverpool gegen Arsenal. Erschöpft beobachtete Frank das Treiben auf der Straße, das Bemühen der Verkäufer, ihre Waren an den Mann zu bringen, die waghalsigen Manöver der Motorradfahrer, die vorbeiflanierenden Touristen und Geschäftsleute, die trotz der Hitze im Anzug den Weg zum *Caravelle* oder zum *Sheraton* einschlugen.

Eine Stunde verging, bis Giang das Lokal betrat und sich neben ihn setzte. Frank hatte sich keine Minute gelangweilt. Er schaute den Dolmetscher fragend an.

»Beim dritten Hotel hatte ich Glück. Der Besitzer konnte sich erinnern, dass es hier auf dieser Seite tatsächlich auch mal ein Hotel gegeben hat. Viele Amerikaner haben darin gewohnt. Nach dem Krieg war es eine Zeit lang ein Heim für Waisenkinder. Ende der Achtzigerjahre wurde es dann teilweise abgerissen und umgebaut.«

»Wusste der Mann etwas über die früheren Eigentümer?«

»Ja, die Besitzerin ist Ende der Sechzigerjahre gestorben, aber ihre Tochter hat das Hotel weitergeführt.«

»Wusste er, was aus ihr geworden ist?«

Giang nickte. »Sie soll bei der Eroberung Saigons während des amerikanischen Krieges ums Leben gekommen sein. 1975.«

Frank lehnte sich zurück. Wenn das stimmte, war die große Liebe seines Vaters tot. Ein Kriegsopfer. Aber er hatte ohnehin nicht damit gerechnet, die Geliebte seines Vaters noch lebend anzutreffen. Sie hätte zwei Kriege überleben müssen.

Am Nebentisch nahm ein älterer Herr Platz und bestellte sich einen Kaffee. Nachdem der Kellner die Bestellung aufgenommen hatte, zog der Mann die englischsprachige Tageszeitung aus einem Zeitungsständer und fing an zu lesen.

Auch Giang orderte einen Kaffee und Wasser, bevor er weiter berichtete. »Der Mann konnte sich sogar daran erinnern, dass die Frau eine Tochter hatte, die Ha Phuong hieß. Sie muss sehr schön gewesen sein. Ich glaube, er hatte ein Auge auf sie geworfen.« Giang zwinkerte ihm zu.

»Und was ist aus Ha Phuong geworden?«

»Sie heiratete einen Mann aus Nha Trang und ist mit ihm weggezogen. Das war Anfang der Achtzigerjahre.«

»Nha Trang?«

»Ein Badeort, vierhundert Kilometer nördlich von Saigon. Es ist sehr schön dort. Viele Touristen.«

»Wie groß ist der Ort?«

»Sehr groß. Dreihunderttausend Einwohner, vierhunderttausend? Ich weiß es nicht genau«, sagte Giang.

Frank wartete, bis der Kellner Kaffee und Wasser auf den Tisch gestellt und der Dolmetscher einen Schluck getrunken hatte. »Noch was?«

Der Vietnamese schüttelte den Kopf.

Frank atmete tief ein und aus. Sollte schon hier seine Spurensuche enden?

Giang schaute ihn fragend an. »Keine guten Nachrichten?«

»Nicht die, auf die ich gehofft habe. Aber wir sollten noch nicht aufgeben. Vielleicht täuscht sich der Hotelbesitzer und meint eine andere Familie. Kann ich Ihnen zumuten, weiter zu suchen? Vielleicht finden Sie jemanden, der eine Adresse von Ha Phuong in Nha Trang hat oder weiß, was sie dort macht.«

»Kein Problem«, sagte Giang. »Ich habe Zeit.«

Am Nebentisch trank Oskar Kern in zwei Zügen seinen Kaffee aus und bezahlte. Er hatte genug gehört und wollte sich nicht länger in Franks Nähe aufhalten. Vielleicht würde es noch einmal notwendig werden, direkt Kontakt zu ihm aufzunehmen, und dann war es nicht gut, wenn Frank sich an ihn erinnerte.

Oskar Kern war verwundert und erschrocken zugleich, was Bergers Sohn in den wenigen Stunden bereits herausgefunden hatte. Kern war sich sicher gewesen, dass der junge Mann planlos durch die Millionenstadt laufen und bald den Mut verlieren würde. Jetzt musste er damit rechnen, dass Franks Dolmetscher Leute auftreiben würde, die mehr über den Verbleib von Ha Phuong in Nha Trang wussten. Es wurde Zeit, die Strategie zu ändern.

27

Saigon, 27.06.1953

Es war der Tag vor ihrer Abreise. Günther hatte lange auf die Gelegenheit gewartet. Nun war sie da. Mai Linh war allein in der Küche und bereitete das Essen vor. Ihre Eltern und der Rest der Verwandtschaft waren in den Süden Saigons aufgebrochen, um einer Beerdigung beizuwohnen. Es würde Stunden dauern, bis sie zurückkamen.

Günther hetzte auf sein Zimmer. Manfred lag auf dem Bett und las einen Roman. »Es ist so weit!«

Manfred schaute ihn über den Bücherrand an. »Was ist so weit?«

»Mai Linh ist allein. Ich will mit ihr reden.«

»Dann tu es doch!«

Günther nahm Manfred das Buch weg und zerrte an seinem Arm. »Du weißt genau, was ich meine!«

»Bist du immer noch nicht zur Vernunft gekommen?«

»Nun komm schon!«

Manfred seufzte und stand auf. Jetzt war der entscheidende Moment da. Sollte er Günther erzählen, dass er gestern in seiner Abwesenheit zwei Stunden mit Mai Linh geplaudert hatte? Vorsichtig hatte er sie nach ihren Gefühlen für Günther gefragt. Sie meinte, Günther sei ein netter Mensch, ein guter Freund – aber nicht mehr.

Sie hatte ihn auf ihre unwiderstehliche Art angelächelt und gefragt, ob er – Manfred – sie nett fände. Manfred war rot geworden und, noch bevor er antworten konnte, hatte sie sich auf die Zehenspitzen gestellt und ihm einen Kuss auf die Wange gedrückt. Mehr war nicht passiert, aber Manfred hatte noch immer das Gefühl, als würde die Stelle brennen, an der ihre Lippen seine Wange berührt hatten.

Unter anderen Umständen hätte er ihr eine Liebeserklärung gemacht, aber er war klug genug, es nicht zu tun. Er hatte noch vier Jahre in der Fremdenlegion zu dienen, es gab keine Zukunft für diese Liebe. Wenn der Krieg vorbei war, würde er vielleicht in Vietnam bleiben. Wenn es möglich war, würde er nach Saigon zurückkehren. Alles andere war unrealistisch. Manfred verstand nicht, warum Günther das nicht begriff.

»Bist du endlich so weit?« Günthers scharfer Tonfall riss ihn aus seinen Gedanken.

Manfred trottete hinter ihm her auf den Flur. »Was willst du ihr denn sagen?«

»Was wohl? Dass ich sie liebe. Dass ich sie heiraten will.«

Manfred blieb stehen. »Tolle Idee. Wie soll das gehen? Wir fahren morgen zur Einheit zurück.«

»Ich werde mich um eine Versetzung nach Saigon bemühen.«

Manfred tippte mit dem Zeigefinger gegen seine Stirn. »Du hast doch nicht mehr alle Tassen im Schrank. Du bist ein einfacher Legionär, kein Offizier. Du hast keine Chance!«

»Ich habe noch Urlaub. Ich werde wieder herkommen.«

Manfred blieb stehen. »Das willst du vier Jahre lang so

machen? Und was ist, wenn sie uns nach Algerien schicken oder nach Afrika? Günther, ich bitte dich. Lass es sein!«

Günther blieb unbeeindruckt, packte Manfred am Ärmel und zog ihn die Treppe hinunter.

Mai Linh schaute überrascht auf, als die beiden die Küche betraten. Dann lächelte sie. »Wollen Sie etwas essen?«, fragte sie auf Französisch. »Es sind gekochte Hühnerfüße. Eine Delikatesse.«

Manfred übersetzte. Beide schüttelten den Kopf.

»Mein Freund möchte dir etwas sagen. Es ist sehr wichtig für ihn und auch für dich. Vielleicht können wir uns einen Moment setzen.«

Mai Linh nickte, ging voran in den Wohnraum und setzte sich auf die Bastmatte. Sie bot den beiden Kissen an, weil sie wusste, dass die weißen Männer, im Gegensatz zu ihr, Probleme hatten, lange Zeit auf dem harten Fußboden zu sitzen.

»Was hast du ihr gesagt?«, wollte Günther wissen, als sie Platz nahmen.

»Dass du ihr was sagen willst. Also, fang an.«

Günther holte tief Luft. »Sag ihr, dass ich sie liebe und sie heiraten möchte.«

Manfred schaute ihn irritiert an. »Findest du das nicht ein bisschen kalt und nüchtern?«

»Wieso?«

»Willst du ihr vielleicht nicht erst einmal sagen, wie schön und klug sie ist? Dass du nicht mehr schlafen kannst, weil du immerzu an sie denken musst. Solche Sachen eben.«

Günther nickte. »Sag ihr das!«

Manfred verzog das Gesicht. »Du hältst um ihre Hand an, nicht ich.«

Mai Linh sah erwartungsvoll von einem zum anderen.

Manfred schaute in ihre schwarzen Augen, die neugierig und verschmitzt den Blick erwiderten.

»Mein Freund sagt, dass du die schönste Frau bist, die er je gesehen hat. Er bewundert nicht nur deine Schönheit, sondern auch deine Klugheit, deinen Charme, die Wärme und Güte in deinen Augen, dein Lachen. Er muss immerzu an dich denken.« Manfred versuchte, aus ihrer Körpersprache und Mimik etwas abzulesen. Aber sie saß mit herangezogenen Beinen und einer aufgestützten Hand einfach da und hörte zu. Kein Muskel in ihrem Gesicht zuckte, sie hatte nicht einmal die Augenlider bewegt.

»Er kann sich ein Leben ohne dich nicht vorstellen. Und er möchte wissen, ob du auch so für ihn empfindest.«

Mai Linh ließ sich Zeit mit der Antwort und sie fiel anders aus, als Manfred erwartet hat. »Sind das deine Worte oder seine?«

Manfred schluckte. »Ich habe nur ausgedrückt, was mein Freund denkt.«

Günther wollte etwas sagen, aber Manfred gebot ihm mit einer Handbewegung zu schweigen.

Mai Linh lächelte ihn an. »Bin ich auch für dich die schönste Frau, die du je gesehen hast?«

Manfred verschlug es die Sprache. Er hatte geahnt, dass das Gespräch eine Farce werden würde. Nun nahm es einen Verlauf in eine Richtung, die nur in einer Katastrophe enden konnte.

»Ja, das bist du«, sagte er, ohne es zu wollen.

Mai Linhs Augen bekamen einen feuchten Glanz.

»Was hat sie gesagt?«, wollte Günther wissen, der die Veränderung in Mai Linhs Augen bemerkt hatte.

»Noch nichts Wichtiges«, knurrte Manfred. »Ich bin noch bei den Komplimenten!«

Mai Linh beugte sich vor, zog eine Teekanne heran und goss drei Tassen voll. Sie vermied den Blickkontakt zu den beiden Männern.

»Sage bitte deinem Freund, dass ich mich von seinen Worten geschmeichelt fühle und ihm danke.« Mai Linh wartete, bis Manfred übersetzt hatte. »Er ist ein gut aussehender und starker Mann, der eine Frau glücklich machen wird.«

Manfred sah aus den Augenwinkeln, wie Günther der Schweiß über die Stirn lief.

»Ich werde für ihn beten, dass er eine Frau findet, die ihm viele Kinder schenkt.«

Nachdem Manfred übersetzt hatte, schaut ihn Günther hilflos an. »War das ein Nein?«

Manfred nickte.

Günther war verzweifelt. »Hast du ihr von meinen Plänen erzählt? Dass ich in Saigon bleiben will. Nein, sag ihr, dass ich sie mit nach Deutschland nehmen werde …«

»Hör auf!«, unterbrach ihn Manfred scharf. »Es hat keinen Zweck. Sie will dich nicht heiraten. Begreif es endlich!«

Günther suchte Mai Linhs Blick. Aber sie hielt ihren Kopf gesenkt und starrte auf ihre Teetasse. Er stand hastig auf und ging zur Tür. Bevor er den Raum verließ, drehte er sich noch einmal um. Mai Linh hatte den Kopf gehoben und lächelte. Aber ihr Lächeln galt nicht ihm. Es galt Manfred.

28

Sonja Kruse drehte sich auf den Rücken und zog die Bettdecke über ihre nackten Brüste. Sie schaute auf den Wecker neben dem Bett. Es war kurz vor acht Uhr.

Aus der Küche wehte der Duft frischen Kaffees herüber. Die Hauptkommissarin lächelte. So etwas wie in dieser Nacht war ihr schon lange nicht mehr passiert. Eigentlich hatte sie sich nur mit Ellersbach getroffen, um ihm von ihrem Gespräch mit Günther Berger zu erzählen. Der Abend im *Tucholsky* war dann anders verlaufen als geplant. Sie hatten über Musik geredet, über ihre Jugend, über ihre großen Pläne und gescheiterten Beziehungen.

Schließlich waren sie auf einen Absacker in seine Wohnung am Stadtpark gefahren und irgendwann in seinem Bett gelandet. Es hatte sich ganz selbstverständlich ergeben, ein schöner Abschluss eines entspannten Abends.

Ellersbach kam ins Schlafzimmer. Er war bereits angezogen und trug ein Tablett mit zwei Kaffeetassen und frischen Croissants. »Guten Morgen«, sagte er lächelnd. »Ich hoffe, du trinkst morgens Kaffee. Tee habe ich leider nicht.«

»Kaffee ist gut!«

Ellersbach stellte das Tablett auf dem Bett ab und reichte ihr eine Tasse. Sonja klemmte die Decke unter die Achseln und richtete sich auf. »Frische Croissants? Warst du schon einkaufen?« Sie schnupperte an dem heißen Getränk.

»Ich jogge jeden Morgen im Park. Auf dem Rückweg komme ich an einer Bäckerei vorbei.«

Ellersbach legte seine Hand auf ihre nackte Schulter. Sie genoss die Berührung.

»Jetzt haben wir gar nicht über deinen Besuch bei Günther Berger geredet. Was hast du erfahren?«

Sonja nahm einen kräftigen Schluck. »Er will Karl Lukowski alias Oskar Kern seit Jahrzehnten nicht gesehen haben. Ich habe ihm das nicht geglaubt. Und ich hatte recht.«

Ellersbach sah sie fragend an.

Sonja lächelte. »Ich habe mich bei der Fluggesellschaft erkundigt. Den Flug von Oskar Kern hat Günther Berger mit seiner Kreditkarte bezahlt.« Sie stellte die Tasse auf dem Tablett ab. »Warum hat er mich angelogen? Es bestand doch keine Veranlassung, den Kontakt zu Oskar Kern abzustreiten, es sei denn …« Sie ließ den Satz unvollendet.

»Vielleicht war es ihm einfach peinlich, dass seine Bekanntschaft mit Lukowski bekannt wird.«

»Aber warum?«, fragte Sonja. »Karl Lukowski wird polizeilich nicht gesucht. Seine Straftaten sind verjährt.« Sie suchte den Blickkontakt zu Ellersbach, aber der starrte gedankenversunken auf das Tablett.

»Es war schon sehr dreist von Günther Berger, mich anzulügen. Es geht hier schließlich um Mord.«

Ellersbach nickte. »So ist das mit den Reichen und Mächtigen. Sie scheren sich einen Dreck um die Wahrheit.«

»Wenn eine DNA-Analyse beweist, dass Karl Lukowski alias Oskar Kern der Täter ist, werde ich gegen Günther Berger möglicherweise wegen Beihilfe ermitteln.«

Ellersbach sah sie erstaunt an. »Warum?«

»Er hat Kerns Flüge bezahlt, er hat ihn bestimmt getroffen. Matthias Birchel wollte Frau Rosenbaum erzählen, was mit ihrem Bruder passiert ist. Vielleicht hat Günther Berger mit dessen Verschwinden zu tun …«

»Und lässt deshalb Oskar Kern einfliegen, der Birchel zum Schweigen bringt«, unterbrach Ellersbach.

»Möglich wäre es.«

Sonja Kruse sah Ellersbach in die Augen. »Kann ich auf dich zählen?«

Ellersbach küsste sie auf die Stirn. »Na klar doch!«

Sonja fühlte seine Hand auf ihrem Busen. Gespannt wartete sie darauf, in welche Richtung sie weiterwandern würde. Sonja schaute den Besitzer der Hand verschmitzt an.

»Nicht jetzt«, sagte Ellersbach und zog grinsend seine Hand zurück. »Ich muss leider los.«

Sonja gab ihm einen Kuss. Ellersbach schmeckte nach Kaffee und Croissants.

Er stand auf. »Zieh später einfach die Tür hinter dir zu. Ich rufe dich nachher an.« Er warf ihr eine Kusshand zu und verließ den Raum. Sekunden später fiel die Wohnungstür ins Schloss.

Während Sonja mit einem Lied auf den Lippen unter die Dusche stieg, nahm Ellersbach Kurs auf seinen Wagen. Als er auf dem Fahrersitz Platz genommen hatte, zog er sein Handy aus der Tasche seiner Jacke und zappte sich durch das Personenverzeichnis.

Wenig später hörte er die sonore Stimme des Oberstaatsanwaltes. Ellersbach räusperte sich. »Lucas Ellersbach. Tut mir leid, dass ich Sie so früh störe, Herr Oberstaatsanwalt. Aber ich hatte recht, Frau Kruse hat einiges ausgegraben, über das wir reden müssen.«

Sie verabredeten sich in seinem Büro. Ellersbach steckte sein Handy ein und startete den Motor. Dieser Tag schien ein guter Tag zu werden.

29

Während Giang Hinweise über den Verbleib von Ha Phuong suchte, nutzte Frank die Zeit, sich Saigon anzuschauen. Er besichtigte den Präsidentenpalast, bummelte über den Ben Thanh Markt und ließ sich treiben. Seine Ohren dröhnten bald vom Hupen der Motorräder, sein Mund war ausgeleiert vom »No, thank you!«, seine Augen schmerzten von den Abgasen des Straßenverkehrs. Als die Dämmerung einsetzte, fuhr er mit dem Aufzug in die neunte Etage des *Caravelle*. Er nahm auf der Terrasse Platz und sah zu, wie die Sonne hinter der Skyline der Millionenstadt unterging.

Er war in Saigon. In einer Stadt, die ihn noch vor einer Woche nicht die Bohne interessiert hatte. Er dachte an seinen Vater, der, nur einen Katzensprung entfernt, die Liebe seines Lebens getroffen hatte. Fünfzig Jahre später war Frank am gleichen Ort, in den Fußstapfen seines Vaters. Was für ein Abenteuer!

In einem Restaurant schräg gegenüber dem Hotel nahm er sein Abendessen ein, es machte ihm Spaß, mit Stäbchen zu essen. Da er keine Gesellschaft hatte, nahm er sich den Reiseführer vor und machte sich mit der Geschichte Vietnams vertraut. Der amerikanische Krieg in Vietnam von 1964 bis 1975 umfasste viele Kapitel. Obwohl Frank durchaus wusste, wie grausam dieser Krieg gewesen war, erschütterte ihn die Lektüre vom Ausmaß der Zerstörung durch die US-Armee. Mit acht Millionen Tonnen hatte die amerikanische Luftwaffe dreimal so viele Bomben abgeworfen, wie im gesamten Zweiten Weltkrieg zum Einsatz gekommen waren. Zwei Millionen Vietnamesen hatten ihr Leben verloren. Mehr als drei Millionen Menschen, darunter auch zahlreiche amerikanische Soldaten, litten Jahrzehnte später noch unter den Folgen von *Agent Orange* und anderen chemischen Kampfstoffen, die die US-Armee eingesetzt hatte. Über den französischen Kolonialkrieg gab es nicht so viele Informationen. Ein Zitat von Konrad Adenauer fiel Frank ins Auge:

Die Soldaten, die in Indochina Blut und Leben lassen, tun dies nicht bloß für Frankreich allein, sondern im Dienst der Freiheit der ganzen Welt.

Mit diesen Worten hatte der deutsche Kanzler 1954 den französischen Kolonialkrieg unterstützt. Frank kam der Spruch bekannt vor. Wurde nicht in diesen Tagen die Freiheit der zivilisierten Welt am Hindukusch verteidigt?

Später ging er auf einen Absacker ins *Sheraton*. Die Bar in der dreiundzwanzigsten Etage bot einen fantastischen Blick über die beleuchtete Stadt. Eine kanadische Band coverte die bekanntesten Rocksongs, auf der Tanzfläche wimmelte es von gut situierten Vietnamesen und ihren Freundinnen. Alle hatten einen Heidenspaß, Gin und Wodka standen flaschenweise auf den Tischen. Die neue Oberschicht im sozialistischen Vietnam schwamm in Dollars.

Frank genoss die ausgelassene Atmosphäre. Die Tanzfläche füllte sich. Wann war er das letzte Mal tanzen gewesen? Ganz am Anfang seiner Beziehung mit Anja. Ach, Anja. Frank musste sich eingestehen, dass er seit seinem Abflug aus Frankfurt nicht ein einziges Mal an seine Freundin gedacht hatte. War sie denn noch seine Freundin? Oder war es vorbei? War sein spontaner Entschluss, nach Vietnam zu reisen, nicht auch eine Flucht vor der notwendigen Entscheidung, die er fällen musste? Machte er sich selbst etwas vor, indem er die Suche nach seiner Halbschwester für wichtiger erachtete, als um seinen Job und seine Freundin zu kämpfen? War er nicht immer schon Konflikten aus dem Weg gegangen?

Eine Vietnamesin lächelte ihn an und wies auf die Tanzfläche. Frank schüttelte den Kopf. Der Gedanke an den Wust von Problemen, die zu Hause auf ihn warteten, hatte ihm den Spaß verdorben. Er winkte die Kellnerin heran und bezahlte seinen Gin Tonic.

Es war kurz vor Mitternacht, als sich Frank auf den Weg zurück zum Hotel machte. Die Straßen waren menschenleer, ein paar Motorräder knatterten vorbei. In einem Hauseingang standen zwei Vietnamesen und musterten ihn. Der Kleinere der beiden hatte eine Zigarette im Mund und suchte seine Taschen nach einem Feuerzeug ab.

Als Frank auf gleicher Höhe war, sprach ihn der Mann an: »Do you have a light?«

Frank griff in die Tasche seiner Jacke. Im gleichen Moment überkam ihn das Gefühl, dass irgendetwas nicht stimmte. Der andere Vietnamese war einen Schritt beiseitegetreten, um Platz zu machen. Noch während sein Feuerzeug aufflammte, bemerkte Frank hinter sich eine schnelle Bewegung. Er wollte sich instinktiv wegducken, doch der Schlag traf ihn am Hinterkopf. Frank fiel um wie ein gefällter Baum. Als er auf dem Asphalt aufschlug, war er bereits bewusstlos.

30

Saigon, 27.06.1953

Günther Berger saß in einem der Lokale im Chinesenviertel, in dem sich die Fremdenlegionäre trafen und betranken. Am Nebentisch sangen vier Italiener, aber schlecht irgendwelche Volkslieder. Hinter ihm stritten zwei Deutsche darüber, ob Adolf Hitler der größte deutsche Staatsmann oder ein Verbrecher gewesen sei. An der Theke griff ein betrunkener Österreicher der chinesischen Bedienung ungeniert an den Busen und ließ auch nicht von ihr ab, als der Besitzer, ein hohlwangiger, alter Mann, ihn beschimpfte.

Günther nahm das alles wahr, aber seine Gedanken waren bei Mai Linh und Manfred. Er war sich sicher, dass Manfred die Sache von Anfang an sabotiert hatte.

Er winkte der Kellnerin zu, damit sie ihm ein neues Bier und Reisschnaps brachte, doch der Österreicher ließ nicht von ihr ab.

»Kamerad!«, rief Günther ihm zu. »Lass mal für einen kurzen Moment die Frau los. Ich will was trinken.«

Der Österreicher machte keine Anstalten, seiner Bitte

Folge zu leisten. Günther stand auf, sein Korbsessel fiel um. Die Italiener hörten schlagartig auf zu singen. Günther ging zur Theke und klopfte dem Österreicher auf die Schulter. »Bist du taub?«

»Lass mich in Ruhe!« Der Österreicher hatte glasige Augen und ein vom Alkohol aufgedunsenes Gesicht.

»Du bist hässlich«, stellte Günther fest. »Sie ist schön. Ihr passt einfach nicht zusammen.«

Sein Gegenüber glotzte ihn an, dann spuckte er Günther ins Gesicht. Der ballte die Faust und schlug zu. Es gab ein knirschendes Geräusch, wahrscheinlich hatte er das Nasenbein des anderen zertrümmert. Der Mann blutete wie ein Schwein und schien noch nicht begriffen zu haben, was gerade passiert war.

Die beiden deutschen Legionäre zogen Günther von seinem Opfer weg. »Kamerad. Wir wollen keinen Ärger. Verzieh dich, bevor wir hier alle Schwierigkeiten kriegen.«

Günther warf ein paar Geldscheine auf die Theke und ließ sich von den beiden Legionären auf die Straße führen. Als er noch einmal über die Schulter zurückschaute, fiel sein Blick auf den alten Chinesen. Er lachte.

Günther winkte einen Cyclofahrer heran und gab die Adresse des Hotels an.

Im Licht der Petroleumlampen erkannte er die alte Frau, die in der Hängematte lag und schlief. Sein Zimmerschlüssel hing nicht am Brett. Offenbar war Manfred schon in ihrem gemeinsamen Zimmer. Günther verspürte nicht die geringste Lust, ihn zu treffen. Er hörte ein Geräusch aus den Räumen neben der Küche. Er wusste, dass Mai Linh dort ihr Zimmer hatte. Ihm wurde erst klar, was er tat, als er die Küche durchquert hatte und vor ihrem Zimmer stand. Die Tür war nur angelehnt. Mai Linh lag auf dem Rücken und schlief. Sie trug ein weißes Nachthemd, unter dem sich die runden Formen ihres Körpers deutlich abzeichneten. Ihr langes schwarzes Haar fächerte sich auf ihren Schultern auf. Die Hände waren über ihrem Bauch gefaltet, das rechte Bein leicht angewinkelt.

Günther kämpfte mit den Tränen, als er sie so liegen sah. Sie war so schön. Er konnte sie stundenlang anstarren, wie sie einfach nur so dalag.

Plötzlich öffnete sie die Augen. In ihrem Blick war Furcht zu erkennen, aber sie sagte nichts.

»Entschuldigung!«, stammelte Günther auf Französisch. »Aber ich wollte dich noch einmal sehen.«

Mai Linh nickte. Aber sie lächelte nicht.

31

Als Frank die Augen aufschlug und sie sich an die Helligkeit gewöhnt hatten, nahm er die vertraute Umgebung seines Hotelzimmers wahr. Er lag auf seinem Bett. Jemand hatte ihm die Schuhe und das Hemd ausgezogen. Das Hemd war ordentlich über die Lehne eines Stuhls gehängt.

Sein Kopf schmerzte. Seine Hände brauchten eine Ewigkeit, bis sie einen Stoffverband um seine Stirn ertastet hatten. In das monotone Summen in seinem Schädel mischte sich ein anderes Geräusch, und das kam nicht aus seinem Kopf, sondern aus dem Bad.

Der Wasserhahn lief und wurde abgedreht. Frank hörte Schritte. Er war unfähig, sich aufzurichten, und schloss die Augen vor Schmerz. Als er sie wieder öffnete, blickte er in das braun gebrannte Gesicht eines Mannes. Er war nur wenig älter als Frank selbst. Seine blauen Augen strahlten, als er bemerkte, dass Frank bei Bewusstsein war.

»Sie sind wach, schön«, sagte der Mann mit einer tiefen Stimme. »Ich heiße Markus Schöneberg. Ich bin Arzt. Können Sie sich aufsetzen? Es wäre gut, wenn Sie etwas Wasser trinken würden.«

Schöneberg half Frank, sich aufzurichten. Frank wurde schwindelig und er hatte das Gefühl, sich übergeben zu müssen.

»Sie haben möglicherweise eine Gehirnerschütterung.« Schöneberg hielt Frank eine Flasche hin, aus der er gierig trank. Das Wasser weckte seine Lebensgeister, er fühlte sich gleich besser.

»Was ist passiert?«, fragte Frank. Seine Stimme klang in seinen eigenen Ohren, als hätte er nächtelang durchgezecht.

»Ich würde darauf wetten, dass Sie niedergeschlagen und ausgeraubt worden sind«, sagte Schöneberg. »Ich habe Sie stöhnend am Straßenrand gefunden. Ich war auf dem Weg zum *Rex*. Erst wollte ich Sie in ein Krankenhaus bringen, aber in Ihrer Jackentasche habe ich Ihren Hotelausweis gefunden. Es war nicht weit bis hierher. Ein paar Vietnamesen haben mir geholfen, Sie auf Ihr Zimmer zu bringen.«

»Wie spät ist es?«

Schöneberg schaute auf seine Uhr. »Kurz nach zwei.«

»Dann muss es vor zwei Stunden passiert sein. Kurz vor Mitternacht habe ich die Bar im *Sheraton* verlassen. In einem Hauseingang standen zwei Männer, einer fragte nach Feuer. Und dann wurde ich niedergeschlagen.«

Schöneberg hielt ihm erneut die Wasserflasche hin. »Außer Ihrem Hotelausweis habe ich nichts in Ihren Taschen gefunden. Hatten Sie viel Geld dabei?«

Frank schüttelte den Kopf. »Zweihunderttausend Dong und vierzig oder fünfzig Dollar. Kreditkarte und Pass habe ich im Safe deponiert.«

»Da haben Sie ja Glück gehabt.«

Frank trank die Wasserflasche leer. Sein Retter stand auf und nahm eine neue Flasche aus dem kleinen Kühlschrank.

Frank rieb sich die Stirn. »Sollte ich zur Polizei gehen und Anzeige erstatten?«

»Können Sie die Männer beschreiben, die Sie überfallen haben?«

Frank schüttelte den Kopf. »Es war dunkel. Außerdem bin ich erst seit zwei Tagen in Vietnam. Für mich sehen die Vietnamesen alle gleich aus.«

Schöneberg zog die Schultern hoch. »Dann kann ich davon nur abraten. Wenn Sie Pech haben, werden Sie alle paar Tage vorgeladen, um sich ein paar Ganoven aus der Nähe anzuschauen. Wenn ich Sie wäre, würde ich die nächste Maschine nach Hause nehmen und mich in Deutschland gründlich untersuchen lassen.«

Frank schaute Schöneberg überrascht an. »Ich bin doch gerade erst angekommen!«

»Eine Kopfverletzung sollte man nicht auf die leichte Schulter nehmen. Schönes Wortspiel. Sie zeigen Symptome einer Gehirnerschütterung, aber vielleicht haben Sie sich auch eine Verletzung im Kopf zugezogen, die erst viel später zum Tragen kommt. Ich will nicht sagen, dass die Ärzte hier schlecht sind, aber wenn ich die Wahl hätte ...«

Frank stand auf und taumelte ins Bad. Er ließ kaltes Wasser über seine Hände laufen und schaute in den Spiegel. Unter den Mullbinden waren die Konturen einer Beule zu erkennen. Sein Blick war klar, die Kopfschmerzen hatten nachgelassen.

Sollte er tatsächlich die Suche nach seiner Halbschwester abbrechen, bevor sie richtig begonnen hatte? »Ich will nichts überstürzen. Ich werde ausschlafen und danach entscheiden.«

Das Gesicht von Schöneberg tauchte hinter ihm im Spiegel auf. »Es ist Ihre Entscheidung.«

Frank stellte den Wasserhahn ab und trocknete seine Hände ab. »Was machen Sie in Saigon?«

Schöneberg ging zurück ins Zimmer. »Ich bin auf einer Ärztetagung. Ein Schweizer Pharmakonzern hat ein neues Mittel gegen die Vogelgrippe entwickelt, das wird hier präsentiert.«

Frank nickte wissend. »Wahrscheinlich gehört ein Badeurlaub mit zum Programm.«

Schöneberg zuckte mit den Achseln. »Die Konkurrenz ist hart. Die Pharmakonzerne müssen sich schon was einfallen lassen, damit wir ihre Produkte anwenden. Die Entwicklung hat 1,4 Milliarden gekostet, da zahlen sie die hunderttausend Euro für eine Inforeise von ein paar Ärzten aus der Portokasse.«

Frank reichte Schöneberg die Hand. »Danke für die Erste Hilfe. Kann ich mich irgendwie erkenntlich zeigen …«

»Ich bitte Sie. Es war doch selbstverständlich, dass ich einem Landsmann in Not helfe.«

Schöneberg ging zur Tür und drehte sich noch einmal um. »Nehmen Sie meinen Rat an. Sie sollten Ihre Gesundheit nicht riskieren.«

Als sich die Zimmertür hinter Schöneberg geschlossen hatte, stieg Frank aus seiner Hose und legte sich ins Bett. Fünf Minuten später schlief er tief und fest.

32

Oskar Kern erwartete Schöneberg in der Bar neben der Oper. Schöneberg hatte von Medizin so viel Ahnung wie eine Kuh vom Schachspiel. Er hieß in Wirklichkeit Max Winter und war Koch in einem der internationalen Hotels im Zentrum.

Oskar Kern versorgte ihn regelmäßig mit Kokain, der Mann war ihm einen Gefallen schuldig.

»Wie geht es dem Patienten?«

»Den Umständen entsprechend.«

Oskar Kern verzog das Gesicht. »Nun sag schon!«

»Er hat eine dicke Beule und Kopfschmerzen. Ich glaube nicht, dass die Begegnung mit deinen Freunden ausgereicht hat, um ihn von seinen Schnüffeleien abzuhalten. Sie hätten ihn krankenhausreif schlagen müssen.«

»Hast du ihm nicht geraten, die nächste Maschine nach Deutschland zu nehmen?«

»Doch, das habe ich. Er wollte darüber nachdenken. Aber ich denke, du solltest noch einen Plan B haben.«

Oskar Kern nippte an seinem Weinglas. »Willst du was trinken?«

Sein Gegenüber schüttelte den Kopf. »Ich muss früh aufstehen. Wenn du nichts dagegen hast, fahre ich nach Hause.«

»Danke für deine Hilfe!«

Die beiden Männer gaben sich die Hand, aber Max Winter machte keine Anstalten, die Bar zu verlassen. Oskar Kern griff in seine Jackentasche, holte ein kleines Silberdöschen heraus und reichte es ihm.

Der Koch steckte es ein, und stand endlich auf.

Eine halbe Stunde später lag Oskar Kern in seinem Kingsizebett in der Dong Khoi und versuchte vergeblich, Schlaf zu finden. Er brauchte einen Plan B. Wenn er ehrlich war, hatte er nicht einmal einen Plan A.

33

Da Nang, 01.07.1953

Günther, Matthias, Manfred und Karl spürten die Anspannung. Schnell hatte sie der Alltag wieder eingeholt. Ständig gab es Alarm, Einsätze, Übungen. Sie hatten kaum Zeit, über die wunderbaren Tage in Saigon nachzudenken.

Am frühen Morgen waren sie mit Fahrradtaxis zum Bahnhof aufgebrochen, um den Zug in den Norden zu nehmen. Günther hatte Mai Linh nach der Begegnung in ihrem Zimmer nicht mehr gesehen.

Zwei Tage und Nächte waren sie in den überfüllten Zügen unterwegs, mit vollgeschissenen Toiletten, Pritschen, auf denen die Wanzen Rock 'n' Roll tanzten, zusammen mit spuckenden Einheimischen, stinkenden Bauern und abgetakelten Huren, die den abgebrannten Legionären für ein Mittagessen ihren Hintern hinhielten.

Der Krieg schien sich einer entscheidenden Phase zu nähern. Die Niederlage von Cao Bang saß den Franzosen immer noch in den Knochen. Schon im Oktober 1950 hatte die Viet Minh den französischen Stützpunkt Dong Khe eingekesselt und überrannt. Die französischen Truppen verloren 4.800 Mann, darunter zweieinhalb Bataillone der Fremdenlegion. Die Niederlage war ein Schock für die Franzosen, die den Vietnamesen eine solche Schlagkraft und die Durchführung militärischer Operationen nicht zugetraut hatten. Bisher hatten es die Franzosen mit Guerillataktik und vereinzelten Überfällen zu tun gehabt.

Im Jahre 1953 war das französische Expeditionskorps auf über 140.000 Mann angewachsen, davon rund 70.000 Franzosen, 20.000 Legionäre, 50.000 Nord- und Schwarzafrikaner. Dazu kamen von der Marionettenregierung gestellte 150.000 vietnamesische Soldaten.

Dieser hochgerüsteten Streitmacht standen rund 125.000 Männer und Frauen in den regulären Streitkräften der Viet Minh gegenüber und 75.000, die in Milizen für regionale und lokale Guerillaeinsätze verfügbar waren. Verdeckt arbeitende Unterstützungskomitees sorgten dafür, dass sich die Franzosen auch in Hanoi, Saigon und den von ihnen kontrollierten Stützpunkten nie sicher fühlen konnten.

Die Gerüchteküche brodelte. Die Viet Minh treffe Vorbereitungen für eine Großoffensive. Da Nang solle um jeden Preis gehalten werden, auch wenn alle draufgingen.

Günther und Manfred erreichte das Gerücht beim Mittagessen. Gerüchte waren die Einheitskost der Legionäre. Die Wahrheit war dagegen wie ein Fleischstück in einer Wassersuppe. Rührte man in der Suppe herum, tauchte es auf. Fischte man es nicht heraus, versank es wieder blubbernd auf den Boden.

Günther hatte sich daran gewöhnt, dass er als einfacher Legionär von wichtigen Nachrichten abgeschnitten war. Er erfuhr stets nur so viel, wie es seine Vorgesetzten für die Durchführung eines Befehls für notwendig erachteten.

Manfred ärgerte sich über den Mangel an Informationen. Von Unwissenheit bis zum blinden Gehorsam war es nach seiner Meinung nur ein kleiner Schritt.

»Denkst du noch oft an sie?«, fragte Manfred unvermittelt.

Günther war überrascht von der Frage. Sie hatten über Mai Linh seit dem denkwürdigen Heiratsantrag nicht mehr gesprochen. »Nein!«

Manfred nickte zufrieden. »Glaub mir. Es ist besser so. Das wäre nicht gut gegangen.«

Günther warf den abgenagten Hühnerknochen wütend in sein Kochgeschirr. »Was weißt du denn schon! Du gehst mir auf den Geist mit deiner ewigen Besserwisserei!« Er packte sein Kochgeschirr zusammen, stand auf und ging.

Manfred sah ihm kopfschüttelnd nach.

Als Günther die Schlafbaracke betreten wollte, lief ihm Karl in die Arme. Er war schweißgebadet und blutete an der Oberlippe. In seinen Augen war nackte Angst zu lesen.

»Was ist passiert?«

Der Marl-Hülser zitterte am ganzen Körper. Günther nahm ihn bei den Schultern und schüttelte ihn. »Was ist los?«

Karl liefen die Tränen über die Wangen. »Sie werden mich erschießen. Aber ich habe das nicht gewollt.«

»Verdammt! Was hast du nicht gewollt?«

»Ich habe den Sergent umgebracht.«

Günther schaute sich nach allen Seiten um. Ein paar Legionäre standen vor der Kantine und rauchten. Niemand schaute zu ihnen herüber. Günther packte Karl an der Schulter und zerrte ihn in die Schlafbaracke.

Fünf Minuten später wusste Günther, was passiert war. Karl war von einem Sergent angehalten worden, weil er ihn nicht vorschriftsmäßig gegrüßt hatte. Zufällig handelte es sich bei dem Vorgesetzten um den gleichen, dem Karl die sechsunddreißig Stunden *Tambeau* im algerischen Ausbildungslager zu verdanken hatte. Es war zu einem wortreichen und später handgreiflichen Streit gekommen, in dessen Verlauf der Sergent Karl mit einer Wiederholung der Tortur drohte. Bei der Erinnerung an die Demütigung und die Qualen waren bei Karl alle Sicherungen durchgebrannt. Er hatte sein Messer gezogen und es seinem Gegenüber in den Bauch gerammt. Eine Minute später war der Sergent tot gewesen.

144

Günther war klar, was seinem Freund drohte: Ein Militärgericht würde ihn zum Tode verurteilen. Karl würde standrechtlich erschossen werden.

Günther reichte Karl einen Lappen. »Wisch dir das Blut ab!«

Willenlos folgte Karl Günthers Anweisungen.

»Hat euch jemand beobachtet?«

Karl schüttelte den Kopf.

»Wo ist das Messer?«

Karl zog die blutige Waffe aus dem Schaft.

Günther nahm ihm den Lappen ab und wischte das Blut von der Klinge.

Er zog Karl dicht zu sich heran, bis er seinen säuerlichen Atem spüren konnte. »Du warst das nicht. Hast du mich verstanden? Du bist es nicht gewesen. Wir beide waren die ganze Zeit zusammen.«

Karl nickte wortlos, aber Günther war nicht sicher, ob er begriffen hatte, was er gesagt hatte. »Du darfst niemandem etwas davon erzählen. Auch nicht Matthias und Manfred. Keinem.«

Karl schaute Günther mit dankbaren Augen an und nickte. »Was hast du vor?«

Günther legte den Zeigefinger an die Lippen und ging davon.

34

Frank schaute auf die Uhr: Es war kurz vor acht Uhr. Die Kopfschmerzen waren verschwunden. An den nächtlichen Überfall erinnerte ihn lediglich eine kleine Beule. Ihm fiel Schönebergs Rat ein, sich sofort in Deutschland gründlich untersuchen zu lassen. Als er den Frühstückssaal betrat, hatte er sich dagegen entschieden. Er war nicht zehntausend Kilometer gereist, um bei der ersten Gelegenheit den Schwanz einzukneifen.

Dolmetscher Giang erwartete Frank pünktlich um neun Uhr an der Rezeption. Mit einer guten Nachricht. »Ich habe gestern Abend eine alte Frau getroffen, die eine andere Frau kennt, die mit Ha Phuong befreundet war. Sie verkauft tagsüber Zigaretten in der Nähe der Post. Wenn wir Glück haben, dann können wir sie jetzt dort finden.«

Sie nahmen ein Taxi. Auf der Fahrt erzählte Frank Giang, was ihm in der Nacht passiert war, und bat ihn, Martin Schöneberg ausfindig zu machen, damit sich Frank noch einmal bedanken konnte.

Die Post war einer der wenigen noch erhaltenen Kolonialbauten. Einer der Erbauer hieß Gustave Eiffel. Frank hatte Trubel und Andrang erwartet, aber im Zeitalter von Handy, FedEx, DHL und Internet war der Gang zur Post für viele überflüssig geworden.

Die Frau, die sie suchten, unterhielt einen kleinen Verkaufsstand gegenüber dem roten Backsteinbau. Sie schützte ihr faltiges Gesicht vor der Sonne mit einem Strohhut, wie man ihn traditionell auf den Reisfeldern trägt. Ihr Mund war eingefallen. Wenn sie lachte, sah man, dass ihr die obere Zahnreihe fehlte. Sie war vielleicht eins fünfzig groß und reichte Frank nicht mal bis zur Schulter. Sie trug eine weite braune Hose und ein Hemd in der gleichen Farbe. In Deutschland hätte man das Ensemble als Pyjama bezeichnet. Ihre knochigen, nackten Füße steckten in Badelatschen.

Giang kaufte eine Schachtel 555, vietnamesische Zigaretten, bezahlte statt fünfundzwanzigtausend Dong mit einem Fünfzigtausenddongschein und schenkte ihr das Wechselgeld. Dann stellte er Frank vor. Die alte Frau nickte ihm zu und musterte ihn interessiert.

Das Gespräch dauerte eine halbe Stunde. Zwischendurch verkaufte die Frau eine Schachtel Marlboro, an der sie vielleicht zehn Cent verdiente.

Frank taten bald die Füße weh und hätte sich am liebsten auf einen der kleinen Plastikstühle gesetzt, die zu einer der Garküchen gehörten, aber er wollte nicht unhöflich sein.

Die Frau – Frank schätzte sie auf siebzig Jahre – redete ununterbrochen. Hin und wieder ergriff sie Giangs Hand und lachte. Dann lachte Giang auch und antwortete etwas.

Zum Schluss zuckte die Frau mit den Schultern und seufzte. Giang bedankte sich mit großen Gesten und Frank gab der Frau auf Giangs Rat zweihunderttausend Dong. Sie wollte ihm Zigaretten dafür geben, aber Frank lehnte dankend ab.

Darauf ergriff die Frau seine Hände, drückte sie und redete erneut auf ihn ein.

»Sie wünscht Ihnen viel Glück, Gesundheit und ein langes Leben.«

Frank lächelte freundlich und zog mit seinem Dolmetscher ab. Die Frau sah ihnen lange nach und winkte.

Frank und Giang setzten sich in ein Café und orderten Tee. »Sie wollen bestimmt wissen, warum das so lange gedauert hat?«

Frank nickte.

»Vietnamesen reden gerne. Eigentlich reden wir immer. Und damit der Gesprächspartner es auch versteht, wird alles mindestens dreimal wiederholt.«

Die alte Frau, die früher mit Mai Linh befreundet war, hatte bestätigt, dass Mai Linh das Hotel nach dem Tod ihrer Eltern weitergeführt hatte. Kurz vor dem Ende des amerikanischen Krieges kam Mai Linh bei einer Explosion in der Nähe des Präsidentenpalastes ums Leben. Ihre Tochter Ha Phuong heiratete Anfang der Achtzigerjahre einen Mann, der aus Nha Trang stammte, und zog mit ihm weg. Danach war der Kontakt bis Ende der Neunzigerjahre abgebrochen. Durch Zufall trafen sich die beiden Frauen wieder, als Ha Phuong in Saigon Besuche machte. Sie erzählte, dass sie und ihr Mann eine Tochter hatten und ein Restaurant in Nha Trang eröffnen wollten.

»Weiß die Frau, wie das Restaurant heißt und wo es ist?«

Giang schüttelte den Kopf.

Frank nahm einen Schluck Tee. Er war heiß und süß. »Dann muss ich wohl nach Nha Trang. Können Sie mich begleiten?«

Giang konnte nicht. Er war als Dolmetscher für ein mehrtägiges Geschäftsmeeting gebucht. Eine englische Firma wollte die Produktion von Manchester nach Saigon verlagern. Facharbeiter gab es hier für hundert Dollar im Monat, sieben Tage die Woche, ohne einschneidende Umweltbestimmungen und lästige Gewerkschaften.

Der Dolmetscher versprach jedoch, bei der Suche nach dem hilfsbereiten Arzt zu helfen. Während Frank in aller Ruhe seinen Tee trank, telefonierte Giang.

»Es tut mir leid«, Giang steckte sein Handy ein. »Aber niemand weiß etwas über eine Ärztetagung, weder im *Rex* noch in anderen großen Hotels. Ein Martin Schöneberg ist nirgendwo bekannt.«

Frank blickte erstaunt auf. »Dann muss ich irgendwas falsch verstanden haben.«

Vor dem Hotel verabschiedete sich Frank von Giang und legte zum vereinbarten Honorar noch ein ordentliches Trinkgeld obendrauf.

Am Empfang bat Frank den Rezeptionisten, für ihn einen Flug nach Nha Trang zu buchen. Es dauerte keine zehn Minuten, dann hatte er einen Platz in der Maschine am nächsten Tag.

Frank ging auf sein Zimmer, um zu duschen.

Der Rezeptionist nahm den Hörer seines Telefons ab und wählte eine Nummer, die auf einem Umschlag notiert war.

»Mr Kern. I have an information for you!«

Als der Rezeptionist den Hörer auflegte, nahm er die Fünfzigdollarnote aus dem Umschlag und steckte sie in seine Hosentasche. Er hatte mit diesem Anruf so viel verdient wie sonst für die Arbeit einer ganzen Woche.

35

Nachdem Sonja Kruse über die deutsche Botschaft in Hanoi und diverse Auskunftsagenturen vergeblich versucht hatte, eine Adresse oder eine Telefonnummer von Oskar Kern in Saigon herauszufinden, war ihr der rettende Einfall gekommen.

Was machen Deutsche, die im Ausland leben? Sie treffen sich mit Landsleuten. Sie gehen in Kneipen unter deutscher Leitung, sie kaufen Brot bei einem deutschen Bäcker, sie beschäftigen deutschsprachige Handwerker. Das kannte sie von Mallorca und auch aus Bangkok, wo sie vor einigen Jahren mit ihrem damaligen Ehemann Urlaub gemacht hatte.

Kurzerhand machte sie einen Spaziergang in die Innenstadt und kaufte in einer Buchhandlung einige Reiseführer. Sie fand darin genug Hinweise auf geschäftliches Deutschtum in Saigon und trieb in der nächsten halben Stunde die Telefonrechnung des Präsidiums mächtig in die Höhe.

Ihre Legende war so einfach wie glaubhaft: Sie hatte kürzlich bei ihrem Aufenthalt in Saigon ihre Brieftasche verloren und der freundliche Herr Kern war so nett gewesen, ihr mit dreihundert Dollar auszuhelfen. Nun wollte sie selbstverständlich den Betrag erstatten, hatte aber leider Telefonnummer und Bankverbindung von Herrn Kern verlegt. Ob man ihr weiterhelfen könne?

Der vierte Anruf brachte schließlich den gewünschten Erfolg. In einer deutschen Arztpraxis in Saigon wurde sie zu Dr. Müller-Allen durchgestellt, der mit der Telefonnummer und Adresse seines Patienten aushelfen konnte. Zum Schluss des Gesprächs bat der Arzt Sonja sogar, Herrn Kern zu bestellen, dass die nächste routinemäßige Blutuntersuchung anstand. Sonja versprach dem hilfsbereiten Landsmann, die Botschaft weiterzuleiten. In Vietnam nahm man es wohl mit der ärztlichen Schweigepflicht nicht so genau.

Nun war es an der Zeit, mit Ellersbach die nächsten Schritte abzusprechen. Sie brauchten eine DNA-Probe von Oskar Kern, um sie mit den biologischen Spuren unter den Fingernägeln von Matthias Birchel abzugleichen. Dazu war ein Amtshilfeersuchen bei der vietnamesischen Polizei notwendig. Der Kommissarin waren die innereuropäischen Gepflogenheiten bekannt, aber sie hatte keine Erfahrungen, was Asien anging.

Sie warf einen prüfenden Blick in den Spiegel und machte sich auf den Weg zum Büro des Staatsanwaltes.

Als sie die Hand hob, um an die Tür seines Büros zu klopfen, bewegte sich die Klinke und die Tür öffnete sich einen Spalt. Im selben Moment vernahm sie die Stimme des Oberstaatsanwalts. »Das ist auch für mich eine äußerst unangenehme Sache, das müssen Sie mir glauben, Kollege Ellersbach.«

Die Hauptkommissarin trat einen Schritt zurück, aber der Oberstaatsanwalt machte keine Anstalten, Ellersbachs Büro zu verlassen.

»Ich kenne Günther Berger seit über zwanzig Jahren. Es gibt nicht viele Bochumer, die das Bundesverdienstkreuz bekommen haben, und wenn es einen gibt, der es wirklich verdient hat, dann ist er es.«

»Das sehe ich genauso wie Sie«, hörte Sonja Ellersbach sagen. »Deshalb verfolge ich die Ermittlungen von Hauptkommissarin Kruse mit großer Skepsis. Ich werde mich bemühen zu verhindern, dass alles in einer großen Katastrophe endet. Für Bochum, für die Staatsanwaltschaft und für Herrn Berger.«

Sonja konnte nicht glauben, was sie da gerade vernommen hatte.

»Ich weiß das zu schätzen«, sagte der Oberstaatsanwalt. »Denken Sie nach, wie Sie die Hauptkommissarin dazu bewegen können, einen Schlussstrich unter die Angelegenheit zu ziehen. Wir haben genug anderes zu tun und bisher gibt es auch keine Beweise.«

Die Tür öffnete sich ein weiteres Stück. Sonja Kruse überlegte einen Moment, ob sie eintreten oder auf dem Flur warten sollte. Sie schaute auf den kahlen Hinterkopf des Oberstaatsanwalts.

»Glauben Sie mir«, sprach der weiter Richtung Ellersbach. »Wenn es irgendwas Konkretes gegen Günther Berger geben würde, dann wäre ich der Letzte, der sich einem Ermittlungsverfahren in den Weg stellt. Dass ich einen Golfpartner wider besseres Wissen schütze, das will ich mir nun wirklich nicht vorwerfen lassen.« Der Oberstaatsanwalt trat auf den Flur und schloss die Tür hinter sich. Einen Augenblick lang hatte er den Eindruck, als habe jemand hinter ihm gestanden. Er drehte sich nach allen Seiten um, aber der Flur war menschenleer.

36

Wenn Saigon das Paris des Orients ist, dann ist Nha Trang sein Nizza, hatte ein entzückter Reisender Anfang des letzten Jahrhunderts notiert. Während der Kolonialzeit war Nha Trang ein mondänes Seebad gewesen, mit französischen Jugendstilvillen und prachtvollen Alleen. Auch viele Jahrzehnte später hatte die auf 400.000 Einwohner angewachsene Hafenstadt nichts von ihrem Charme eingebüßt. Unzählige Hotels, Bars, Restaurants und Cafés säumten die fünf Kilometer lange von Palmen bewachsene Promenade. Vom weiß-gelben Strand blickte man auf die vorgelagerten Inseln, die ein Paradies für Taucher und Schnorchler sein mussten, wenn man den Werbetafeln von Dutzenden Tauchclubs Glauben schenken durfte, die entlang der Küstenstraße ihre Exkursionen anboten.

Der Flug von Saigon nach Nha Trang hatte vierzig Minuten gedauert. Frank hatte sich eines der wartenden Taxis geschnappt, das ihn vom südlich gelegenen Flughafen auf einer neuen Straße am Meer entlang in die fünfunddreißig Kilometer entfernte Innenstadt bringen sollte. Der Taxifahrer hieß Lai und sprach Englisch. Er kannte das Hotel, das Frank am Tag zuvor per E-Mail gebucht hatte. Es wurde von einem Deutschen und seiner vietnamesischen Frau geführt. Einen Landsmann zu treffen, schien Frank sehr nützlich bei seinem Vorhaben.

Lai pries ihm die menschenleeren Strände vor den Toren der Stadt an, nicht ohne darauf hinzuweisen, dass er und sein Taxi jederzeit für solche Ausflüge bereitstehen würden. Außerdem sei er auch ein Kenner der Szene, wenn es um

Diskotheken, Nachtbars und »bum-bum« ginge. Frank konnte sich vorstellen, was der Mann meinte, es bedurfte keiner großen Fantasie. Lai empfahl ihm ein paar Restaurants weit ab vom Touristentrubel. Dort würde es mit Sicherheit wirklich frischen Fisch und Seafood geben, was in den Restaurants in der Ausgehmeile nicht immer der Fall sei. Außerdem seien die Preise wesentlich moderater.

Als Lai erzählte, dass er schon seit fast zwanzig Jahren Taxi fuhr und seit 1966 in Nha Trang lebte, fragte ihn Frank, ob er ein Restaurant kenne, das von einer Frau namens Ha Phuong geführt werde, die aus Saigon stamme. Lai dachte einen Moment nach, dann schüttelte er den Kopf. Er wollte wissen, was an dem Restaurant so besonders sein solle. Frank war nicht in der Stimmung, einem Taxifahrer seine Familiengeschichte zu erzählen. Er habe ihr ein Geschenk zu geben, von einem vietnamesischen Verwandten, den er in Deutschland getroffen hätte. Lai erwiderte, er sei sich sicher, dass Frank das Restaurant finden werde.

Als sie von der Küstenstraße in die Biet Thu und dann in die Hung Vuong einbogen, war Frank vom Gegenteil überzeugt. Ein Restaurant neben dem anderen. Es waren bestimmt hundert Restaurants und Cafés, die er gesehen hatte, als das Taxi vor dem Hotel hielt. Und Frank hatte erst drei Straßenzüge gesehen.

Er zahlte dem Fahrer die vereinbarten zweihundertzwanzigtausend Dong, umgerechnet circa dreizehn Dollar. Lai drückte ihm seine Visitenkarte in die Hand und fragt noch einmal nach seinem Namen. Sie verabschiedeten sich und Frank war davon überzeugt, dass er den Mann nie wiedersehen würde.

37

Oskar Kern ließ sein Taxi weiterfahren, als er sah, dass Frank mit seinem Gepäck in der kleinen Lobby des Hotels verschwand. Er wies den Fahrer an, das *Novotel* anzusteuern, das nur ein paar Hundert Meter entfernt lag. Die Distanz zwischen beiden Häusern war groß genug, um sich nicht zufällig und im falschen Augenblick über den Weg zu laufen, und nahe genug, um Frank nicht aus den Augen zu verlieren.

Natürlich hatte er nicht vor, stundenlang darauf zu warten, dass Bergers Sohn irgendetwas unternahm. Seine Geliebte Duong hatte Verwandte, die in Nha Trang lebten. Dazu zählten auch zwei junge Männer, die sich bereit erklärt hatten, für zwanzig Dollar am Tag Frank Berger nicht aus den Augen zu lassen und Kern stündlich Bericht zu erstatten.

Oskar Kern bezahlte den Taxifahrer und wählte noch auf dem Weg zur Eingangshalle des Hotels die Handynummer seiner Handlanger.

Er hatte seinen Türschlüssel gerade in Empfang genommen, als die beiden auf ihn zukamen und ihn begrüßten, als wären sie alte Freunde. Er gab ihnen einen Vorschuss und das Foto von Frank.

Dann ging Kern auf sein Zimmer, nahm aus der Minibar Gin und Tonic und mischte sich einen Drink. Er stellte sich ans Fenster und schaute auf das Meer. Die Sonne war bereits hinter den Bergen verschwunden, in einer halben Stunde würde es dunkel werden. Oskar Kern genoss den kühlen Drink.

38

Sonja Kruse saß wie versteinert an ihrem Schreibtisch. In ihrem Kopf schossen die Gedanken wie Querschläger umher. Was in aller Welt hatte Ellersbach dazu gebracht, dem Oberstaatsanwalt in den Arsch zu kriechen? Warum wollte er sie zurückpfeifen? Hatte Günther Berger seine Finger im Spiel und seinen Golffreund, den Oberstaatsanwalt, in Marsch gesetzt? Oder war das alles nur ein Ablenkungsmanöver von Ellersbach, um seinen Vorgesetzten zu beruhigen? Hatte er nicht vor wenigen Stunden beteuert, dass sie sich auf ihn verlassen könne?

Je mehr sie nachdachte, umso mehr war sie überzeugt, dass Ellersbach dem Oberstaatsanwalt etwas vorgespielt hatte. Sie konnte sich nicht so in ihrem neuen Lover getäuscht haben.

Aber woher wollte sie wissen, was in Männerköpfen vorging? Auch Peter hatte sich letztendlich als große Enttäuschung erwiesen. Nach zwei Jahren Ehe hatte sie herausbekommen, dass er immer noch ein Verhältnis mit seiner Ex pflegte. Er ging regelmäßig zu Katrin, wenn Sonja ihre Freundinnen zu einem Tratschabend eingeladen hatte. Seine Skatrunde war eine Ausrede, die platzte, als einer seiner angeblichen Skatbrüder zur falschen Zeit auftauchte und sich Peters Wagen ausleihen wollte.

Die anschließende Aussprache endete in Tränen und seinem Versprechen, mit Katrin endgültig Schluss zu machen. Und wie so oft war es erneut ein dummer Zufall, der sie feststellen ließ, dass er sie wieder angelogen hatte. Auf dem Rückweg von einem spontanen, samstäglichen Besuch bei ihren Eltern im Sauerland war sie in Brilon vorgefahren, wo Peter an einem Wochenendseminar teilnahm. Sie wollte ihm sein Handy bringen, das er zu Hause vergessen hatte. Im Restaurant des Hotels saßen Katrin und Peter und blickten sich tief in die Augen. Seine Liebe zu seiner Ex tat ihr weh, aber am schmerzhaftesten waren die Lügen. Sie gab ihm eine Woche Zeit, sich eine Wohnung zu suchen. So viel Zeit brauchte er nicht. Schon am nächsten Tag zog er bei Katrin ein. Die Scheidung von Sonja folgte nach vier Monaten.

Nach Peter hatte es allerdings noch zwei Männer gegeben, die sie nicht enttäuscht hatten, weil die Beziehung von Anfang an auf Zeit angelegt war. John aus Brisbane hatte sie in ihrem Urlaub in Kanada kennengelernt, und der Kollege aus Stuttgart hatte sich wie sie auf einem Wochenendseminar über neue Erkenntnisse in der Forensik gelangweilt.

Sonja wurde abrupt aus ihren Erinnerungen in die Gegenwart katapultiert, als sich die Tür öffnete und ihr Chef und Ellersbach ihr Büro betraten.

Der Staatsanwalt zwinkerte ihr zu, aber Sonja war nicht fähig, ihm ein Lächeln zu schenken.

Wie immer kam Schäfer sofort zur Sache. »Sonja! Bring uns auf den neusten Stand!«

Die Kommissarin drückte ihr Kreuz durch und konzentrierte sich. Sie brauchte zehn Minuten, um die Neuigkeiten zusammenzufassen, einschließlich ihrer erfolgreichen Recherchen, die Anschrift von Oskar Kern in Erfahrung zu bringen.

»Jetzt müssen uns die Vietnamesen helfen. Anders kommen wir nicht weiter.«

Schäfer ließ sich Zeit mit einer Reaktion.

Ellersbach räusperte sich. »Ich glaube, das können wir vergessen. Ein Kollege von mir hatte einen ähnlichen Fall in Thailand. Angeblich haben die Polizisten dort den Verdächtigen nicht auffinden können, obwohl er sogar im Telefonbuch stand. Hinterher ist herausgekommen, dass die Polizisten tatsächlich bei ihm waren und um tausend Dollar reicher, als sie wieder gingen. Der Mann ist erst geschnappt worden, als er erneut nach Deutschland einreisen wollte.«

Schäfer wandte sich an Sonja. »Reicht dein Material, um Herrn Kern bei einer erneuten Einreise festzunehmen?«

Ellersbach kam der Kommissarin zuvor. »Nein. Wir haben nur einen Verdacht, nichts Konkretes.«

Sonja stieg das Blut in den Kopf. Sie hatte sich doch in ihm getäuscht. Ellersbach hatte sie verraten.

Schäfer schaute sie erwartungsvoll an. »Wie willst du weiter verfahren?«

Ich trete ihm in die Eier!, dachte Sonja und hörte sich sagen: »Oskar Kern ist der einzige Verdächtige. Ich komme ohne ihn in dem Fall nicht weiter.«

Schäfer holte tief Luft. »Leg den Fall zur Seite. Ich werde mich erkundigen, wie die vietnamesischen Kollegen so drauf sind und ob ein Amtshilfeersuchen Sinn macht.«

Aus den Augenwinkeln sah die Kommissarin, dass Ellersbach zustimmend nickte. Mit einem kurzen Gruß verabschiedete er sich und ging.

Schäfer versuchte sich in Aufmunterung. »Tut mir leid, Sonja. Aber manchmal landen wir in einer Sackgasse.«

»Ich weiß.«

Schäfer wollte ebenfalls das Büro verlassen.

»Chef!«

Schäfer drehte sich um.

»Ich würde gerne zwei Wochen Urlaub machen. Meinst du, das ist in Ordnung?«

Schäfer nickte überrascht. »Gibt es einen besonderen Anlass?«

Sonja Kruse senkte den Blick. »Liebeskummer.«

Schäfer seufzte. »Genehmigt.«

39

Da Nang, 01.07.1953

Im Lager herrschte eine unheilvolle Stimmung. Die Offiziere hatten die Unterführer zusammengerufen. Keiner von der Mannschaft hatte eine Ahnung, warum. Lediglich Günther und Karl konnten sich vorstellen, was der Grund für die Aufregung war. Sie saßen zusammen mit Matthias vor der Baracke und reinigten ihre Gewehre. Manfred war ebenfalls zum Rapport bestellt worden.

»Vielleicht werden wir verlegt«, spekulierte Matthias.

»Weshalb?«

»Habt ihr es nicht gehört, in Nha Trang haben die Schlitzaugen eine unserer Stellungen überrannt. Über zweihundert unserer Leute sind gefallen.«

Karel, der Tscheche, kam hinzu. Er war ein paar Jahre älter als die drei Freunde und hatte seine Dienstzeit bei der Legion schon einmal verlängert. Er stammte aus Prag. Als die Rote Armee die deutsche Wehrmacht vertrieb, war seine Familie von dort geflohen. Es ging das Gerücht um, dass Karels Vater mit den Nazis kollaboriert hatte und Zorn und Vergeltung seiner Landsleute fürchtete. 1947 war Karel der Fremdenlegion beigetreten und die ersten fünf Jahre in Algerien stationiert gewesen. Karel hatte einen kantigen Schädel. Seine kräftige Brust zierte eine Tätowierung, die Schlange erstreckte sich bis zum Hals. Je nachdem, wie Karel den Kopf hielt, sah es manchmal so aus, als ob sie nach seinem Ohrläppchen schnappte. Weil er Deutsch sprach, war er oft mit den Deutschen, Österreichern und Schweizern zusammen. Sie hatten sich mit ihm im Urlaub in Saigon getroffen und manchmal war er zusammen mit Matthias losgezogen, um sich im *Haus der fünfhundert Frauen* zu vergnügen.

Karel kannte den Grund für die Aufregung der Offiziere. »Sie haben einen Sergent gefunden, hinter den Baracken. Erstochen.«

Günther und Karl vermieden es, sich anzusehen.

»Weiß man, wer das gemacht hat?«, wollte Matthias wissen.

Karel verneinte und gähnte. Er verschwand auf seine Stube, um eine Mütze Schlaf zu nehmen, bevor die Unterführer sie wieder auf Trab bringen würden. Matthias hielt das für eine gute Idee und schloss sich ihm an.

Günther bemerkte, dass die Hände des Kleinen zitterten. »Du musst dich jetzt zusammenreißen!«

»Vielleicht hat mich doch jemand gesehen!«

Günther schüttelte den Kopf. »Dann hätten sie dich schon längst abgeholt.«

Schweigend reinigten sie ihre Gewehre.

Unteroffiziere und Gefreite verließen die Baracke, in der die Dienstbesprechung abgehalten worden war. Manfred machte ein Gesicht, als sei die Regenzeit angebrochen.

»Was gibt's?«

»Wo ist Matthias?«

Günther wies mit dem Kopf auf die Schlafbaracken. »Hat sich aufs Ohr gehauen!«

»Ich will nicht alles doppelt erzählen. Günther, trommel den Zug zusammen. In fünfzehn Minuten sollen alle hier sein.«

»Warum machst du das nicht selbst?«

»Weil ich die letzte Stunde in dieser Besprechung verbracht habe und mein Gewehr reinigt sich nicht von allein. Oder war einer von euch so freundlich und hat das für mich gemacht?«

Günther erhob sich und schlurfte betont langsam zur Schlafbaracke. Nach dem Streit in Saigon war ihr Verhältnis merklich abgekühlt. Auch die anderen hatten das bemerkt. Günther erklärte sein verändertes Verhalten Manfred gegenüber damit, dass Manfred als Gefreiter jetzt den Boss rauskehrte. Insgeheim musste er sich allerdings eingestehen, dass es seine Eifersucht war, die ihre Freundschaft auf die Probe stellte.

Günther fand die meisten Legionäre aus dem Zug schlafend in ihren Betten und weckte sie. Matthias und Karel konnte er nicht entdecken. Er ging zum Waschhaus hinüber. Bei den Latrinen war niemand, er warf einen kurzen Blick in die Gemeinschaftsdusche und wollte bereits wieder gehen, als er die beiden in einer Ecke stehen sehen. Matthias hatte die Hose heruntergelassen und stand mit dem Bauch zur Wand, während Karel seinen Schwanz zwischen den Oberschenkeln des Kameraden rieb.

Günther war wie erstarrt. Natürlich wusste er, was Homosexualität war, es wurden deftige Witze darüber gemacht und an einigen Latrinenwänden waren Skizzen, die keinen Zweifel darüber aufkommen ließen, um was für eine Spielart der Sexualität es sich handelte. Es gab auch Gerüchte, dass dieser oder jener Legionär ein Homo sei, aber in der Praxis hatte er noch nie gesehen, wie zwei Männer es miteinander trieben. Dass es sich um keine Vergewaltigung handelte, war ihm klar, weil er Matthias lustvoll stöhnen hörte. Benommen wandte er sich ab. In wenigen Minuten erwartete Manfred sie, um ihnen zu sagen, was die Offiziersbesprechung für Konsequenzen haben würde.

»Matthias!«, rief Günther schließlich. »Bist du hier irgendwo? Manfred erwartet uns. Wenn du auf dem Scheißhaus bist, dann beeil dich!«

Immer noch benommen ging Günther zurück in die

Schlafbaracke und dann auf den Appellplatz. Nach und nach trudelten die Legionäre ein. Erleichtert stellte Günther fest, dass erst Matthias und dann auch Karel zur Gruppe stieß.

Manfred berichtete von der Ermordung des Sergents. Günther hörte kaum zu. Er schaut von Matthias zu Karel. Die beiden lauschten andächtig, was Manfred zu berichten hatte, ohne sich eines Blickes zu würdigen. Mit Matthias hatte Günther Monate lang zusammen in einem Zimmer im Lehrlingswohnheim gelebt. Nicht im Geringsten war ihm der Verdacht gekommen, dass Matthias homosexuell sein könnte. Hatte er nicht erzählt, wie er die Nachbarstochter im Heu geschwängert hatte? Wie er seinen kargen Lohn im Puff in der Gußstahlstraße bei den Nutten gelassen hatte. Wie ihn die Negermutti in Marseille geritten hatte, bis seine Eier blau und grün waren?

Günther verstand die Welt nicht mehr. Dann fiel ihm das *Haus der fünfhundert Frauen* in Saigon ein. Matthias hatte gekniffen und sich mit Karel getroffen.

Matthias' ganzes Gerede von der ›Sünd auf der Alm‹, von all den Eroberungen, von seinen Erlebnissen in den Puffs war pure Erfindung. Die Geschichten sollten nur davon ablenken, dass er auf Männer stand.

Manfred ließ den Zug auf die Stuben wegtreten.

»Glück gehabt«, sagte Karl neben ihm. Günther nickte mechanisch. Er hatte kein Wort von dem mitbekommen, was Manfred gesagt hatte.

»Ich muss den Schlitzaugen dankbar sein.«

Günther verstand nur Bahnhof.

»Hast du gepennt?«, fragte Karl und strich sich über den Schnurrbart. »Sie gehen davon aus, dass es ein vietnamesischer Agent war. Die Wachleute haben ein Loch im Zaun entdeckt.«

»Ich habe dir doch gesagt: Alles wird gut!«

Karl grinste. »Wer wohl das Loch in den Zaun geschnitten hat?«

Günther nickte abwesend.

»Bist du in Gedanken wieder bei deiner Vietnamesin?«

»Nein«, sagte Günther. »Ich habe an was ganz anderes gedacht.« Aber er hatte vor, seine Gedanken für sich zu behalten.

40

Frank stand in der kleinen Lobby des Hotels und plauderte mit Helmut und seiner Frau Trang. Die beiden hatten sich auf einer Dienstreise Helmuts in den Neunzigerjahren in Hanoi kennengelernt. Helmut hatte sich sofort unsterblich in Trang verliebt. Aber es waren Jahre vergangen, bis die beiden ein Paar wurden und später in Nha Trang ein kleines, aber feines Hotel eröffneten.

Helmut war ein kräftiger Typ aus Mitteldeutschland, der gerne lachte und interessante Geschichten aus seiner neuen Heimat erzählte konnte. Eine Ha Phuong, die ein Restaurant führte, kannte weder er noch seine hübsche und zierliche Frau Trang.

Frank traute seinen Augen nicht, als er aus dem Hotel trat, um sich in einem Café ein Frühstück zu gönnen. Lai saß auf dem Fahrersitz seines roten Nha-Trang-Taxis und grinste ihn breit an. »Hallo, Frank!«

Lai hatte ein von der Sonne gegerbtes Gesicht und wache Augen. Sein Blick war ehrlich und voller Sympathie für den Deutschen, dem er helfen wollte, sein Geschenk an die richtige Empfängerin zu übergeben. Natürlich versprach er sich davon ein paar zusätzliche Fahrten, aber das war nicht der Hauptgrund für seine Hartnäckigkeit. Lai war kein gläubiger

Mensch, er glaubte auch nicht an das Gute in jedem Menschen, aber er war sich sicher, dass Gutes auch Gutes bewirkte.

Sah man von Lais Einsatz als Soldat im Nachbarland Kambodscha ab, als die vietnamesischen Truppen das Gemetzel von Pol Pot und seinen Roten Khmer beendeten, war Lai in seinem Leben noch nicht aus Vietnam herausgekommen. Aber vielleicht würde auch ihm jemand helfen, wenn er mal im Ausland Hilfe benötigte. Irgendwann. Irgendwo.

»Warten Sie auf mich?«, fragte Frank, als Lai aus dem Wagen gestiegen war und ihm die Hand schüttelte.

»Ich habe meine Frau gefragt. Sie kennt eine Ha Phuong aus Saigon, die ein Restaurant besitzt. Es liegt im Zentrum, nicht weit vom Markt entfernt.«

Franks Herz pochte laut. Sein Verlangen nach einer anständigen Tasse Kaffee war wie weggeblasen. »Okay! Fahren wir!«

Lai machte keine Anstalten, ihm eine Wagentür zu öffnen. »Wollen Sie das Geschenk nicht mitnehmen?«

Scheißlügengeschichte, ärgerte sich Frank. »Das holen wir, wenn ich sicher bin, dass es die Ha Phuong ist, die ich suche.«

Als er einstieg, starteten gegenüber zwei junge vietnamesische Männer ihr in China gefertigtes Motorrad und setzten umständlich ihre Helme auf. Als das Taxi an ihnen vorbeifuhr, fädelten sie sich geschickt in den Verkehr ein.

Die Fahrt zum Markt dauerte keine zehn Minuten. Lai hatte den Daumenballen auf der Hupe geparkt, vor ihm wichen Motorrad- und Fahrradfahrer zur Seite.

»Wir haben keine Eile!«, meinte Frank, nachdem Lai beinahe einen Cyclofahrer gerammt hatte, der aus einer Seitenstraße gekommen. Dessen Sicht war durch ein Dutzend Bastkäfige versperrt worden, in denen flatternde Hähne und apathische Hühner zum Markt transportiert wurden.

»Ich fahre nur halb so schnell wie sonst«, antwortete Lai und hupte. Sie umkurvten den Markt. Gerüche von exotischen Früchten, frischem Fisch und geschlachteten Hühnern drangen durch die geöffneten Fenster des Taxis.

Lai bog in eine Seitenstraße ein und hielt nach dem Restaurant Ausschau. Schließlich fand er, was er suchte, und zeigte auf ein einfaches Lokal mit einem Dutzend Plastikstühlen und kleinen Tischen, an denen ein paar Einheimische ihre Mahlzeiten einnahmen.

Lai parkte der Einfachheit halber direkt vor dem Lokal. Dass er damit die kleine Straße für den Verkehr nahezu sperrte, war ihm offenbar egal. »Sie fragen, ich übersetze!«, entschied der Vietnamese.

Mit Herzklopfen betrat Frank das Lokal. Offenbar hatte sich hierher nur selten ein Tourist verirrt, denn die Gäste schauten die Ankömmlinge für einen Moment verwundert an, dann schaufelten sie weiter mit Stäbchen ihr Essen.

Mit geübtem Blick machte Lai die Chefin ausfindig und fing ein Gespräch mit ihr an. Frank musterte die Frau. Sie hatte ein verlebtes Gesicht mit vielen Falten und einigen Narben. In ihr schwarzes Haar hatten sich bereits graue Strähnen geschlichen. Sie trug eine schwarze Hose und eine helle Bluse, die schon einige tagelange Arbeitseinsätze am Herd hinter sich hatten. Wie alt mochte die Frau sein? Fünfzig, sechzig oder gar siebzig?

Lai wandte sich Frank zu. »Sie ist 1992 aus Saigon nach Nha Trang gekommen, dort besaß ihre Familie ein kleines Restaurant im Zentrum. Aber dann wurde dort ein Hochhaus gebaut und sie mussten wegziehen.«

Die Lokalbesitzerin musterte Frank ungeniert. Als er ihr zulächelte, erwiderte sie sein Lächeln.

»Fragen Sie sie bitte, ob ihre Mutter Mai Linh hieß.«

Gespannt erwartete Frank ihre Antwort.

»Nein, ihre Mutter heißt Lan. Sie ist zu Hause und passt auf die Kinder auf.«

Die Frau war nicht die richtige – das war damit klar. Frank ließ sich die Enttäuschung nicht anmerken. Es wäre auch zu schön gewesen, sofort Glück zu haben. Er fragte höflich nach der Anzahl der Kinder – sie hatte drei –, bedankte sich und signalisierte Lai, dass es Zeit war zu gehen.

»Tut mir leid«, sagte Lai.

»Kein Problem. Wie alt war die Frau?«

»Achtundvierzig.«

Frank öffnete die Wagentür. »Ich hätte sie auf sechzig geschätzt.«

»Es ist ein hartes Leben.« Der Taxifahrer setzte sich auf den Fahrersitz und startete den Motor. »Wohin?«

Frank schnallte sich an. »Ich muss erst einmal frühstücken.« Fasziniert schaute er auf einen Motorradfahrer, der ein Schwein transportierte. Das Tier war an den Beinen gefesselt und mit zwei Gurten hinter seinem Besitzer festgezurrt. Es grunzte unzufrieden.

41

Man konnte ihr manches nachsagen, aber nicht, dass sie spontane und unüberlegte Entscheidungen fällte. Sonja Kruse war eine disziplinierte Frau, die gründlich Pro und Kontra abwägte, bevor sie einen bestimmten Weg einschlug. *Diesen Weg geht sie gradlinig bis zum Ziel.* So würden sie ihre Vorgesetzten beschreiben, ihre Eltern, ihre Freunde.

Es war ihr selbst ein Rätsel, was das auslösende Moment war, dass sie Schäfer um Urlaub gebeten hatte. War es die Enttäuschung über Ellersbachs Verrat, war es der Frust, im

Fall des ermordeten Legionärs nicht weiterzukommen, oder eine unterdrückte Sehnsucht nach Abwechslung, Ruhe und Erholung?

Dabei gehörte sie nicht zu der Gattung abhängig Beschäftigter, die ihr ganzes Streben, Sehnen, Leben nach dem Erreichen der Urlaubszeit ausrichten. Sie machte ihre Arbeit gern, sie genoss die freien Wochenenden und sie freute sich nach dem Urlaub wieder auf den ersten Arbeitstag mit seinen Herausforderungen. Ihr letzter Urlaub in Kanada lag tatsächlich schon über ein Jahr zurück, sie konnte sich kaum noch daran erinnern.

Möglicherweise war es eine Trotzreaktion gewesen, die viele, kleine Ursachen hatte, und ihre Enttäuschung über Ellersbach gehörte sicherlich dazu.

Noch vor zwei Tagen hätte sie nicht gedacht, dass sie heute an einem Gate im Frankfurter Flughafen sitzen würde und darauf wartete, dass ihr Flug aufgerufen wurde.

Sie hatte immer schon mal nach Kuba gewollt. Salsa, Samba, *Buena Vista Social Club.* Sie liebte kubanische Musik und den Tanz. Es musste herrlich sein, durch die Straßen von Havanna oder Santiago de Cuba zu schlendern und die vielen schönen Menschen zu betrachten.

Dass daraus auch diesmal nichts wurde, hing unter anderem mit den Reiseführern zusammen, die sie auf eigene Kosten gekauft und auch gelesen hatte. Und die handelten nicht von Kuba, sondern davon, *die Perle Indochinas individuell zu entdecken und erleben, auch abseits der Touristenrouten.*

Warum nicht Vietnam?, hatte sie in der Nacht gedacht, als sie nicht schlafen konnte und der erste Urlaubstag anbrach. Aber es waren nicht nur die blumigen Schilderungen der Reisejournalisten, die den Ausschlag über ihr Reiseziel gegeben hatten, da waren auch die Eindrücke aus den Briefen

Manfred Rosenbaums. Er hatte mit großem Respekt von den Menschen in Vietnam geschrieben, die Schönheit des Landes bewundert, ihre Flora und Fauna.

Über fünfzig Jahre waren seitdem vergangen, aber Sonja Kruse war sich sicher, dass sie nicht durch die Straßen Saigons würde gehen können, ohne Rosenbaums Worte vor Augen zu haben.

Es gab noch einen weiteren Grund, der es ihr leicht gemacht hatte, den nächsten Flug nach Vietnam zu buchen. Sie besaß die Adresse von Oskar Kern. Und wenn sie zufällig in der Nähe seiner Wohnung wäre, dann könnte sie mal schauen, ob er zufällig zu Hause war.

So hatte sie sich das vor zwei Tagen gedacht. Mittlerweile war ihr klar geworden, dass sie sich etwas vorgemacht hatte. Natürlich würde sie ihn aufsuchen. Noch bevor sie den Fuß in irgendein Museum setzte.

Ihr Handy klingelte. Ohne auf das Display zu schauen, nahm sie das Gespräch an.

»Lucas Ellersbach. Sonja?«

Für einen Moment überlegte sie, ob sie das Gespräch wegdrücken sollte, aber sie entschied sich anders. »Ja, hallo!«

»Ich habe versucht, dich zu Hause zu erreichen. Wo steckst du denn?«

»Ich bin am Flughafen.«

Eine Pause entstand.

Sonja wartete. Sie hörte ein Räuspern am anderen Ende der Leitung. »Ich habe gerade von deinem Chef erfahren, dass du Urlaub hast. Willst du verreisen?«

»Ja.«

Neben ihr nahm eine junge Asiatin Platz und nickte ihr freundlich zu.

»Wohin?«

»Kuba«, log Sonja, ohne zu zögern.

167

Wieder entstand eine Pause.

»Warum hast du mir nichts davon gesagt? Vielleicht wäre ich gerne mitgekommen.«

»Vielleicht habe ich dir deshalb nichts gesagt.«

»Sonja? Stimmt was nicht? Habe ich mich irgendwie schlecht benommen? Du klingst so abweisend.«

»Ich telefoniere nicht gerne in der Öffentlichkeit. Außerdem muss ich jetzt Schluss machen. Ich bin beim Sicherheitscheck.«

»Rufst du mich mal an?«

»Tut mir leid. Ich muss jetzt Schluss machen. Ich schicke dir eine Ansichtskarte.« Sie klappte das Handy zu. Gerade rechtzeitig. Über den Lautsprecher wurde ihr Flug nach Saigon aufgerufen. Sonja schaltete das mobile Telefon aus, verstaute es in der Seitentasche ihres kleinen handlichen Rucksacks und stellte sich am Gate an.

42

Da Nang, 14.08.1953

»Aufsitzen!«, befahl Manfred und ein Dutzend Legionäre kletterte auf die Ladefläche des Lastwagens. Günther nahm neben Matthias Platz, während Manfred sich vorne zum Fahrer setzte.

Gestern Nacht war ein Spähtrupp von der Garnison aus in nordöstliche Richtung aufgebrochen, um zu erkunden, wie weit sich die Vorhut der Viet Minh bereits Da Nang genähert hatte. Karl hatte zu den vier Legionären gehört, die für das Unternehmen ausgesucht worden waren. Vor einer Stunde war der Jeepfahrer zurückgekehrt, ohne Karl und die drei anderen. Sie waren nicht zur vereinbarten Zeit am verabredeten Treffpunkt erschienen. Der Jeepfahrer hatte eine Stunde vergeblich gewartet und es dann für sinnvoll gehalten, zurückzufahren und Meldung zu machen.

Kurz darauf hatte Manfred den Auftrag erhalten, einen Trupp zusammenzustellen, der sich auf die Suche nach den Vermissten machte. Günther und Matthias hatten sich freiwillig gemeldet.

Es war bereits nach elf Uhr, als der Lastwagen durch das Tor fuhr. Rings um die Garnison war ein kleines Dorf entstanden. Die Hütten bestanden aus Bambusstangen, die ineinandergesteckt, zusammengebunden und mit Strohmatten verkleidet waren. Es gab keinen Strom, kein fließendes Wasser, keine Toiletten, keine Waschgelegenheiten, die Abfälle wurden nur wenige Meter abseits von den Hütten in den Graben geworfen.

Wer an der Ansiedlung vorbeikam, stellte sich einem heftigen Angriff auf den Geruchssinn. Es stank nach Fischresten, Gemüseabfällen, Kot und Urin, vermischt mit den Dünsten der Garküchen, von gegrilltem Fleisch und scharfen Suppen.

Die Bewohner schliefen auf dem Boden und bereiteten ihre Mahlzeiten auf einfachen Feuerstellen zu. Alle, die hier hausten, lebten von der Garnison. Es waren Cyclofahrer und ihre Familien, Prostituierte, die ihre Freier direkt am Kasernentor abfingen, Boys, die den Offizieren die Stube reinigten, oder Händler, die Zigaretten, Schnaps oder den Fischfang aus den Reisfeldern und Teichen an den Mann bringen wollten.

Sie fuhren eine halbe Stunde lang auf einer holprigen Straße in nordöstliche Richtung. Da der Jeep noch vor wenigen Stunden aus entgegengesetzter Richtung gekommen war, ging Manfred davon aus, dass die Straße nicht vermint war. Hin und wieder musste der Lkw vor einer Büffelherde oder vor Lastkarren halten, in denen die Reisernte in die Dörfer transportiert wurde.

Die Männer auf der Ladefläche des Lkws saßen schweigend auf den einfachen Holzbänken und hielten sich gegenseitig fest, wenn ein Schlagloch sie von der Bank zu werfen drohte.

Als sie den Ausgangspunkt des Spähtrupps erreicht hatten, ließ Manfred absitzen. Während Günther, Matthias und die anderen Legionäre ihre Blasen entleerten oder Zigaretten rauchten, studierte Manfred mit einem vietnamesischen Führer eine provisorische Landkarte, auf der Berge, Flüsse und einige Ansiedlungen eingezeichnet waren.

Dann wandte sich Manfred an seine Truppe und erläuterte seinen Plan. »Der Spähtrupp hatte gestern das Ziel, eine Anhöhe zu erreichen, von der man einen guten Überblick über Truppenbewegungen hat. Wir werden den gleichen Weg nehmen. Bis zur Anhöhe sind es ungefähr sechs Kilometer, zuerst an Reisfeldern vorbei, aber dann geht es rein in den Dschungel. Wenn wir gut durchkommen, könnten wir es in zwei Stunden schaffen.«

In einer langen Reihe marschierten sie los. Günther bevorzugte es wie alle anderen auch, in der Mitte zu gehen. Wer als Erster ging, konnte auf eine versteckte Mine treten oder in einer der abgedeckten Bodenfallen landen und von Bambusspießen durchbohrt werden. Wer als Letzter ging, musste damit rechnen, dass ihm der Gegner auflauerte und die Kehle durchschnitt, ohne dass die Vorangehenden etwas davon mitbekamen.

Nach einer halben Stunde endete der kleine Pfad und sie mussten sich mit Macheten den Weg durch den Dschungel schlagen.

Die Luft war so heiß, dass sie bei jedem Atemzug das Gefühl hatten, sich die Lungen zu verbrennen. Moskitos, Fliegen und Bremsen mit langen Stacheln schwirrten herum, angelockt vom Schweiß der Männer. Obwohl die Legionäre Netze über den Helm gezogen hatten, fanden die Quälgeister immer wieder eine Lücke. Die ungeschützten Hände waren bereits von den Stichen geschwollen.

Matthias konnte sich kaum mehr auf den Beinen halten und wankte. Bei jedem Schritt sah es so aus, als ob er auf der Stelle zusammenbrechen würde.

Manfred bemerkte es. »Pause!«, verkündete er.

Die Männer ließen sich fallen, wo sie gerade standen. Gierig tranken sie aus ihren Wasserflaschen, kauten an Trockenfleisch, rauchten Zigaretten. Die Moskitos fanden neue, ungeschützte Stellen. Dazu kamen die Ameisen, die über ihre Körper liefen, Ameisen, lang wie ein halbes Streichholz und schwarz wie die Nacht.

Günther lag unter einem Baum mit fleischigen Blättern, die ihm Schatten spendeten. Den Rucksack hatte er unter seinen Nacken gestopft. Seine Augenlider waren schwer. Er schloss einen Moment die Augen und lauschte dem Gesurre der Insekten. Plötzlich vernahm er ein schneidendes Geräusch direkt neben sich, gefolgt von einem dumpfen Aufprall, als ob eine Kokosnuss neben ihm ins Gras gefallen wäre. Er öffnete die Augen und sah Manfred neben sich stehen, die Machete in der Hand. An der Schneide klebte Blut. Günther schaute zu Boden. Nur einen Meter von ihm entfernt krümmte sich eine meterlange, unterarmdicke, grüne Schlange in wilden Zuckungen. Erst auf den zweiten Blick erkannte Günther, dass ihr der Kopf fehlte. Manfred hatte ihn mit einem gezielten Schlag mit der Machete abgetrennt.

Günther sprang auf und starrte auf das Tier. Es kam ihm

wie eine Ewigkeit vor, bis der Schlangenkörper zur Ruhe gekommen war.

»Wenn ich nicht pissen gegangen wäre, wärst du wahrscheinlich nie wieder aufgewacht«, schimpfte Manfred. »Verdammter Dschungel.« Er stieß den Kopf der Schlange mit dem Fuß weg und griff sich den Körper. Aus der Schnittstelle tropfte Blut. »Möchtest du Schlange essen?« Er zeigte die Reste des Reptils Matthias, der aufgestanden war und das Tier begutachtete.

»Ein Biss und du wärst in zehn Minuten tot gewesen«, mutmaßte Matthias. Manfred warf den Kadaver in ein Gebüsch.

Günther hörte das Pochen seines Herzens. Beinahe wäre er gestorben. Nicht durch eine Kugel des Feindes gefallen, sondern von einem Schlangenbiss ins Jenseits befördert. Er hatte Manfred sein Leben zu verdanken.

Minuten später brachen sie auf. Kurz bevor sie das Plateau erreichten, blieb Manfred stehen und hielt seine Nase in den Wind. Jetzt roch es auch Günther – irgendetwas stank erbärmlich.

Als sie die Lichtung betraten, sahen sie, was den beißenden Geruch verbreitete. Vor ihnen lagen die aufgedunsenen Leichen dreier Legionäre. Ihre Körper waren schwarz vor Insekten. Bei zwei Toten war der Kopf abgetrennt, dem dritten fehlte der rechte Arm.

Matthias erbrach sich. Günther riss sich zusammen und trat näher an die Massakrierten heran. Er kannte die Männer, hatte oft mit ihnen Karten gespielt und getrunken.

»Karl ist nicht dabei!«, flüsterte er, als Manfred neben ihn trat. »Wir müssen das Gelände absuchen!«

»Vielleicht haben sie ihn gefangen genommen«, meinte Manfred, aber Günther konnte ihm ansehen, dass er selbst nicht an diese Möglichkeit glaubte.

Manfred befahl drei Männern, Löcher zu graben, damit sie

ihre Kameraden beerdigen konnten, und schickte Günther und Matthias los, die nähere Umgebung zu erkunden.

Die beiden bahnten sich mit den Macheten einen Weg durchs dichte Gestrüpp. Sie waren darauf gefasst, auf die Leiche ihres Freundes zu stoßen, aber sie fanden keine Spur von Karl.

Nach einer halben Stunde waren sie am Ende ihrer Kräfte.

»Lass uns umkehren«, stöhnte Matthias, »wir finden ihn nicht!«

Günther nickte. Er warf einen Blick auf die Felsen vor ihnen, und nahm eine Bewegung wahr. Im gleichen Moment riss er das Gewehr von der Schulter und zielte auf die Stelle. Am Eingang einer kleinen Felshöhle saß ein Mann. Günther kniff die Augen zusammen, um in der hellen Sonne das Ziel besser erkennen zu können. Der Mann saß auf einem Stein und bewegte seinen Oberkörper vor und zurück. Auf den zweiten Blick erkannte Günther, dass der Mann die Uniform der Legion trug. »Das ist Karl!«

Matthias rannte los und erklomm auf allen vieren den steinigen Abhang. Günther folgte ihm.

»Karl!« Schwer atmend stellten sich Matthias und Günther vor ihn. »Karl. Was ist passiert? Erkennst du uns nicht?«

Karl machte nicht den Eindruck, als ob er seine Freunde wahrnehmen würde. Sein Blick war leer und ausdruckslos. Er bewegte seinen Oberkörper rhythmisch vor und zurück, als ob er auf einer Schaukel sitzen würde. Die Fliegen und Moskitos, die ihn belagerten, schienen ihn nicht zu stören.

Er war offenbar äußerlich unverletzt. Seine Uniform war schmutzig und verschwitzt, aber Günther sah nirgendwo Blut.

Matthias hielt Karl die Feldflasche hin, aber er nahm sie nicht an. Matthias schraubte den Verschluss auf und hielt ihm die Wasserflasche an den Mund. Das Wasser lief Karl aus den Mundwinkeln.

»Schlucken. Du musst schlucken!«

Karl reagierte nicht auf die Ansprache.

Matthias ließ die Wasserflasche sinken und sah Günther an. »Ich glaube, er hat den Verstand verloren!«

43

Frank saß in einem kleinen, zur Straße offenen Lokal in der Hung Vuong und genoss den vietnamesischen Kaffee. Er war schwarz, stark und schmeckte würzig, ein wenig nach Kakao.

Eine junge Vietnamesin lief vorbei, auf einem Brett hatte sie drei Dutzend Sonnenbrillen an Bändern befestigt, in kleine Plastiktüten verpackte Feuerzeuge, Brieftaschen und Nagelfeilen. Sie nahm den Mundschutz ab, der ihre Atemwege vor Staub und Abgasen schützen sollte, und schenkte ihm ein Lächeln, bevor sie ihre Waren anpries. Frank war nicht interessiert und machte eine bedauernde Geste. Er wiederholte sie, als man ihm Zigaretten und Süßigkeiten anbot, Reiseführer und englischsprachige Bücher, seine Schuhe putzen wollte und ihn zu einem Tauchkurs auf den nahe gelegenen Inseln zu überreden versuchte. Er aß ein Omelette und einen Obstsalat, trank einen frisch gepressten Orangensaft und einen Milchshake und überschlug die Kosten für das opulente Frühstück. Sechzigtausend Dong, ungefähr drei Euro, würden kein großes Loch in seine Reisekasse reißen.

Nach dem Fehlschlag vor dem Frühstück hatte sich Frank vorgenommen, die Sache langsamer anzugehen. Ihm blieb schließlich eine Woche Zeit bis zum Rückflugtermin nach Saigon. Er würde zum Strand gehen, sich die Sonne auf den bleichen Körper scheinen lassen und im Meer baden. Erst am späten Nachmittag würde er mit der Suche beginnen. Er nummerierte auf dem Stadtplan die größten Straßen durch. Wenn er jeden Tag eine Straße schaffte, so vermutete er, konnte er mehr als der Hälfte der Restaurants in der Stadt einen Besuch abstatten. Die Wahrscheinlichkeit, auf Ha Phuongs Restaurant zu stoßen, betrug damit fünfzig Prozent.

Ein Taxi hielt vor dem Café und hupte. Frank schüttelte den Kopf, er benötigte kein Taxi, um die paar Hundert Meter bis zum Strand zu gehen. Dann bemerkte er, dass es Lai war, der ihm zuwinkte. Seine Hilfsbereitschaft in allen Ehren, aber der Mann wurde langsam zur Plage. Dennoch knipste Frank ein Lächeln an, als sich der Taxifahrer zu ihm setzte.

»Gut gefrühstückt?«

»Ja, sehr gut! Soll ich Ihnen einen Kaffee bestellen?«

Lai winkte ab. »Ich muss zum Flughafen, ich bin vorbestellt.«

Frank war erleichtert. Er hatte befürchtet, dass Lai ihn überreden wollte, mit ihm gemeinsam die Suche umgehend fortzusetzen. Nach der ersten Pleite hatte er Lai die Wahrheit erzählt. Lai nahm es ihm nicht übel, dass er ihm eine Lüge aufgetischt hatte. Im Gegenteil. Franks Geschichte hatte den Mann zu Tränen gerührt.

»Ich habe mit der Taxizentrale gesprochen. Sie hat an alle unsere Fahrer weitergegeben, dass eine Ha Phuong aus Saigon gesucht wird, die ein Restaurant betreibt. Wenn einer unserer Fahrer etwas weiß oder erfährt, ruft er mich an.«

Das war eine gute Idee, musste Frank anerkennen und dankte Lai für die Initiative. Sie verabredeten sich für den späten Nachmittag und Lai brach auf, um Geld für sich, seine Frau und die beiden Kinder zu verdienen.

Frank bezahlte und bummelte zum Strand.

44

Oskar Kern folgte Frank. Als er sah, dass Frank sich auf einer der Liegen unter den Strohdächern breitmachte und seinen Obolus für die Benutzung der Matten entrichtete, steuerte er ein Café an. Er bestellte sich etwas zu essen und lehnte sich entspannt zurück.

Kern war sich sicher, dass Frank sein Ziel nicht erreichen würde. In Saigon hatte sich Bergers Sohn nicht dumm angestellt und war schneller zu Ergebnissen gekommen, als er gedacht hatte. Der Mann war eben nicht nur Journalist, sondern auch hoch motiviert. Aber in Nha Trang musste er scheitern.

Bergers Sohn wusste nicht, was Kern wusste. Das Restaurant, in dem Ha Phuong als Köchin arbeitete, trug weder ihren Namen noch war sie als Besitzerin registriert. Es lag außerdem weit entfernt vom Zentrum, direkt am Meer, und wurde hauptsächlich von Einheimischen aufgesucht. Das Restaurant gehörte Ha Phuongs Mann, einem Vietnamesen, der zu DDR-Zeiten Maschinenbau in Dresden studiert hatte. In der Wendezeit verdiente er ein kleines Vermögen mit Zigarettenschmuggel und -verkauf in Berlin. Als sich Anfang der Neunzigerjahre rivalisierende Banden um den wachsenden Markt stritten und es die ersten blutigen Zusammenstöße gab, zog er sich aus dem Geschäft zurück. Er war nach Nha Trang zurückgekehrt und hatte das Restaurant gekauft.

Im Auftrag von Günther Berger fuhr Oskar Kern einmal im Jahr nach Nha Trang, um sich unauffällig vom Wohlergehen dessen Tochter zu überzeugen. Berger und er hatten vereinbart, dass Oskar Kern im Falle von Bergers Tod die notwendigen Informationen an den Bochumer Anwalt Knipping geben sollte. Der Anwalt besaß Kerns Telefonnummer. Er würde ihn kontaktieren und Oskar Kern würde dafür sorgen, dass der letzte Wille seines Freundes in Erfüllung ging. Für Oskar Kern war dies nicht nur ein Freundschaftsdienst. Es war auch der Preis für Günther Bergers Loyalität und Verschwiegenheit. Und die tausend Dollar im Monat deckten weit mehr als Oskar Kerns Spesen.

Die Kellnerin brachte ihm das Frühstück. Oskar Kern aß mit kräftigem Appetit. Er nahm das Fernglas aus seiner Tasche und schaute zum Strand. Frank hatte sich von einer alten Vietnamesin zu einer Massage überreden lassen und lag auf dem Bauch, während knochige Finger seinen Rücken durchkneteten.

Bei seinem letzten Besuch in Bochum hatte Oskar Kern Günther Berger gefragt, warum er nicht mit offenen Karten spielte. Warum nahm er nicht mit seiner Tochter Kontakt auf? Warum sagte er seinem Sohn nicht die Wahrheit? Günther hatte ihn nur angeschaut und Oskar war klar gewesen, dass es für Berger keine Alternative zu dem Versteckspiel gab.

Dass Bergers Sohn durch unglückliche Umstände einen Teil der Wahrheit schon vor dem Tod seines Vaters erfahren hatte, war ärgerlich, aber nicht mehr rückgängig zu machen. Und jetzt war Oskar Kern hier, um sicherzustellen, dass Frank nicht noch mehr herausfinden würde.

Die Kellnerin räumte die Reste der Speisen ab und fragte ihn nach weiteren Wünschen. Oskar Kern schaute auf seine Uhr. Es war erst kurz nach zehn. Normalerweise trank er Alkohol erst nach Sonnenuntergang. Er seufzte und bestellte sich einen Gin Tonic. Irgendwo auf dieser Welt gab es jetzt einen Sonnenuntergang.

45

Sonja Kruse war zufrieden, dass sie dem Tipp in einem Reiseführer gefolgt war und ihr Zimmer im *Majestic* über eine Hotelagentur im Internet gebucht hatte. Für knapp achtzig Dollar, weniger als die Hälfte des offiziellen Preises, bewohnte sie ein Zimmer mit einem breiten Bett und stilgerechten Möbeln. Wenn sie aus dem Fenster schaute, blickte sie in den Innenhof mit exotischen Pflanzen und einem kleinen Pool. Das *Majestic* war eines des ältesten Hotels in der Stadt und strahlte den Charme der Kolonialzeiten aus, obwohl es seit den Neunzigerjahren mehrfach renoviert worden war.

Nachdem sie geduscht und ihre Sachen aus dem Koffer geräumt hatte, fühlte sie sich fit und unternehmungslustig. Der Tag war noch jung. Sie hatte im Flugzeug überraschend gut und lange geschlafen und keineswegs vor, den ersten Tag zu vertrödeln.

Sie klappte den Stadtplan auf und studierte die markierten Sehenswürdigkeiten in ihrer Nähe. Erst auf den zweiten Blick fiel ihr auf, dass die Straße neben dem *Majestic* Dong Khoi hieß. Und in der Dong Khoi wohnte Oskar Kern. Sie kramte den Zettel mit der Hausnummer hervor, nahm einen Schluck aus der Wasserflasche und verließ ihr Zimmer.

Auf der Einkaufsstraße herrschte geschäftiges Treiben, Händler boten den vorbeiflanierenden Touristen Zigaretten oder Zeitungen an, zierliche Vietnamesinnen luden mit Flyern zum Besuch von Beautysalons und Restaurants ein.

Sonja war erst hundert Meter gegangen, aber schon jetzt merkte sie, wie ihre Bluse am Leib klebte. Es war erst kurz nach zehn Uhr, aber die Sonne hatte die Temperatur auf knapp dreißig Grad ansteigen lassen.

Kurz darauf stand sie vor einem dreistöckigen Haus, das im Erdgeschoss einen kleinen Laden mit Keramik und Holzschnitzereien beherbergte. Die Hausnummer stimmte. Sonja blickte sich suchend um, entdeckte aber nirgendwo ein Türschild oder eine Klingel.

Die Verkäuferin witterte eine Kundin und hielt die Tür auf. Sonja hob abwehrend die Hände, ging dann aber doch auf die Vietnamesin zu und erklärte ihr Anliegen.

Der Frau war Oskar Kern wohlbekannt und sie führte Sonja durch eine kleine Gasse an die Seite des Hauses. Sie zeigte auf die obere Etage und hielt Sonja die Tür auf. Die Kommissarin dankte mit einem Lächeln. Sie erklomm die Treppen, bis sie ganz oben angekommen war. Im schmalen Treppenhaus roch es nach Essen. Sonja lief der Schweiß den Rücken hinunter.

Im Flugzeug hatte sie sich eine kleine Geschichte zurechtgelegt, die sie mit Oskar Kern ins Gespräch bringen sollte. Darin war sie eine Golfpartnerin von Günther Berger, der ihr Kerns Adresse gegeben hatte, als er von ihrer Reise nach Saigon erfahren hatte. Sie ging davon aus, dass Kern nicht sofort zum Telefon rennen würde, um ihre Geschichte zu überprüfen. Sie brauchte nur die Chance, DNA-taugliches Material von Kern zu sichern, ein paar Haare von einem Kamm, eine Zahnbürste, ein Taschentuch. Sobald sie so etwas hatte, würde sie mit ihrer Trophäe verschwinden.

Sonja holte tief Luft und klopfte an die Tür.

Sie hörte eine weibliche Stimme, die auf Vietnamesisch antwortete. Kurz darauf wurde die Tür geöffnet und eine zierliche, schlanke Frau, die der Deutschen bis zu den Schultern reichte, blickte Sonja fragend aus schwarzen wachen Augen an.

Hoffentlich spricht sie Englisch, war das Erste, was Sonja Kruse durch den Kopf ging, als sie sich vorstellte. »Ich würde gerne Oskar Kern sprechen!«

Die Kommissarin hatte Glück. Die Frau sprach sehr gut Englisch. Sie hieß Duong und bedauerte, dass Oskar nicht zu Hause sei. Er sei in Nha Trang und sie habe keine Ahnung, wann er wiederkommen würde.

Sonja sah die Aussichten, an DNA-verwertbares Material zu kommen, schwinden.

Die Vietnamesin taxierte Sonja und zeigte einen misstrauischen Zug um die Mundwinkel. Sonja begriff augenblicklich, dass Duong darüber nachdachte, ob sie vielleicht eine Freundin von Kern und damit eine Konkurrentin sein könne. Schnell schob sie deshalb nach, dass sie Oskar nur kurz in Deutschland getroffen habe, sie sei eine Freundin seines Freundes Berger.

Das Lächeln kehrte auf Duongs Gesicht zurück. Mehr noch. Sie ergriff Sonjas Arm und zog sie in die Wohnung. Der Redeschwall der Vietnamesin war nicht zu bremsen. Sie würde Mr Berger nicht persönlich kennen, aber Oskar spreche stets voller Bewunderung von ihm. Erst vor ein paar Tagen sei Oskar aus Deutschland zurückgekommen, eine Reise, die ihm Mr Berger bezahlt habe.

Ehe sie sich versah, saß Sonja Kruse in einem bequemen Sessel, während Duong in die Küche eilte und ein Tablett mit Gläsern und Coca-Cola brachte.

Sonja schätzte die Vietnamesin auf Anfang dreißig, sie hatte ein schönes Gesicht und eine Figur wie aus einer Modezeitschrift. Sie trug ein blaues T-Shirt und Jeans. Ihre nackten Füße steckten in Badelatschen.

»Was macht Oskar in Nha Trang?«, wollte Sonja wissen.

»Er passt auf den Sohn von Mr Berger auf.«

Sonja verkniff sich eine Nachfrage. Sie hatte keine Ahnung

davon gehabt, dass sich Bergers Sohn in Vietnam aufhielt. Ihr wurde plötzlich bewusst, dass sie einen Fehler gemacht hatte, weil sie Frank Berger im Rahmen der Ermittlungen überhaupt keine Beachtung geschenkt hatte. Dabei hatte ihr Heide Rosenbaum erzählt, dass Frank Berger damit begonnen hatte, die Geschichte seines Vaters zu ergründen, nachdem er erfahren hatte, dass es eine Tochter in Vietnam gab.

Duong öffnete die Cola-Flasche, die schäumend überfloss. »Warm!«, rief sie entsetzt. »Ich hole Eis aus dem Laden!« Sie griff zu ihrer Geldbörse und eilte zur Tür.

Sonja drehte sich zu ihr um. »Das muss nicht sein.«

»Doch, doch. Ich bin gleich zurück«, sagte Duong und Sonja hörte wenig später das Klatschen der Badelatschen auf der Treppe.

Mit einem Ruck stand die Kommissarin auf und nahm Kurs auf eine Tür, von der sie glaubte, sie führe ins Badezimmer. Sie landete im Schlafzimmer. Das Bett war frisch bezogen, alles wirkte klinisch sauber. Nichts lag herum, was auf die Anwesenheit eines Mannes schließen ließ.

Es gibt so viele Schlampen, dachte Sonja, warum gerate ich ausgerechnet jetzt an einen Putzteufel?

Auf dem Nachttisch stand ein gerahmtes Foto. Er zeigte Duong zusammen mit einem älteren Mann, der besitzergreifend die Hände um sie gelegt hatte. Der Mann mit dem faltigen, braun gebrannten Gesicht trug einen Schnurrbart. Das musste Oskar Kern sein. Sie prägte sich die Gesichtszüge ein.

Der Kleiderschrank stand gegenüber dem Bett, sie öffnete ihn. Zwei Dutzend Herrenhemden und Herrenhosen hingen gewaschen und gebügelt auf Kleiderbügeln. Ihr Blick fiel auf die Schuhe auf dem Boden des Schrankes. Sollte sie einen Schuh mitnehmen, in der Hoffnung, daran Hautpartikel von Oskar Kern zu finden? Sie hatte nicht mal ihren Rucksack mit, um darin etwas zu verstecken.

Sie öffnete einen Schuhkarton und stutzte. Dort lag eine *Smith & Wesson*, eingewickelt in einen ölgetränkten Lappen. Mit dem Mann war offenbar nicht zu spaßen.

»Hallo?«

Sonja zuckte zusammen. Duong war zurückgekommen und sie es hatte es nicht gehört. Sie schob den Schuhkarton zurück an seinen Platz und schloss den Kleiderschrank. Im gleichen Augenblick stand Duong im Zimmer und schaute sie misstrauisch an. »Was machen Sie hier?«

»Ich war auf der Suche nach der Toilette und bin in Ihr Schlafzimmer geraten. Und da sah ich dieses wundervolle Bettzeug. Das muss ich kaufen. Sagen Sie mir bitte, wo?«

Ein Strahlen legte sich auf Duongs Gesicht. »Das hat meine Mutter entworfen. Sie arbeitet in einem Textilunternehmen.«

»Kompliment. Sagen Sie bitte Ihrer Mutter, dass es toll ist.«

Duong winkte Sonja aus dem Schlafzimmer und führte sie über die Diele zu einer Tür. »Ich schreibe Ihnen die Adresse des Geschäfts auf, wo Sie die Bettbezüge kaufen können.«

Nachdem sie die Tür hinter sich geschlossen hatte, atmete Sonja Kruse erst einmal tief durch. Das war haarscharf. Dann machte sich Enttäuschung auf ihrem Gesicht breit. Sie befand sich in einer Gästetoilette. Hier hatte Oskar Kern keine Spuren hinterlassen. Sie ließ kaltes Wasser über ihre Hände laufen, drückte die Spülung, warf sich einen aufmunternden Blick im Spiegel zu und kehrte ins Wohnzimmer zurück.

Duong war gerade dabei, ihr Handy zu aktivieren. »Ich rufe Oskar an und sage ihm, dass Sie hier sind.«

»Bitte nicht!«, entfuhr es der Kommissarin.

Duong blickte irritiert auf.

»Mein Besuch soll eine Überraschung sein. Ich fahre ohnehin nach Nha Trang. Wenn Sie mir sagen, wie ich ihn dort erreichen kann, wäre das nett. Er wird Augen machen, wenn ich plötzlich vor ihm stehe.«

Sonja spürte, dass das Misstrauen in Duong zurückkehrte. »Ich soll ihm etwas von Mr Berger geben. Persönlich. Ich weiß selbst nicht, was es ist.«

Duong hielt das Handy immer noch in der Hand. Offenbar spielte sie weiter mit dem Gedanken, Oskar Kern anzurufen.

»Wenn ich meinem Mann sage, dass ich in Saigon Bettwäsche kaufen will, denkt er, ich bin verrückt!«

Duong legte das Handy zur Seite. »Sie sind mit Ihrem Mann hier?«

»Ja. Und mit den Kindern. Sabrina ist vierzehn und Marcus ist fünfzehn.«

Zufrieden goss Duong Cola in die mit Eiswürfeln gefüllten Gläser. Dann versorgte sie Sonja mit Einkaufstipps und Restaurantempfehlungen und Sonja revanchierte sich mit Erzählungen aus dem Familienleben mit zwei pubertierenden Kindern. Dabei war es ihr eine große Hilfe, dass sie an verregneten Wintertagen in diverse Daily Soaps gezappt hatte.

Zwanzig Minuten später stand Sonja Kruse wieder auf der Dong Khoi. Ohne eine DNA-Spur von Oskar Kern, aber mit der Adresse des Hotels in Nha Trang, in dem er sich eingemietet hatte. Und mit Duongs Versprechen, sie nicht zu verraten.

46

Da Nang, 24.12.1954

Günther Berger saß vor der Mannschaftsbaracke und wienerte seine Ausgehstiefel. Nach der Weihnachtsfeier war der Einheit, der er angehörte, Ausgang bis zum Wecken erlaubt worden. Günther hatte sich vorgenommen, das Rotlichtviertel in Da Nang unsicher zu machen. Für Schnaps und Huren war genug Geld da. In den letzten Wochen waren die Legionäre nicht dazu gekommen, ihren Sold auszugeben. Fast jede Nacht lagen die Kaserne und die Stellungen der französischen Armee unter Beschuss der Viet Minh, seit Wochen herrschte Ausgangssperre.

Es war eigentlich nicht davon auszugehen, dass es am Heiligen Abend anders sein würde, aber offenbar fürchteten die Offiziere einen Aufstand der Legionäre, wenn man ihnen nicht wenigstens an diesem Abend die Chance geben würde, Dampf abzulassen.

Günther hoffte, dass Karl ihn begleitete. Nach seinem Nervenzusammenbruch beim Einsatz des Spähtrupps hatte Karl tagelang im Lazarett gelegen. Die anfänglichen Befürchtungen, dass er wahnsinnig geworden sei, hatten sich nicht bestätigt. Als er wieder zu sich kam, wusste er von dem Einsatz nichts mehr. Es war, als habe sein Gedächtnis die Erinnerung an das Gemetzel und den Tod seiner Kameraden unwiderruflich gelöscht.

Nun lag Matthias im Lazarett. Er war bei seinem letzten Einsatz von einer Gewehrkugel in der Hüfte getroffen worden. Die Kugel war schnell und unkompliziert entfernt worden, aber Matthias hatte eine Menge Blut verloren, bevor die Sanitäter ihn versorgen konnten. Er war noch zu schwach, um mit den anderen das Weihnachtsessen in der Kantine einzunehmen. Günther hatte vor, Matthias einen Besuch abzustatten. Er hatte lange überlegt, ob er Matthias wegen seiner Homosexualität die Freundschaft kündigen sollte, und sich schließlich dagegen entschieden. Matthias hatte nie körperliche Annäherungsversuche gemacht und es gab keinen Hinweis, dass er es versuchen würde. Außerdem war Matthias sein ältester Freund, der mit ihm den weiten Weg von Bochum nach Vietnam gegangen und auf den stets Verlass gewesen war. Günther hatte den Eindruck, dass Matthias mit Leib und Seele Legionär war. Nie hörte er ein kritisches Wort, es sei denn, die Küchenbullen hatten mal wieder ein ungenießbares Mahl auf den Tisch gebracht. Günther hatte ihn genau beobachtet, als wieder *Carte blanche* befohlen wurde und sie ein Dorf dem Erdboden gleichmachten. Matthias war ein Killer, der offenbar keine Skrupel hatte, sein Bajonett in den Körper seiner wehrlosen Opfer zu rammen. Nicht, dass Günther selbst Bedenken gehabt hätte, den Befehlen nachzukommen. Aber er drängelte sich nicht gerade in die erste Reihe und versuchte möglichst, Frauen und Kindern aus dem Weg zu gehen. Karl ging es ebenso. Er verdrückte sich, wenn es irgendwie möglich war. Und Manfred? In ihrem letzten Gespräch hatte er kein gutes Haar an Strategie und Taktik der französischen Befehlshaber gelassen. Für Manfred war dieser Krieg nicht zu gewinnen. Auf Günthers Frage, warum er dann der Legion nicht den Rücken kehrte, hatte Manfred auf den Kontrakt verwiesen, den er unterschrieben und mit dem er sich fünf Jahre verpflichtet hatte, der Legion zu dienen – es gab keine Ausstiegsklausel. Aber er war sich jetzt schon sicher, dass er sich keinen Tag länger »für die Franzosen zum Schlachtvieh machen« lassen würde.

Günther hörte Schritte und drehte sich um. Karl kam heran und setzte sich neben ihn. »Ich würde viel dafür geben, jetzt in Deutschland zu sein.«

»Warum? Da ist es jetzt kalt und ungemütlich.«

»Aber wir hätten einen Weihnachtsbaum.«

»Und sonst fehlt dir nichts?«

Karl strich über seinen Schnurrbart. »Meine Mutter!«

Günther sah Karl irritiert an. »Hast du vergessen, dass sie zugelassen hat, dass dein Stiefvater dich misshandelt hat?«

»Sie war einfach zu schwach. Hast du nie Heimweh?«

Günther schüttelte den Kopf. »Heimweh habe ich nicht, aber ich verfluche den Tag, an dem ich mich bei der Legion beworben habe. Ich habe mir damals einfach keine Gedanken darüber gemacht, dass ich auch Menschen töten muss. Weißt du, wie viele Vietnamesen ich schon kaltgemacht habe? Dreiundvierzig!«

Karl war erstaunt. »Du zählst mit?«

»Warum tun wir diesen Menschen das an? Die wollen doch alle nur ihren Reis anbauen und mit ihrer Familie in Ruhe gelassen werden!«

»Wegen der Politik. Und Politik ist ein schmutziges Geschäft!«

Die beiden schwiegen einen Moment.

Karl zwirbelte seinen Schnurrbart. »Wenn das hier irgendwann mal vorbei ist, werde ich wiederkommen und mir eine Vietnamesin zur Frau nehmen. Die Frauen sind so schön. Wie die, die dir in Saigon den Kopf verdreht hat. Wie hieß sie noch?«

Günther machte eine wegwerfende Handbewegung. »Habe ich vergessen. Können wir nicht über was anderes reden?«

Karl nickte. »Hast du schon gehört? Heute soll es für jeden ein halbes Hähnchen und eine Extraration Wein geben.«

»Und der Kompaniechef tritt als Weihnachtsmann auf und verteilt Geschenke.«

Karl Lukowski schüttelte den Kopf. »Heute bin ich der Weihnachtsmann!« Er griff in die Innentasche seiner Jacke und reichte Günther einen Brief. »Ich war gerade auf der Poststelle. Der Brief ist für dich.«

Günther nahm den Brief entgegen und schaute auf den Absender. Seine Mutter hatte ihm geschrieben. Er riss den Briefumschlag auf. Das Erste, das ihm in die Hände fiel, war ein Foto, das seine Mutter mit Arbeitskollegen vor einem Transparent mit der Aufschrift *Brigade Rosa Luxemburg* zeigte.

Sie ist alt geworden, dachte Günther und überflog die Zeilen. Seine Mutter schrieb ihm, dass es ihr besser gehe. Sie habe Arbeit in einem Textilkombinat gefunden. Sie würde immer noch zwei Zimmer untervermieten und die zusätzlichen Einkünfte ermöglichten ihr einen einwöchigen Urlaub in Warnemünde. Dort habe sie einen Mann kennengelernt. Er sei Metallfacharbeiter und lebe in Chemnitz, in der Stadt, die seit dem 10. Mai 1953 Karl-Marx-Stadt hieße. Ansonsten sei es sehr kalt in Deutschland.

Die letzten Zeilen drückten die Sorgen einer Mutter aus: Ob er genug zu essen bekäme, ob seine Freunde und Kameraden nett seien und wann er wohlbehalten zurückkommen werde.

Karl schaute Günther fragend an. »Irgendwas Neues?«

Günther schüttelte den Kopf. »Das Übliche.« Er bemerkte, dass Karl noch einen Brief in der Hand hielt. »Hast du auch einen bekommen?«

»Nein, der ist für Manfred.«

»Von seiner Schwester?«

»Nein.«

»Zeig mal her.« Günther nahm Karl den Brief aus der Hand und schaute wie elektrisiert auf den Absender: *Mai Linh, Saigon.*

»Ich werde ihn Manfred geben«, sagte er langsam. »Ich wollte ihm sowieso noch frohe Weihnachten wünschen.«

Karl war offenbar nicht ganz wohl bei der Sache und streckte fordernd die Hand nach dem Brief aus.

Günther nahm Karls Geste nicht zur Kenntnis und stand auf. »Wir sehen uns dann nachher!« Er griff seine Ausgehstiefel und ging zurück in die Baracke.

Kaum konnte er es abwarten, den Brief zu lesen.

47

Lai empfing Frank vor dem Hotel mit einem breiten Grinsen. Frank hatte nicht damit gerechnet, dass er seinen aufdringlichen, neuen Freund so bald wiedersehen würde. Helmut, der Hotelbesitzer, hatte ihm das *Crazy Kim* für einen Absacker empfohlen. Frank wollte ein paar Drinks nehmen und sich dann mit einem Buch auf sein Hotelzimmer verziehen.

»Ich habe sie gefunden!«

Frank schaute Lai skeptisch an. »Das haben Sie schon einmal gesagt.«

»Die Schwester eines Kollegen arbeitet mit ihr zusammen in der Küche. Ich habe mit ihr telefoniert. Sie ist es, ganz sicher.«

»Die Ha Phuong, die ich suche, soll ein eigenes Restaurant besitzen.«

Lai winkte ab. »Es gehört ihrem Mann. Er spricht Deutsch.«

»Ein Deutscher?«

Lai öffnete die Beifahrertür seines Taxis. »Nein, er hat in Ostdeutschland studiert. Aber das kannst du sie alles selbst fragen.«

Sie fuhren die Tran Phu, die Straße am Meer, entlang nach Norden, vorbei am neuen *Sheraton* und anderen in den Zeiten des Tourismusbooms entstandenen Hotelburgen. Sie ließen den Hafen links liegen, die Chua Long Son Pagode mit ihrem vierzehn Meter hohen, sitzenden Buddha und rollten über die Brücke stadtauswärts. Hunderte waren mit ihren Motorrädern unterwegs, auf dem Weg von der Arbeit nach Hause oder, um sich in einem der zahlreichen, einfachen Fischrestaurants am Meer zum Abendessen zu treffen.

Frank versuchte, sich seine Nervosität nicht anmerken zu lassen, als sie den Parkplatz eines Restaurants erreichten, dessen weitläufige Terrasse auf Säulen im Meer stand. Es roch nach Meer, Seetang und gegrilltem Fisch.

Das Restaurant war gut besucht, die Tische quollen über von Platten mit Muscheln, Langusten, gegrillten Fischen, Reis und Gemüse. Neben den Füßen der Gäste stapelten sich Bierdosen und Flaschen in Kartons, gezählt und abgerechnet wurde zum Schluss.

Frank folgte dem Taxifahrer durch die Tischreihen zu einer jungen Kellnerin, die gerade eine Rechnung vorbereitete und deren zierliche Hände einen Taschenrechner traktierten.

Lai sprach mit ihr und wandte sich dann an Frank. »Ha Phuong kommt an unseren Tisch, sobald sie etwas Zeit hat. Ihr Mann ist leider nicht hier. Er hat in Hanoi zu tun.«

Frank war mehr als skeptisch. Lai bestellte zwei Bier, die sie schweigend tranken.

Nach zehn Minuten trat eine Frau an ihren Tisch. Sie trug eine weiße Schürze. Für eine Vietnamesin war sie recht hochgewachsen. Sie hatte ihr langes schwarzes Haar zu einem Zopf gebunden. Ihr Gesicht war glatt, nur um ihre dunklen Augen lagen Falten, die sternförmig von den Augenwinkeln abgingen. Ihre Haut war nicht heller als die anderer Vietnamesen. Sie musterte Frank neugierig, während Lai dessen Anliegen vortrug, und verzog keine Miene, als Frank ihr ein Foto seines Vaters gab. Sie betrachtete das Foto aufmerksam und reichte es Frank zurück.

Lai redete ununterbrochen auf sie ein. Frank versuchte, in ihrem Gesicht abzulesen, ob er an der richtigen Adresse war. Die Frau zeigte zunächst keinerlei Reaktion. Dann füllten sich ihre Augen innerhalb von Sekunden mit Tränen. Ha Phuong wandte sich ab und ließ die beiden Männer sitzen, ohne ein Wort gesagt zu haben.

Frank sah Lai überrascht an. »Was bedeutet das?«

Lai zuckte mit den Achseln. »Wir zeigen unsere Gefühle nicht vor Fremden. Ha Phuong wird zurückkommen. Wir müssen Geduld haben.«

Während Lai neues Bier bestellte, fixierte Frank die Tür zur Küche, aber Ha Phuong ließ sich nicht blicken.

Nach einer halben Stunde verlor Frank die Geduld. »Lassen Sie uns fahren. Wir sind hier falsch.«

Lai schüttelte den Kopf. »Wir warten.«

»Auf was?«

»Auf eine Antwort!«

Frank zerdrückte eine Bierdose und warf sie zu den sechs anderen in den Karton zu ihren Füßen. »Okay. Noch zehn Minuten!«

Er wurde auf eine junge Frau aufmerksam, die mit einer Kellnerin sprach, und ihnen dann einen Blick zuwarf. Sie hatte ein hübsches Gesicht mit wachen schwarzen Augen. Ihr Haar war schulterlang, sie trug Jeans und eine weiße Bluse. Sie nahm Kurs auf ihren Tisch und schenkte Frank ein Lächeln.

»Guten Abend«, sagte sie auf Deutsch. »Ich bin Kim, die Tochter von Ha Phuong. Sie müssen mein Onkel sein.«

Frank hielt den Atem an.

48

Günther Berger saß in seinem Arbeitszimmer und machte sich Notizen für seine Rede, als das Telefon klingelte.

»Berger!« Er hörte ein Rauschen, dann eine verzerrte Stimme. »Hier ist Oskar. Es gibt ein Problem.«

Günther Berger legte den Kugelschreiber zur Seite. »Was für ein Problem?«

»Er hat sie gefunden.«

Günther Berger schloss die Augen und atmete tief ein.

»Bist du noch dran?«

»Wie konnte das passieren?«

»Dein Junge ist cleverer, als ich gedacht habe. Außerdem hat er Glück gehabt. Ich konnte nichts machen.«

Auf der Stirn von Günther Berger bildeten sich erste Schweißtropfen. »Hat er mit ihr geredet?«

»Ich bin ihm ins Restaurant gefolgt. Er spricht gerade mit deiner Enkelin, aber über kurz oder lang wird er auch mit ihr sprechen.«

»Das musst du verhindern!« Günther Berger hörte ein trockenes Lachen in der Leitung.

»Wie soll ich denn das anstellen?«

Günther Berger wurde laut. »Das ist mir egal. Tu was!« Er legte den Hörer auf. Seine Hand zitterte, als er ein Taschentuch aus der Schublade nahm und sich den Schweiß von der Stirn wischte.

Ihm war klar, dass er einen Fehler gemacht hatte. Von Anfang an. Hätte er nicht so schroff auf die Fragen seines Sohnes reagiert, hätte er nicht dessen Trotz provoziert. Er hätte ihm vorschlagen sollen, gemeinsam mit ihm nach Nha Trang zu reisen und seine Tochter zu suchen. So wäre Zeit gewonnen worden. Es hätten sich immer wieder Gründe finden können, die Reise hinauszuschieben. In der Zwischenzeit hätte Oskar für Lösungen sorgen können, welcher Art auch immer.

Berger hatte sich selbst unter Druck gesetzt, weil die Verleihung des Bundesverdienstkreuzes kurz bevorstand. Er wollte nicht, dass auf die öffentliche und verdiente Ehrung ein Schatten fiel.

Fünfzig Jahre hatte er es geschafft, die Zeit bei der Fremdenlegion in seiner Biografie zu verschweigen. Am Anfang hießen die Gründe Scham und ein schlechtes Gewissen. Dann kam die Angst vor seinem Schwiegervater dazu, der sowohl Kriegsgegner als auch Franzosenhasser war, weil er in Kriegsgefangenschaft einen Arm verloren hatte. Er hätte niemals einen ehemaligen Söldner im Dienste der Franzosen zu seinem Nachfolger bestimmt. Als schließlich Anfang der Siebzigerjahre die Firma in Bergers Besitz überging, entrüstete sich die deutsche Öffentlichkeit über den brutalen Krieg der Amerikaner in Vietnam, da war es nicht schicklich zu erwähnen, dass man zwanzig Jahre zuvor in der Uniform der Legion das Gleiche gemacht hatte. Danach hatte er tatsächlich kaum noch über die damalige Zeit nachgedacht, es gab zu viel in der Firma zu tun. Dann kamen die Briefe von Manfreds Schwester Anfang der Achtzigerjahre, die er ungeöffnet ließ, weil er wusste, dass sie ihm nur schlaflose Nächte bereiten würden.

Wann also hätte er sich outen sollen?

Nein, er hatte nicht anders handeln können. Günther Berger nahm den Kugelschreiber auf und schrieb: *Ich gehöre einer Generation an, die den Krieg als Kind erlebt hat. Ich habe es der Gnade der späten Geburt zu verdanken – um unseren Altkanzler Helmut Kohl zu zitieren –, dass ich nicht selbst am Krieg und an Kriegshandlungen beteiligt gewesen bin …*

49

Dien Bien Phu, 02.03.1954

Fluchend warf Günther Berger sein Gewehr in den Staub.
Zum dritten Mal hintereinander hatte es Ladehemmungen.
Der Lauf war heiß geworden, der Bolzen offenbar verzogen.

Er schaute sich um. Zwei Meter hinter ihm lag der Serbe,
der sonst in der Baracke über ihm schlief. In seiner Stirn
klaffte ein tiefes dunkelrotes Loch. Der Tote hatte alle viere
von sich gestreckt, seine Augen starrten in den Sternenhimmel.

Günther kroch zu ihm und nahm die Waffe des Serben an
sich. Der war nicht dazu gekommen, einen einzigen Schuss
abzugeben, ein Scharfschütze der Viet Minh hatte ihn ins
Jenseits befördert, noch ehe er seinen Kameraden Guten
Abend sagen konnte.

Vor drei Tagen waren Günther, Matthias, Manfred und
Karl von einer Transportmaschine im französischen Stützpunkt Dien Bien Phu abgesetzt worden.

Der französische General Navarre hatte sich den Ort nahe
der laotischen Grenze ausgesucht, um eine Entscheidungs-
schlacht mit der Viet Minh herbeizuführen. Nach Jahren des
Guerillakampfes sollten die vietnamesischen Truppen in eine
offene Feldschlacht gezwungen werden. Außerdem wollte
man die Zusammenarbeit der Viet Minh mit der laotischen
Befreiungsbewegung Pathet Lao unterbinden.

Dien Bien Phu lag in einer sechzehn Kilometer langen und
acht Kilometer breiten Talmulde, umgeben von hohen Bergen. Der Ausbau zu einer Festung, in der fast zwanzigtau-

send Soldaten Platz haben sollten, hatte am 20. November 1953 mit der Landung von neuntausend Fallschirmjägern begonnen. Zug um Zug wurden verschiedene Stützpunkte, Vorposten und Verteidigungsanlagen errichtet.

Angriffe vonseiten der Viet Minh gab es nur vereinzelt. Die Zurückhaltung schien den Franzosen recht zu geben, der Gegner war offenbar nicht in der Lage, schwere Artillerie durch das unwegsame Gelände auf den Bergen rings um das Tal in Stellung zu bringen.

Am 13. März 1954 wurden die Franzosen eines Besseren belehrt. Die Vietnamesen begannen am Morgen ihren Angriff durch Artilleriefeuer, beschädigten die wichtigste Landebahn und vernichteten einen großen Teil der Vorräte an Waffen und Munition.

Das Bataillon der Fremdenlegion, dem Günther Berger, Matthias Birchel, Manfred Rosenbaum und Karl Lukowski angehörten, lag auf dem nordöstlichen Stützpunkt *Beatrice*. Der Außenposten auf der Anhöhe Him Lam hatte die Aufgabe, die Straße nach Osten abzusichern. Sechs Stunden nach Beginn der Kampfhandlungen waren bereits dreihundert Legionäre getötet worden.

Das Artilleriefeuer der Vietnamesen verstummte. Nach dem Inferno herrschte plötzlich Totenstille. Selbst die Tierwelt war in Deckung gegangen. Kein Zirpen der Grillen, keine Rufe der Affen, es schien, als hielte der Dschungel den Atem an.

Günther Berger kroch zurück in seine Stellung und überprüfte das Gewehr des Serben. Es war in Ordnung. Er merkte, dass seine Hand zitterte – das war ihm schon einmal passiert. Und er spürte noch ein anderes, bisher unbekanntes Gefühl: Angst. Im Unterricht hatte man ihnen beigebracht, dass Furcht die große Schwester der Vorsicht war.

Furcht durfte man haben. Furcht bewirkte, dass man hellwach und umsichtig war. Angst dagegen war lähmend – Angst ist der Verbündete des Feindes.

Bisher war Günther die Angst nie begegnet. Selbst im Kampf Mann gegen Mann hatte er sich nie geängstigt, er war sicher, dass er unsterblich war. Auch wenn neben ihm Kameraden qualvoll starben, hatte er keine Angst gehabt. Es war nicht sein Leben, das zu Ende ging. Die Kameraden hatten einfach Pech gehabt, im Gegensatz zu ihm. Und nun war sie da, die Angst vor dem Tod, sie hatte sich an ihn herangeschlichen und Besitz von seinem Denken ergriffen. »Du wirst hier sterben, Günther Berger«, flüsterte sie ihm ein. »Du kommst nie mehr nach Hause. Du wirst deine Mutter nie wiedersehen.« Tränen traten ihm in die Augen, sein Körper wurde von einem Weinkrampf geschüttelt.

Neben ihm tauchten Matthias, Manfred und Karl auf. Sie wirkten erschöpft und müde. Karl legte seine Hand auf Günthers Schulter. »Was ist los? Bist du getroffen?«

Günther riss sich zusammen und wischte sich mit dem Handrücken die Tränen von der Wange. »Ich habe nur Dreck in die Augen bekommen. Es geht schon wieder.«

Seine Kameraden schauten ihn wissend an, sagten aber nichts.

»Wie sieht es aus?«, fragte Günther.

»Nicht gut.« Manfred wischte sich den Schweiß von der Stirn. »Wir sind eingekesselt. Unser Posten ist nicht zu halten.«

»Und was heißt das?« Karl nestelte eine Zigarette aus seiner Tasche, zündete sie an und rauchte in der hohlen Hand, damit die Glut nicht von einem Scharfschützen in den Bergen gegenüber gesehen werden konnte.

Manfred blickte in die Runde. »Wir müssen versuchen, uns zu einem anderen Stützpunkt durchzuschlagen. Das ist unsere einzige Chance zu überleben.«

»Wir haben noch eine andere«, widersprach Günther.

»Welche?«, fragte Manfred unwirsch zurück.

»Wir können überlaufen.«

Matthias, Manfred und Karl starrten Günther irritiert an. Der hielt ihren Blicken stand. »Der Krieg ist verloren. Früher oder später kriegen die Vietnamesen uns sowieso. Bevor ich hier elendig verrecke, laufe ich über.«

Karl zertrat wütend die Zigarette. »Und dann schießt du auf uns. Bist du total durchgedreht?«

»Ihr könnt ja mitkommen!«

Matthias lachte trocken auf. »Ich habe keine Lust, bei den Schlitzaugen zu leben. Ich traue keinem von denen über den Weg.«

»Ich weiß, warum Günther abhauen will«, grinste Karl. »Er will nach Saigon. Wie hieß noch die süße Maus, die du angehimmelt hast?«

»Mai Linh«, antwortete Manfred an Günthers Stelle.

»Moment mal«, sagte Karl. »Bringe ich da etwas durcheinander?« Er wandte sich an Manfred. »Du bekommst doch Post von einer Mai Linh. Sagt nicht, dass das die gleiche ist!«

Manfred und Günther vermieden den Blickkontakt. Karl schlug sich theatralisch mit der flachen Hand an die Stirn. »Mensch, Günther! Und ich mache dich noch zum Postillon d'amour.« Karl wollte sich ausschütten vor Lachen, bis ihn Manfred anstieß. »Wann war das?«

»Wann das war? Kurz vor Weihnachten?«

Manfred fixierte Günther. »Du hast mir Weihnachten keinen Brief gegeben.«

Günthers Mund wurde trocken. Er zuckte mit den Achseln. »Ich kann mich nicht mehr erinnern.«

In diesem Moment schlug eine Kugel einen Meter von ihnen entfernt in einem Baum ein. Die vier Legionäre warfen sich zu Boden.

»Es ist jetzt nicht der richtige Zeitpunkt, sich über Frauen zu streiten«, knurrte Matthias und lud sein Gewehr durch.

Manfred lag neben Günther im Staub. »Wir sind noch nicht fertig miteinander«, flüsterte Manfred.

Günther hatte daran keine Zweifel.

50

Frank war von seiner Nichte entzückt. Kim war nicht nur schön, sondern auch witzig, charmant und klug. Ihr Vater war als wohlhabender Mann aus Deutschland zurückgekehrt und hatte dafür gesorgt, dass Kim, die bei ihrer Mutter in Nha Trang geblieben war, nach ihrer Schulausbildung Fremdsprachen studierte. Kim hatte sich für Deutsch und Französisch entschieden und nach Abschluss des Studiums einen gut bezahlten Job in einem Übersetzerbüro bekommen.

Sie war einunddreißig Jahre alt, ledig und lebte in Hanoi. Zurzeit verbrachte sie ihre Ferien bei ihren Eltern in Nha Trang. Erst vor ein paar Jahren hatte sie erfahren, dass Ha Phuongs Vater Deutscher war. Mai Linh hatte es ihrer Tochter kurz vor ihrem Tod erzählt. Kim wollte alles über den deutschen Zweig ihrer Familie wissen und Frank gab ausführlich Auskunft.

Lai hatte an einem Nachbartisch Freunde entdeckt und die beiden allein gelassen.

Hin und wieder schielte Frank zur Küchentür, aber seine Halbschwester ließ sich nicht mehr blicken.

»Du musst ihr ein wenig Zeit lassen. Als sie mich vorhin anrief, war sie ganz außer sich. Sie hat nie im Leben damit gerechnet, dass ihr Vater noch lebt und eines Tages hier ein Deutscher auftaucht, der ihr jüngerer Bruder ist.«

Plötzlich öffnete sich die Tür und Ha Phuong trat heraus. Sie hatte sich umgezogen, trug eine weiße Hose und eine blaue Bluse. Sie legte ihrer Tochter die Hand auf den Arm und deutete Frank an, der sich zur Begrüßung erhoben hatte, sich wieder zu setzen. Ihre Stimme war hell, aber kraftvoll.

»Meine Mutter möchte sich entschuldigen, dass sie vorhin den Eindruck erweckt hat, unhöflich zu sein«, übersetzte Kim. »Aber sie sei sehr verwirrt gewesen. Zuerst wollte sie es nicht glauben. Aber dann hat sie in deine Augen geschaut und gewusst, dass du die Wahrheit sagst.«

Ha Phuong lächelte.

Frank stand nun doch auf und umarmte sie. Sie ließ es geschehen und legte ihre Hände auf seine Schultern.

In diesem Moment klingelte Kims Handy. Mit einem entschuldigenden Blick zog sie es aus der Tasche ihrer Jeans und nahm das Gespräch an. Was sie hörte, schien nichts Gutes zu sein, denn sie sah erschrocken aus. Das Gespräch war nur kurz. Ha Phuong schaute ihre Tochter fragend an. Kim antwortete knapp und Ha Phuong lief in die Küche.

»Das war ein Nachbar. In unser Haus wurde eingebrochen. Die Polizei ist schon auf dem Weg.«

Ha Phuong kehrte mit ihrer Handtasche zurück.

»Es tut uns leid, dass wir jetzt gehen müssen. Meine Mutter schlägt vor, dass du morgen Mittag zu uns zum Essen kommst. Wir haben uns so viel zu erzählen.« Kim schrieb eine Adresse und ihre Telefonnummer auf einen Zettel. »Unser Haus liegt am Fluss, etwas außerhalb der Stadt. Lass dich von Lai hinbringen.«

Frank winkte den beiden Frauen nach, die sich auf ein Motorrad schwangen und wegfuhren. Kurz darauf brachen er und Lai ebenfalls auf.

Vor dem Hotel wollte Frank Lai ein saftiges Trinkgeld geben, der jedoch lehnte jegliche Bezahlung ab. Er sei glücklich, dass er dazu habe beitragen können, dass sich Bruder und Schwester gefunden hatten. Geld dafür zu nehmen, würde böse Geister heraufbeschwören.

Sie verabredeten sich für den nächsten Tag und ein glücklicher Frank stieg die drei Treppen zu seinem Hotelzimmer hoch. Doch auf dem Flur vor seiner Tür erwartete ihn ein kreidebleicher Hotelbesitzer. Die Tür zu Franks Zimmer stand auf und Frank erkannte Männer in lindgrünen Uniformen, die seine Reisetasche auf dem Bett leerten.

»Was ist denn hier los?«

Helmut schüttelte hilflos den Kopf. »Diese Männer stürmten vor fünf Minuten ins Hotel und wollten zu Ihnen. Ich habe ihnen gesagt, dass Sie nicht hier sind. Sie wollten Ihr Zimmer sehen. Was sollte ich machen?«

Einer der Uniformierten, der drei Sterne auf seiner Schulterklappe trug und offenbar den Einsatz leitete, bemerkte Frank und bellte eine Anordnung.

Zwei Uniformierte rannten auf den Flur und zerrten den Deutschen ins Zimmer. Der Einsatzleiter schnauzte wild gestikulierend herum.

Frank verstand kein Wort. »What do you want?«

Der Mann zog sich Handschuhe über und wühlte in der schmutzigen Wäsche, die Frank im Koffer aufbewahrte. Mit spitzen Fingern zog er einen kleinen, bunt gemusterten Stoffbeutel hervor, den Frank nie zuvor gesehen hatte. Der Uniformierte schüttelte den Inhalt aus dem Beutels. Zum Vorschein kam ein zigarettenschachtelgroßes Etwas, das in Alufolie eingewickelt war. Unter den neugierigen Blicken seiner Leute entfernte der Einsatzleiter die Folie und roch an der gelblich-braunen Paste.

Frank wandte sich an Helmut, der in der Tür stand und sehr unglücklich wirkte. »Was immer es ist, es gehört mir nicht. Sagen Sie es denen.«

Der Einsatzleiter wirkte zufrieden und lächelte. Ihm fehlte der rechte, vordere Schneidezahn.

Ehe Frank sich versah, waren seine Hände mit Handschellen gefesselt. »Verdammt, was ist hier los?«

»Das ist Opium!«, sagte Helmut.

51

Sonja Kruse saß im *Little Italy* und genoss die Abendstimmung auf der Straße. Sie hatte den Flug um sechzehn Uhr nach Nha Trang genommen. Knapp zwei Stunden später hatte ein Taxifahrer sie vor dem Hotel abgesetzt, in dem auch Oskar Kern eingecheckt hatte. Sie bezog ein geräumiges Zimmer in einem der oberen Stockwerke mit Blick auf das Meer.

Nachdem sie ausgepackt hatte, erkundigte sie sich, ob Mr Kern auf seinem Zimmer sei. Die Rezeptionistin verneinte. Außerdem brachte Sonja in Erfahrung, dass ein Frank Berger nicht in diesem Hotel wohnte.

Es war bereits dunkel geworden, als sie vor das Haus trat und zu einem Spaziergang durch die belebten Straßen aufbrach. Nach einer halben Stunde taten ihr die Füße weh und sie betrat eines der kleinen Restaurants in der Hung Vuong, um ein Bier zu trinken.

Der Besitzer Mai, so entnahm sie einem Schreiben, das in einem Rahmen an der Wand hing, war einst Koch im *Saigon* in Hamburg gewesen. Der deutsche Eigentümer des Hamburger Lokals lobte Mai für seine Kochkünste.

Rucksacktouristen und auffallend viele Mädchen im Doppelpack zogen an ihrem Tisch auf dem Bürgersteig vorbei, Amerikanerinnen, Däninnen, Australierinnen. Es hatte sich herumgesprochen, dass Vietnam eines der sichersten Länder der Welt war. Frauen wurden hier nicht angemacht und im Gegensatz zu islamischen Ländern auch nicht angegafft.

Zwei junge Engländerinnen schlenderten an der Kommissarin vorbei. Die hochgewachsene Blonde trug einen Stretchrock, der ihren Bauch und die Speckrolle darüber unvorteilhaft betonte, die andere, die einen Kopf kleiner war, hatte eine Art Nachthemd an, durchsichtig, rosa und mit Stofffröschen am Ärmel. Sonja schüttelte innerlich den Kopf. Auch in den billigsten Gästehäusern musste es doch Spiegel geben.

Aus der Nebenstraße näherte sich ein Polizeiwagen und wollte in die Hung Vuong einbiegen. Der Wagen musste kurz anhalten, weil ein Cyclofahrer nicht schnell genug Platz machte.

Sonja erkannte auf dem Rücksitz einen Mann mittleren Alters – offensichtlich ein Ausländer –, dessen Hände vor der Brust mit Handschellen gefesselt waren. Ihre Blicke trafen sich kurz. Der Mann sah verzweifelt aus. Dann hatte das Fahrradtaxi die Straße freigegeben und der Polizeiwagen brauste davon.

Sonja trank ihr Bier aus. Eine bleierne Müdigkeit überkam sie. Sie war jetzt sechsunddreißig Stunden unterwegs, ihr Körper schrie nach Schlaf. Sie zahlte und schleppte sich die zweihundert Meter bis zu ihrem Hotel, unterließ es aber, sich nach Oskar Kern zu erkundigen. In ihrem jetzigen Zustand war sie nicht fit genug, um dem Mann die richtigen Fragen zu stellen. Sie war sogar zu müde, um sich die Zähne zu putzen. Auf dem Weg zu ihrem Bett ließ sie die Kleidungsstücke einfach zu Boden fallen. Sie kuschelte sich unter die dünne Decke und schloss die Augen. Was gab es Schöneres als ein bequemes Bett, dachte sie und schlief ein.

52

Dien Bien Phu, 08.03.1954

Es war tiefe Nacht, als sie das Lager verließen. Sie waren vierzehn handverlesene Männer unter der Führung eines Sergents und folgten einem Flusslauf nach Norden.

Um sie herum tönten die fremden Stimmen des Dschungels, kreischende Affen, schreiende Vögel, flirrende Insekten. Sie rutschten von einem Deich in ein Reisfeld. Schlamm saugte an ihren Knöcheln, das Vorwärtskommen wurde beschwerlich.

Nach einem einstündigen Fußmarsch machten sie eine kurze Rast, befreiten ihre Schuhe vom gröbsten Dreck und stillten ihren Durst. Sie unterhielten sich flüsternd. Rauchen war verboten, damit die Glut der Zigaretten sie nicht verriet. Dann setzten sie ihren Marsch am Rande der Reisfelder fort, bis der Pfad in einen Feldweg mündete.

Ihr Ziel war ein kleines Dorf, fünf Kilometer von ihrem Lager entfernt. In einer der Unterkünfte sollte sich ein hohes Tier der Viet Minh aufhalten, ein sechzig Jahre alter General. Sie wussten sogar, in welcher Ecke des Raums er schlief und sollten ihn lautlos ausschalten

Günther lief der Schweiß in Bächen den Rücken herunter, der Gurt des Gewehrs drückte an seiner Schulter. Sie hatten nur leichtes Kampfgepäck mitgenommen, weil sie vor Sonnenaufgang zurück sein wollten. Wasserflasche, etwas Kommissbrot, Verbandszeug, Munition.

Vor ihm marschierte Manfred, hinter ihm liefen Karl und Matthias. Der Vollmond spiegelte sich im Wasser der Reisfelder. Aber wenn Günther den Blick zum Himmel richtete, sah er nur den Schwarm Moskitos, der sie begleitete und den Mond verdunkelte. Obwohl sie sich im Lager mit einer übel riechenden Pampe eingerieben hatten, die die Quälgeister vertreiben sollte, waren Günthers Handrücken und sein Nacken mit Moskitostichen übersät. Die Einstiche juckten nicht mehr, sie schmerzten.

Manfred hob seinen Arm. Die kleine Gruppe blieb stehen. Die beiden Legionäre, die als Vorhut rund hundert Meter vorausgegangen waren, kamen zurück und erstatteten dem Sergent Meldung.

Kurz darauf winkte der Sergent Manfred zu sich heran. Als Caporal hatte Manfred in diesem Trupp den zweithöchsten Dienstgrad. Die beiden tuschelten miteinander, dann ging Manfred zu Günther zurück.

»Was ist los?« Günther wischte sich den Schweiß von der Stirn.

»Wir sind kurz vor unserem Ziel. Die schlechte Nachricht: Es gibt zwei Wachen. Die gute Nachricht: Sie schlafen. Du wirst die beiden ausschalten.«

»Ich? Wieso denn ich?« Günther starrte Manfred fassungslos an.

»Wieso du nicht?«, fragte Manfred trocken zurück. »Nimm den Serben mit, der ist gut im Nahkampf.«

»Mensch, Manfred! Das ist ein Himmelfahrtskommando. Eine falsche Bewegung, ein knackender Ast und die machen mich alle!«

Manfreds Gesicht verhärtete sich. »Schluss jetzt mit dem Gerede. Du hast zwei Minuten, um dich mit dem Serben zu verständigen, dann zieht ihr los. Viel Erfolg!« Er wandte sich demonstrativ ab.

Günther ging zu einem hochgewachsenen Mann, dessen Stirn eine Narbe zierte. Der Serbe zeigte keine Regung als

Günther ihm den Auftrag erklärte, und übergab seinen Rucksack einem anderen Legionär.

Manfred gab das Zeichen zum Aufbruch die beiden. Die anderen blieben zurück und setzten sich an den Rand des Reisfeldes.

Nach nur hundertfünfzig Metern waren Günther und der Serbe am Ziel. Im Lichte des Mondes erkannten sie zwei Hängematten, die zwischen Palmen gespannt waren. Sie waren keine zehn Meter mehr vom Wachposten entfernt. Die beiden Vietnamesen hatten es sich bequem gemacht, einer der beiden hatte beide Beine über die Matte gelegt, sodass sie herunterhingen. Der andere lag auf der Seite und schnarchte. Ihre Gewehre befanden sich griffbereit unter den Matten.

Der Serbe wies auf die erste Hängematte. Die Legionäre stiegen vorsichtig über jede Wurzel und jeden heruntergefallenen Ast, vermieden jedes verräterische Knacken. Der Schnarcher drehte sich auf den Rücken und schnorchelte unschuldig weiter vor sich hin.

Das laute Kreischen eines Vogels ließ Günther zusammenzucken. Er schaute auf den Serben, der lautlos mit den Fingern zählte: Eins, zwei, drei.

Mit einer blitzschnellen Bewegung, die sie während der Ausbildung gelernt hatten, drückte der Serbe seine Hand auf Nase und Mund des Schlafenden, während Günther dessen Arme ergriff und festhielt.

Der Vietnamese riss die Augen auf und wollte sich zur Wehr setzen, aber Günther ließ nicht locker. Der Körper des Vietnamesen bäumte sich auf und Günther blieb nichts anderes übrig, als sich mit seinem ganzen Körpergewicht auf den Mann zu stützen. Er hoffte, dass die Hängematte die Last aushielt. Irgendwann erlosch der Widerstand, der Körper des Mannes erschlaffte. Der Serbe zeigte sich unbeeindruckt.

Als Günther ihm zunickte, nahm er die Hand vom Mund des erstickten Vietnamesen. Der zweite Wachposten starb den gleichen Tod.

Günther schickte den Serben zurück, um die Wartenden zu informieren, und durchwühlte die Kleidung der beiden Toten. Sie hatten weder Papiere noch Geld bei sich. In einer Jackentasche fand er ein vergilbtes Foto. Es zeigte den Vietnamesen im Kreise seiner Familie. Günther steckte es zurück und setzte sich ins Gras. Warum hatte Manfred ausgerechnet ihn ausgesucht?

Das Verhältnis zwischen ihm und Manfred hatte sich in den letzten Tagen weiter drastisch verschlechtert. Früher hatte der Nichtraucher Manfred seine tägliche Zigarettenration an Günther weitergereicht, jetzt verschenkte er sie wahllos an andere Kameraden. Sonst hatten sie sich fast allabendlich zum Kartenspielen getroffen, seit einer Woche hatte Manfred angeblich keine Zeit.

Günther war sich sicher, dass dies mit den Briefen von Mai Linh zusammenhing.

Der Trupp kam heran. Günther erhob sich aus dem Gras und suchte den Blickkontakt mit Manfred. Der nickte ihm zu, enthielt sich aber jeglichen Kommentars.

Karl reichte Günther Sturmgepäck und Gewehr. Die Legionäre setzten ihren Marsch fort, bis zum Dorf waren es nur noch ein paar Hundert Meter. Dort rührte sich nichts. Sie hatten Glück, dass es keine Hunde gab, die anschlugen. Nur ein paar Schweine grunzten in ihrem Stall.

Manfred gab Günther und Karl eine Zeichnung. Darauf waren die sechs Baracken des Dorfes eingezeichnet. Ein Kreuz markierte das eigentliche Ziel. Auf einer anderen Zeichnung war die Hütte von innen skizziert. Die Feuerstelle, die Vorratsecke und die vier Schlafgelegenheiten. Wieder markierte ein Kreuz das Ziel.

Günther und Karl übergaben ihr Gepäck und ihre Gewehre an Matthias, behielten nur ihre Pistolen und die Messer.

Eine Wolke schob sich vor den Mond und Manfred gab den Befehl zum Start. Günther und Karl kletterten auf allen vieren die kleine Holztreppe zur Holzbaracke hinauf. Durch die Gewichtsverteilung war die Gefahr gemindert, dass die Balken unter der Last knarrten.

Es war stockdunkel in der Hütte. Günther und Karl krochen zwischen den Bastmatten entlang, auf denen die Vietnamesen schliefen. Körper rührten sich im Schlaf. Jemand stockte, atmete laut und schlief dann weiter.

Sie robbten bis zur Bastmatte in der Ecke des Raums vor. Karl zog sein Messer aus der Scheide, man hörte den Stahl über das Leder gleiten. Günther drückte dem Schlafenden die Hand auf den Mund und Karl stieß ihm das Messer direkt in die Brust. Günthers Hand rutschte ab und das Opfer ließ ein leises Stöhnen hören, bevor es starb.

Im gleichen Augenblick war die Wolke vorbeigezogen und das Mondlicht schien durch die Fenster. Günther starrte auf das Gesicht des angeblichen Viet-Minh-Generals. Ihr Opfer war ein Junge, nicht älter als dreizehn oder vierzehn Jahre. Auch Karl bemerkte den Irrtum.

Auf dem Weg zurück zum Ausgang schauten sie in die Gesichter der übrigen Schlafenden, zwei Frauen und ein weiteres Kind. So unbemerkt, wie sie gekommen waren, schlichen sie zurück zu ihren Leuten und berichteten.

Der Sergent war sich sicher, dass sich der General im Lager aufhielt, ein Spitzel hatte ihn gesehen. Der General besuchte seine Familie, um die Geburt einer Enkelin zu feiern. Die beiden Wachen waren der Beweis für seine Anwesenheit. Der Sergent überlegte einen Moment, dann verkündete er seine Entscheidung. In jede Baracke sollten zwei Legionäre eindringen und nach dem General suchen.

Wenn es Gegenwehr geben würde, galt *Carte blanche.*

Manfred wagte einen Einspruch. »Das Dorf liegt an keinem kriegsstrategisch wichtigen Punkt. Warum verschonen wir es nicht?«

Der Sergent zog die Brauen hoch. »Caporal, wollen Sie meine Entscheidung kritisieren? Ich glaube nicht, dass das jetzt der richtige Zeitpunkt ist.«

Manfred nickte und schwieg.

Die Legionäre entsicherten ihre Gewehre und luden ihre Pistolen. In Zweiergruppen näherten sie sich den Baracken. Nach einem Pfiff des Sergents stürmten sie in das Innere.

Günther und Karl enterten die erste Baracke. Durch den Pfiff geweckt, richtete sich ein Schlafender auf und gab einen entsetzten Schrei von sich, als er die Eindringlinge sah. Karl lud sein Gewehr durch und schoss ihm eine Kugel in den Kopf. Auch aus den anderen Baracken hörte man Schreie und Schüsse. Günther richtete sein Gewehr auf den Körper, der auf der Bastmatte direkt neben ihm lag. Eine alte Frau starrte ihn mit großen Augen an. Die anderen in der Hütte waren Kinder. Mittlerweile war im Dorf eine wilde Schießerei im Gange. Befehle vermischten sich mit Schmerzensschreien und Zurufen in verschiedenen Sprachen. Günther und Karl stürmten nach draußen. Zwei Männer versuchten, in den nahen Dschungel zu fliehen. Günther und Karl legten an und trafen ihr Ziel. Kurz darauf war es ruhig im Dorf. Nur das Weinen und Schluchzen von alten Frauen durchbrach die Stille.

Als der Tag anbrach, bahrten sie die Toten auf dem Dorfplatz in einer Reihe auf. Vierzehn Männer, sechs Frauen. Ein paar alte Frauen und Kinder hatten sie verschont. Der Sergent war verärgert, denn der gesuchte General war nicht unter den Opfern. Er gab den Befehl zum Abmarsch. Als Günther sein Kampfgepäck aufnahm, bemerkte er die alte

Frau, die in der ersten Baracke geschlafen hatte. Sie beugte sich über einen der Toten und drückte ihm die Augen zu. Ihre Blicke trafen sich, Günther senkte den Kopf. Der anklagende Ausdruck in den großen, tränenlosen schwarzen Augen dieser Frau würde ihn noch Jahre später in seinen Träumen verfolgen.

53

Frank saß in einem kleinen, fensterlosen Raum. Der Putz bröckelte von den Wänden. Die Glühbirne über der Eisentür tauchte den trostlosen Raum in ein weißes grelles Licht. Ein Ventilator an der Decke blies Frank verbrauchte, stickige Luft ins Gesicht. Zwei Feldbetten und eine stinkende Toilette bildeten die Einrichtung der Zelle. Vor Frank standen eine Schale Reis mit Hähnchenfleisch und eine Wasserflasche.

Nach seiner Verhaftung im Hotel hatten sie ihn in die Polizeistation an der Uferpromenade gebracht, ihm den Pass und sein Portemonnaie abgenommen.

Frank verlangte einen Anwalt und die Benachrichtigung der deutschen Botschaft. Er hatte keine Ahnung, ob irgendjemand Englisch verstand und seiner Bitte entsprechen würde. Die Nacht war der blanke Horror gewesen, mit hartnäckigen Moskitos und trüben Gedanken.

Irgendjemand hatte ihm das Opium untergeschoben. Aber wer und warum? Er kannte in Nha Trang lediglich den Hotelbesitzer Helmut, Lai, Ha Phuong und Kim. Von denen hatte niemand ein Motiv.

Frank nahm einen Schluck aus der Wasserflasche. Angst kroch in ihm hoch. Er könnte hier verrecken, niemand würde ihm helfen. »Was ist denn aus Frank Berger, dem Radiomoderator, geworden?« – »Keine Ahnung. Er ist von einer Reise nach Vietnam nicht zurückgekehrt!«

Frank sprang auf und donnerte mit der Faust gegen die Eisentür. Er schlug so lange dagegen, bis sein Handballen eine bläuliche Färbung annahm. Nichts passierte. Er ließ sich auf seinen Stuhl fallen und wartete.

Eine Stunde später öffnete sich die Zellentür und zwei Männer in der lindgrünen Uniform der Polizei forderten ihn auf mitzukommen. Sie gingen einen schmucklosen, schmutzigen Flur entlang. An der Wand hing ein Porträt von Ho Chi Minh. Auf der Treppe, die in die oberen Etagen führte, begegneten ihnen andere Polizisten und Zivilisten. Alle beäugten Frank neugierig.

Er wurde in einen Büroraum geführt, in dessen Mitte ein wuchtiger Schreibtisch stand. An den Wänden hingen Tatortfotos, Steckbriefe und Statistiken.

Hinter dem Schreibtisch saß ein kräftiger Mann mit harten Gesichtszügen und zornigen Augen, der dem Deutschen auf Anhieb Angst und Respekt einflößte.

Vor dem Polizisten saß ein älterer Herr in einem leichten Sommeranzug. Seine weiße Haut war braun gebrannt. Im Vergleich zu der bulligen Figur des Vietnamesen wirkte der Mann klein und gebrechlich. Er trug einen Schnurrbart. Er erhob sich und streckte Frank die Hand entgegen. »Guten Tag, Herr Berger. Mein Name ist Oskar Kern. Ich komme von der deutschen Botschaft.«

»Gott sei Dank!«, entfuhr es Frank und er schüttelte die Hand, als wollte er dem Mann für eine Lebensrettung danken.

Oskar Kern bot ihm einen Stuhl an und tauschte mit dem Vietnamesen einen Blick. Der stand auf, öffnete seine Schreibtischschublade und nahm eine Packung Zigaretten heraus. Er ließ die Schublade geöffnet und verließ das Zimmer.

»Was immer die Ihnen gesagt haben«, begann Frank. »Ich

bin unschuldig. Ich habe nichts mit Drogen zu tun und keine Ahnung, wie das Opium in mein Zimmer gekommen ist!«

Oskar Kern beschwichtigte ihn mit einer Handbewegung. »Entschuldigen Sie, dass Sie so lange warten mussten. Die Botschaft hat erst heute Morgen von Ihrer Festnahme erfahren. Ich habe das nächste Flugzeug genommen.«

»Hauptsache, Sie sind hier!«

Oskar Kern lehnte sich auf seinem Stuhl zurück. »Ich bin so etwas wie ein Troubleshooter!« Er versuchte ein Lächeln. »Ich bin im Einsatz, wenn Landsleute wie Sie in der Klemme stecken. Glauben Sie mir, ich bin oft unterwegs. Sie sind nicht der Einzige, der wegen eines Drogendelikts eingesperrt wurde. Schnelles Handeln ist nötig. Auf Drogenhandel steht hier die Todesstrafe.«

Frank wurde kreidebleich.

Oskar Kern musterte den Sohn seines Freundes. Er konnte sich vorstellen, wie dem nach der Erwähnung der Todesstrafe zumute war. Doch er hatte keineswegs vor, ihn schnell zu erlösen. Sollte der Junge ruhig noch ein wenig leiden, umso einfacher würde es werden, ihn von seinem Vorschlag zu überzeugen.

Frank ließ den Kopf sinken. »Wer hat mir das Opium untergeschoben und warum?«

Oskar Kern grinste. »Wer wohl? Die Polizei. Genauer gesagt, ein paar Polizisten!«

Frank schaute ihn fragend an.

»Wissen Sie, wie viel ein Polizist verdient? Einhundertfünfzig Dollar, vielleicht zweihundert Dollar. Das ist für vietnamesische Verhältnisse nicht wenig, aber es reicht nicht, um seine Kinder auf die Universität zu schicken oder sich ein schönes Haus zu bauen. Eine kleine Nebeneinnahme ist da nicht schlecht. Der Preis für Ihre Freilassung beträgt eintausend Dollar. Es gibt keine Anzeige und keinen Prozess. Es gibt nicht mal eine Aktennotiz, dass Sie je mit der Polizei zu tun gehabt haben.«

Franks Gesicht bekam wieder Farbe.

»Ihre Freilassung ist allerdings mit ein paar Auflagen verbunden.«

»Was für Auflagen?«

Oskar Kern verschränkte seine Hände vor der Brust. »Die Polizisten, die das eingefädelt haben, wollen sicher sein, dass Sie ihnen nach Ihrer Entlassung keine Schwierigkeiten machen oder sich an höherrangige Stellen wenden. Sie müssen deshalb mit der nächsten Maschine nach Hause fliegen.«

Frank schluckte.

»Außerdem dürfen Sie zu Hause mit niemandem über den Vorfall sprechen. Sowohl die deutsche Botschaft als auch die offiziellen vietnamesischen Stellen werden abstreiten, je mit Ihnen zu tun gehabt zu haben, falls Sie doch auf die Idee kommen, Ihre Geschichte zu erzählen. Haben Sie verstanden?«

Frank nickte.

»Wenn Sie diese Bedingungen erfüllen, sind Sie in wenigen Minuten ein freier Mann. Wenn nicht, dann werden Sie wegen Drogenhandels angeklagt. Die Botschaft wird Sie natürlich unterstützen, aber ich will Ihnen keine Hoffnung machen, dass Sie den Prozess gewinnen. Vielleicht haben Sie Glück und werden zu fünf Jahren Gefängnis verurteilt und nach einem Jahr ausgewiesen. Ein Jahr in einem vietnamesischen Gefängnis ist allerdings kein Kuraufenthalt.«

Frank dachte nicht eine Sekunde nach. »Ich akzeptiere alle Bedingungen.«

Oskar Kern nickte. »Ich habe nichts anderes erwartet.«

Er schaute auf seine Uhr. »Es ist jetzt 12.30 Uhr. Ich habe für 17.30 einen Flug in der Maschine nach Saigon für Sie gebucht. Ihr Weiterflug nach Frankfurt mit Vietnam Airlines geht um 23.30. Ankunft in Frankfurt: morgen früh um 6.30 Uhr.«

Frank nickte anerkennend mit dem Kopf. »Sie haben an alles gedacht!«

»Das muss ich, sonst würde ich meinen Job nicht richtig machen. Die Polizisten wollen die Flugbestätigung sehen. Sind wir uns einig?« Er streckte Frank die Hand entgegen.

Frank schlug ein. »Ich weiß nicht, wie ich Ihnen danken kann, Herr Kern.«

»Ich tue nur meinen Job.«

»Und wie machen wir das mit dem Geld?«

»Das lassen Sie meine Sorge sein.« Oskar Kern zog ein Bündel Fünfzigdollarscheine aus der Innentasche seines Jacketts.

»Wie kann ich es Ihnen zurückzahlen?«

Oskar Kern winkte ab. »Die Tickets bezahlen Sie mit Ihrer Kreditkarte direkt am Flughafen.«

»Und die tausend Dollar?« Frank schaute den Alten fragend an.

»Wenn es Ihnen recht ist, gehen wir gleich zusammen zu einem Geldautomaten und Ihre Kreditkarte erledigt das.«

»Einverstanden!«

Oskar Kern stand auf, umrundete den Schreibtisch und legte das Bündel Dollarnoten in die Schublade. Dann ging er zur Tür und öffnete sie.

Der bullige Kommissar stand auf dem Flur und wollte sich gerade eine neue Zigarette anzünden. Als Oskar Kern ihm zunickte, steckte er die Zigarette wieder in die Schachtel und kehrte zurück in das Büro.

Er setzte sich auf seinen Schreibtischstuhl und ließ die Zigarettenschachtel in die offen stehende Schublade fallen. Dafür nahm er Franks Pass und sein Portemonnaie heraus und legte beides auf den Tisch.

Frank prüfte den Inhalt seiner Geldbörse. Seine Kreditkarten und das Geld befanden sich unangetastet an ihrem Platz.

»Kommen Sie!«, sagte Oskar Kern und öffnete die Tür. Er verabschiedete sich von dem Kommissar und schob Frank auf den Flur.

Frank schaute sich noch einmal um. Im Gesicht des Kommissars war keinerlei Gefühlsregung abzulesen.

Als sie auf die Uferpromenade traten, atmete Frank tief ein. Seine Beine machten schlapp, er musste sich an die Mauer lehnen. Oskar Kern sah ihn abwartend an.

»Es geht gleich wieder!«, sagte Frank.

Am nächsten Geldautomaten beglich Frank seine Schulden. Oskar Kern begleitete ihn bis vor den Eingang des Hotels.

»Kann ich Sie zu einem Drink einladen?«, fragte Frank.

Oskar Kern schüttelte den Kopf. »Jetzt nicht. Vielleicht später. Ich fliege mit der gleichen Maschine wie Sie nach Saigon. Ich werde Sie bis zu Ihrem Abflug nach Frankfurt begleiten, da gibt es sicherlich noch eine Gelegenheit für einen Drink. Sie müssen jetzt packen. Ich habe mir ein Hotelzimmer genommen, weil ich nicht wusste, wie lange die Angelegenheit dauert. Ich hole meine Sachen und komme gleich wieder.« Oskar Kern legte die Hand auf Franks Schulter. »Reden Sie mit niemandem über die Sache. Keine Anrufe! Bleiben Sie auf Ihrem Hotelzimmer und warten Sie auf mich. Wir wollen schließlich beide nicht, dass Sie in letzter Minute noch Schwierigkeiten bekommen.«

Frank nickte.

Oskar Kern schaute ihm nach, bis der Sohn seines Freundes im Hotel verschwunden war. Dann wischte er sich erleichtert den Schweiß von der Stirn und lief zu seinem eigenen Hotel. Ohne die weitreichenden Kontakte von Duongs Verwandtschaft zur Polizei hätte er das gewünschte Ergebnis nicht erzielen können. Er würde sich mit einem großzügigen Geschenk für ihre Unterstützung bedanken und den Betrag auf die Spesenrechnung für Günther Berger setzen.

Die Anstrengungen der letzten vierundzwanzig Stunden waren enorm gewesen, sie zerrten an seinen Kräften. Er freute sich auf seine Wohnung in Saigon und die warme Haut von Duong in seinem Bett. Und auf seinen Anruf bei Günther Berger, der mit zwei Worten beginnen würde: »Auftrag ausgeführt!«

54

Ihr Warten hatte sich gelohnt. Als Oskar Kern die Lobby des Hotels betrat, stellte Sonja Kruse ihre Kaffeetasse ab und nahm Kurs auf ihn. »Guten Tag, Herr Kern!«

Oskar Kern blieb stehen, kniff die Augenbrauen zusammen und schaute sie fragend an. »Entschuldigung. Kennen wir uns?«

»Sie kennen mich nicht, aber ich kenne Sie. Ich komme aus Bochum. Da waren Sie doch erst kürzlich.« Sie wartete auf eine Reaktion, aber Kern blieb stumm. »Sie haben Ihre Kriegskameraden Günther Berger und Matthias Birchel besucht.«

In Kerns Mundwinkel zuckte es leicht. »Wer zum Teufel sind Sie? Was wollen Sie von mir?«

»Ich heiße Sonja Kruse und bin Hauptkommissarin bei der Kripo. Ich habe ein paar Fragen an Sie. Können wir uns vielleicht setzen?«

Kern strich über seinen Schnurrbart. »Ich bin total durchgeschwitzt. Ich muss erst einmal duschen. Geben Sie mir eine Stunde. Wir treffen uns im *Sailing Club*. Die Bar befindet sich direkt am Strand, Sie werden sie nicht verfehlen.«

»Wollen Sie denn gar nicht wissen, was ich Sie fragen will?«

»Das erfahre ich noch früh genug. Jetzt entschuldigen Sie mich bitte.« Er drehte sich um und ging zum Aufzug.

»In einer Stunde in der Bar!«, rief Sonja ihm nach.

Kern drehte sich nicht mehr um, sondern hob die Hände und nickte.

Als sich die Aufzugtür hinter ihm geschlossen hatte, schlenderte Sonja Kruse zurück zur Sitzgarnitur und ihrem verwaisten Kaffee.

Sie lehnte sich im Sessel zurück und wurde von einer inneren Unruhe erfasst, deren Ursache sie sofort zu ergründen versuchte. Sie kannte das Gefühl von zahlreichen Einsätzen. Wann immer dieses merkwürdige Kribbeln in Händen und Füßen einsetzte und ihr Herz anfing zu rasen, hatte sie einen Fehler gemacht.

55

Dien Bien Phu, 28.03.1954

Sie waren dem Tod von der Schaufel gesprungen. Vier Tage hatten Günther Berger, Manfred Rosenbaum, Matthias Birchel und Karl Lukowski gebraucht, um sich bis zum Hauptquartier durchzuschlagen. Sie waren von Mücken zerstochen, hungrig und durstig, aber sie lebten.

Ihr Außenposten auf der Anhöhe Him Lam war noch in der Nacht vom 13. auf den 14. März von den Vietnamesen eingenommen worden. Fünfhundert Legionäre waren tot. Einen Tag später fiel der nördliche Verteidigungsposten

Gabrielle, zwei Tage später auch die Stellung *Anne Marie,* die hauptsächlich mit rekrutierten Thais besetzt gewesen war. Die Thais waren geschlossen zum Feind übergelaufen.

Die französische Luftwaffe bombardierte die vermeintlichen Stellungen der Viet Minh mit Napalm und verlor durch das Flugabwehrfeuer zahlreiche Transport- und Kampfflugzeuge. Das Artilleriefeuer der Vietnamesen auf die Flugplätze ließ die Landung eines französischen Flugzeuges nicht mehr zu. Die Versorgungsgüter für die eingekesselten Soldaten mussten abgeworfen werden, ein großer Teil davon landete in den Händen der Vietnamesen.

Der Kommandeur der französischen Artillerie, Oberst Pieroth, beging Selbstmord, weil er die Situation für ausweglos hielt.

Günther, Manfred, Matthias und Karl waren der Stellung *Dominique* im nordöstlichen Sektor zugeteilt worden. Seit einigen Tagen schwiegen die Waffen. Sowohl die Viet Minh als auch die Franzosen nutzten die Zeit, um Nachschub ins Kampfgebiet zu transportieren.

Günther und Matthias hielten Wache in einem der dreißig Verteidigungsstützpunkte, die um das Hauptquartier errichtet worden waren. Es war später Nachmittag, bald würde die Sonne untergehen, ihre Ablösung und die Moskitos kommen.

Günther suchte mit einem Fernglas die Hügelkette gegenüber nach gegnerischen Soldaten ab. Matthias saß neben ihm und drehte eine Wasserflasche in seinen Händen. »Ob wir hier jemals lebend rauskommen?«

»Du kannst Fragen stellen!«

Matthias reichte seinem Freund die Flasche. »Weißt du noch, wie wir uns gefreut haben, als wir dieses Drecksloch in Algerien endlich verlassen durften und nach Vietnam aufgebrochen sind?«

»Zu früh gefreut!«

Matthias nickte. »Ich träume immer öfter vom Bauernhof meiner Eltern. Wovon träumst du?«

Günther reichte Matthias die Flasche zurück. »Von meiner Kindheit in Quedlinburg. Ich war in einer Bande und wir hatten unser Hauptquartier in einer ausgebrannten Fabrik. Dort haben wir Kartoffeln und Rüben versteckt, die wir beim Bauern geklaut hatten. Auf dem Schwarzmarkt haben wir die dann gegen Süßigkeiten und Zigaretten getauscht.«

»Nie erwischt worden?«

»Doch. Aber nicht vom Bauern, sondern von meiner Mutter. Als ich meine erste Zigarette rauchte.«

Matthias grinste. »Sie hat dich verprügelt?«

»Nein. Als sie sah, dass mir schlecht wurde, hat sie mich in den Arm genommen und mich ausgelacht. Alle haben zugesehen. Das war schlimmer als Prügel.«

Plötzlich ertönte ein lautes Knistern und Knarren, das die beiden Legionäre zusammenzucken ließ. Genauso hörte es sich an, wenn ein Baum gefällt wurde und langsam zu Boden krachte.

Günther und Matthias schauten sich um. Sie konnten in den Wipfeln der Bäume um sie herum keine Veränderung ausmachen.

Dann hörten sie eine scheppernde Stimme, ohne Zweifel von einer Frau. Und sie sang.

Vor der Kaserne,
Vor dem großen Tor,
Stand eine Laterne
Und steht sie noch davor.

Günther und Matthias schauten sich. »Hörst du das, was ich höre. Oder habe ich Fieber?«

»Du hast kein Fieber!«

Sie standen bewegungslos da und hörten Marlene Dietrich zu.

So woll'n wir uns da wiederseh'n,
Bei der Laterne woll'n wir steh'n,
Wie einst Lili Marleen,
Wie einst Lili Marleen.

Als das Lied verklungen war, knisterte es erneut und die Freunde hörten die Stimme eines Mannes. »Kameraden. Legionäre aus Deutschland, Österreich und der Schweiz. Hier spricht das Nationalkomitee ehemaliger Fremdenlegionäre zur Befreiung Vietnams. Unterstützt nicht länger mit eurem Blut und eurem Leben die Unterdrücker und Kolonialisten. Eure Lage ist aussichtslos. Der Krieg der Franzosen ist verloren. Hunderte eurer Kameraden haben bereits die Seite gewechselt oder sich ergeben. Wir garantieren euch Straffreiheit und ausreichend Verpflegung. Kommt zu uns herüber. Bringt eure Waffen mit. Bis zum Sonnenuntergang werden wir auf niemanden schießen, der mit erhobenen Händen die Seite wechselt. Wartet nicht. Kommt zu uns. Dient nicht länger den falschen Herren.«

Dann herrschte Stille.

Matthias fand als Erster seine Sprache wieder. »Unglaublich! Sie schleppen nicht nur schwere Artillerie über die Berge, sondern auch noch einen Plattenspieler und Lautsprecher.«

Günther hatte andere Gedanken. »Glaubst du, sie halten, was sie versprechen?«

Matthias schaut ihn irritiert an.

Obwohl immer mehr französische Soldaten und Legionäre desertierten, war das Thema zwischen ihnen nicht mehr zur Sprache gekommen.

»Du überlegst doch wohl nicht ernsthaft …« Matthias sprach den Satz nicht zu Ende.

»Ich will nur lebend aus dieser Hölle herauskommen.«

»Deserteure werden erschossen!«

Günther schaute seinen Freund an. »Wirst du mich erschießen, wenn ich jetzt gehe?«

Der Bayer ließ sich Zeit mit der Antwort. »Natürlich nicht. Wenn du gehst, gehe ich auch. Ich habe zusammen mit dir auf der Zeche gearbeitet, ich bin zusammen mit dir in die Fremdenlegion gegangen. Wir haben Algerien überstanden und wir werden auch zusammen diesen verdammten Krieg überstehen. Aber wenn wir überlaufen wollen, dann sollten wir es bald machen.«

Günther nickte. Er war sich allerdings nicht sicher, ob er tatsächlich die Seiten wechseln wollte. Zwar hatte er Verständnis für die Vietnamesen, die für die Unabhängigkeit ihres Landes kämpften, aber darum waren ihm die Schlitzaugen nicht unbedingt sympathisch. Erstens waren sie Kommunisten und zweitens hatten sie viele seiner Kameraden getötet oder schwer verletzt. Auf der anderen Seite war ihm klar, dass dieser Krieg nicht zu gewinnen war. Wenn Dien Bien Phu in die Hände der Viet Minh fiel, und es sah so aus, als wäre das nur eine Frage der Zeit, war die Niederlage nicht mehr abzuwenden.

Und da gab es noch etwas, was dafür sprach, der Legion so schnell wie möglich den Rücken zu kehren: Manfred hatte ihn auf dem Kieker. Sein ehemaliger Freund war unberechenbar, eine Bedrohung für ihn geworden.

Matthias stieß Günther an. »Was ist jetzt?«

Günther holte tief Luft. »Wir gehen!«

»Zu spät«, seufzte Matthias und wies auf zwei Legionäre, die sich ihrer Stellung näherten. »Unsere Ablösung ist da!«

56

Als Frank das Hotel betrat und seinen Schlüssel vom Brett nahm, hörte er aus dem Zimmer hinter der Rezeption die Stimmen von Helmut, Lai und Kim. Er klopfte an den Türrahmen. »Ich bin wieder da!«

Die drei saßen vor einem Fernseher. Kim sprang von ihrem Stuhl auf und umarmte ihn. »Du glaubst nicht, wie froh ich bin, dass du wieder da bist!«

»Kim hat mir erzählt, dass ihr verwandt seid«, sagte Helmut. »Sie kam sofort her, als Lai sie anrief und ihr sagte, dass die Polizei dich mitgenommen hat.«

Kim brannte vor Neugierde. »Nun erzähl!«

Frank zögerte einen Moment lang. Einerseits hatte er Oskar Kern versprochen, mit niemandem über den Vorfall zu reden. Auf der anderen Seite hatte Helmut miterlebt, was am Vorabend passiert war.

»Ich weiß immer noch nicht, was genau vorgefallen ist. Auf jeden Fall haben sie mich vorhin entlassen, ohne dass die Sache noch einmal zur Sprache kam. Allerdings muss ich Vietnam verlassen. Ich fliege bereits um siebzehn Uhr nach Saigon.« Frank schaute zu Kim. Er sah ihr die Enttäuschung an.

»Warum?«

Frank verzog das Gesicht. »Das war der Deal.« Frank berichtete nun doch alles. »Wer weiß, was ohne Herrn Kern aus mir geworden wäre«, beendete er seinen Report.

»Wir hätten dich nicht allein gelassen«, sagte Kim.

Helmut gab Frank ein Glas Wasser. »Irgendjemand hat dir übel mitgespielt und dir das Opium untergejubelt. Da sind wir drei uns einig. Und wir haben herausgefunden, wer es war.«

Frank schaute Helmut verständnislos an.

»Vor ein paar Wochen hat sich im Hotel jemand herumgetrieben, der hier nichts zu suchen hatte. Er passte den Moment ab, als die Rezeption nicht besetzt war. Er konnte nichts stehlen, weil meine Frau rechtzeitig zurückkam und ihn überraschte. Der Mann ist dann geflüchtet.«

»Du glaubst, das war der Mann, der mir das Opium untergeschoben hat?«

»Nein«, meinte Helmut und strich sich über seinen kurz geschnittenen Bart. »Das war nur ein Dieb. Aber wir haben uns eine Videokamera angeschafft, mit der wir seitdem die Rezeption überwachen.«

Helmut führte Frank zum Empfangstresen und zeigte ihm eine Minikamera, die in einem üppigen Strauß Seidenblumen versteckt war. Frank war die Vorrichtung bisher nicht aufgefallen.

»Wenn ich im Büro an meinem Computer sitze, kann ich beobachten, wer das Hotel betritt. Die Aufnahmen werden vierundzwanzig Stunden gespeichert.«

Sie gingen zurück in den Nebenraum, wo Kim und Lai bereits Platz genommen hatten und auf den Fernseher schauten. Helmut startete einen Rekorder.

»Lai und ich haben die Aufnahmen von gestern schon geprüft. Zwischen 20.00 Uhr und 20.10 Uhr war die Rezeption nicht besetzt. Normalerweise ist meine Schwiegermutter um diese Zeit hier, aber auf der Straße gab es einen lautstarken Streit zwischen zwei Männern und sie war zu neugierig, um sitzen zu bleiben. Und in dieser Zeit kam ein Mann herein ...«

Frank schaute gebannt auf den Bildschirm. Ein Mann betrat die Rezeption und ging schnellen Schrittes auf das Schlüsselbrett zu. Kein Vietnamese, sondern ein Europäer. Er trug eine dunkle Hose und ein helles Hemd, aber man konnte ihn nur von hinten sehen. In seiner linken Hand hielt er einen bunt gemusterten Stoffbeutel.

»Das war das Opium drin«, entfuhr es Frank.

Die vier starrten auf den Fernseher. Der Mann verschwand im Treppenhaus. Die Gestalt kam Frank vage bekannt vor. Ein Gedanke schoss ihm durch den Kopf, aber er verwarf ihn wieder. »Man konnte sein Gesicht nicht erkennen!«

»Warte es ab«, meinte Helmut. Er startete den Schnellvorlauf und hielt das Bild an, als der Mann wieder auf die Theke zulief, der Stoffbeutel in seiner Hand war nicht mehr da.

Frank blieb fast das Herz stehen, als er seinen Verdacht bestätigt sah. Er musste sich setzen.

Kim beugte sich zu ihm. »Was ist mit dir?«

»Ich kenne den Typen«, sagte Frank mit leiser Stimme. »Das ist Oskar Kern von der deutschen Botschaft.«

57

Sonja Kruse vertraute ihrem Instinkt. Deshalb hatte sie sich keineswegs zum *Sailing Club* begeben, sondern in einer kleinen Garküche gegenüber der Einfahrt zum Hotel Position bezogen und ließ den Zugang nicht aus den Augen. Sie saß unbequem, aber durch die mobile Küche von der Straße versteckt, immerhin auf einem kleinen Plastikstuhl. Neben ihr löffelten ein paar Bauarbeiter Suppe und warfen ihr interessierte Blicke zu. Offenbar sprachen sie über sie, hin und wieder lachte einer der Arbeiter. Die alte Frau, die routiniert auf mehreren Gasflammen verschiedene Gerichte zubereitete, hatte ein paarmal versucht, die Touristin mit eindeutigen Aufforderungen zum Essen zu bewegen. Sonja lehnte dankend ab, nicht weil sie Angst hatte, sich den Magen zu verderben, sondern weil sie den richtigen Augenblick nicht verpassen wollte.

Es waren fünfundzwanzig Minuten vergangen, als Oskar Kern das Hotel verließ. Er hielt eine Reisetasche in der Hand.

Ich wusste es, ging es Sonja Kruse durch den Kopf. Möglicherweise hatte Kern vor, das Hotel zu wechseln, um ihrem Gespräch zu entgehen.

Was sollte sie tun?

Kern sah sich nach einem Taxi um. Erst vor wenigen Minuten war eines vorgefahren und der Fahrer ausgestiegen, um vor seinem Wagen eine Zigarette zu rauchen. Es war das einzige Taxi weit und breit. Kern rief dem Mann etwas zu, der Fahrer nickte, warf seine Kippe weg, und nahm seinem Kunden die Reisetasche ab.

Als Oskar Kern auf dem Rücksitz Platz genommen hatte, stand Sonja auf. Bevor sie vorhin die Straße überquert hatte, war sie von einem jungen Motorradfahrer angesprochen worden, der sie zu einer Fahrt überreden wollte. Sein Angebot ging von einer Sightseeingtour bis zu einem Transport zu einem Beautysalon. Sie schaute sich nach ihm um. Der junge Mann hockte nur dreißig Meter entfernt auf seinem Motorrad und unterhielt sich angeregt mit einem Kollegen. Sonja formte den Mund zu einem lauten Pfiff. Das hatte sie in der Schule von ihren Mitschülern beigebracht bekommen und nie verlernt. Die Bauarbeiter zuckten zusammen und lachten.

Der Motorradfahrer drehte sich verwundert in ihre Richtung. Sonja winkte ihn heran. Das Taxi rollte gerade aus der Hotelzufahrt und scherte sich in den Verkehr ein. Sonja ging hinter der Garküche in Deckung, aber Oskar Kern hatte keinen Blick für das Leben auf der Straße übrig, sondern telefonierte mit seinem Handy.

»Lady?« Der junge Motorradfahrer sah Sonja erwartungsvoll an.

»Follow this car!«, rief sie und wies auf das Taxi.

Der junge Mann verzog keine Miene und reichte ihr einen
Helm. Sonja setzte sich auf das Motorrad und klammerte
sich an den Fahrer. Der schien Gefallen an einer Verfol-
gungsjagd zu haben und gab Gas.

Hoffentlich überlebe ich das, dachte Sonja, während sie in
einer rasanten Slalomfahrt dem Taxi folgten.

58

Dien Bien Phu, 28.03.1954

Günther richtete das Fernglas auf den Weg, auf dem sich die
beiden Legionäre dem Posten näherten. »Das sind Manfred
und Karl.«

Matthias legte das Gewehr zur Seite. »Wir sollten mit den
beiden über unseren Plan reden.«

»Auf keinen Fall!«, sagte Günther schroff. »Wir können
Manfred nicht trauen.«

»Selbst wenn er nicht mitgehen würde«, meinte Matthias,
»würde er uns doch nicht verraten. Nach dem, was wir alle
zusammen durchgemacht haben.«

»Kein Wort! Hast du mich verstanden?«

Matthias nickte. Schweigend warteten die beiden, bis
Manfred und Karl den Unterstand erreicht hatten.

»Was melden die Buschtrommeln?«, fragte Matthias.

»Es wird ein neuer Stützpunkt im Süden errichtet. Ratet
mal, wie er heißen soll?« Karl drehte sich eine Zigarette.

Günther und Matthias zuckten mit den Achseln.

Karl verriet es ihnen. »Stefan.«

»Ein Männername?«

Karl lachte. »Unserem Festungskommandanten sind die Huren ausgegangen.«

Matthias grinste pflichtschuldig. Es war allgemein bekannt, dass der Kommandant den Stützpunkten Namen seiner wechselnden Frauenbekanntschaften gab. Matthias schaute zu Manfred, der keine Miene verzog. »Was ist los mit dir? Gibt es schlechte Nachrichten?«

Manfred nickte.

»Sag schon«, drängelte Günther. »Haben wir eine Chance, die Scheiße hier zu überleben?«

Manfred schaute Günther an. »Wir schon, du nicht!«

Im Dschungel schrie ein Affe. Die vier Legionäre nahmen keine Kenntnis davon.

Günther ging einen Schritt auf Manfred zu. »Was redest du da?«

Manfred holte tief Luft. »Ich werde dafür sorgen, dass du vor ein Kriegsgericht kommst.«

59

Das Taxi hielt vor Franks Hotel. Oskar Kern wollte aussteigen, aber Frank trat bereits aus dem Eingang und winkte ihm zu.

Der Taxifahrer verstaute das Gepäck im Kofferraum, während Frank sich zu Oskar Kern auf den Rücksitz setzte.

»Sie haben sich an unsere Abmachung gehalten?«, fragte Kern zur Begrüßung.

Frank nickte.

»Kein Wort zu niemandem.«

Der Taxifahrer war Ende fünfzig. Eine Narbe zog sich von seinem linken Mundwinkel bis zum Ohr. Seine Augenbrauen waren dicht und buschig. Er sah nicht gerade vertrauenerweckend aus. Sie fuhren die Schnellstraße in Richtung Flughafen und ließen das *Diamond Bay Resort* links liegen.

Kern wies mit dem Kopf zur exklusiven Hotelanlage. »Hier fanden 2008 die Wahlen zur Miss Universum statt.«

»Wer hat gewonnen?«

Kern machte eine unwissende Geste, dann fiel er in einen leichten Dämmerschlaf.

Frank drehte sich um. Von der kleinen Anhöhe, die sie erreichten, hatte man einen fantastischen Blick auf Nha Trang und die vorgelagerten Inseln.

Als der Fahrer blinkte und von der Schnellstraße in einen holprigen Weg einbog, erwachte Oskar Kern und richtete sich auf. Er klopfte dem Fahrer auf die Schulter. »Wir müssen zum Flughafen. Warum fahren Sie hier ab?«, fragte er auf Vietnamesisch.

»Die Straße ist gesperrt. Schwerer Unfall«, antwortete der Mann, ohne den Blick von der Straße zu nehmen.

Obwohl die Klimaanlage für eine angenehme Temperatur sorgte, brach Frank der Schweiß aus. Er bemühte sich krampfhaft, aus dem Seitenfenster zu schauen.

Der Wagen bretterte mit siebzig Stundenkilometern über einen Feldweg durch die Dünen. Der aufgewirbelte Sand erschwerte die Sicht.

Nach ein paar Hundert Metern nahm der Taxifahrer den Fuß vom Gas. Sie waren an ein paar abgelegenen Häusern angelangt. Hühner stoben auseinander, ein paar Schweine grunzten am Wegrand. Das Taxi stoppte vor einem der Häuser.

Oskar Kern stieß Frank an. »Eine Falle. Er will uns ausrauben!«

Der ehemalige Legionär griff in seine Jackentasche und förderte ein Klappmesser zutage. Doch ehe er es aufschnappen lassen konnte, drehte sich der Taxifahrer in einer blitzschnellen Bewegung um und schlug seinem Fahrgast mit der Faust ins Gesicht. Kern schrie vor Überraschung und Schmerz auf. Blut schoss aus seiner Nase.

Das Messer rutschte zwischen die Sitze. Kern wollte danach greifen, aber Frank war schneller und warf es vor den Beifahrersitz.

Die hintere Wagentür wurde aufgerissen. Zwei kräftige Hände ergriffen Oskar Kern und beförderten ihn nach draußen.

Frank schaute in den Rückspiegel. Der Taxifahrer lachte ihn an. Dann wurde die Tür an Franks Seite geöffnet. Er sah zunächst einen Mundschutz und erst dann die strahlenden Augen von Kim. »Alles okay?«

Frank nickte. Er stieg aus und schaute über das Wagendach zur anderen Seite.

Lai fesselte mit geübten Griffen die Hände von Oskar Kern auf dessen Rücken. Kerns Gesicht war blutverschmiert.

»Frank. Darf ich dir meinen Schwager Thang vorstellen«, sagte Lai. »Er ist der schlechteste Taxifahrer in Nha Trang!«

Thang war zwar der englischen Sprache nicht mächtig, aber er schien zu ahnen, dass sein Schwager einen Scherz auf seine Kosten gemacht hatte, und lachte.

Erst jetzt dämmerte es Oskar Kern, dass er nicht Opfer eines Raubüberfalls geworden war. Er glotzte Frank fassungslos an. »Was soll das?«

Frank hielt seinem Blick stand. »Das frage ich Sie. Ich glaube, Sie haben mir einiges zu erklären!«

Oskar Kern stieß wütend einen Fluch aus.

Thang versetzte ihm eine schallende Ohrfeige.

Frank schluckte. »Ich habe mich erkundigt. Für die deutsche Botschaft arbeitet kein Oskar Kern. In wessen Auftrag sind Sie hinter mir her?«

Oskar Kern grinste, trotz des Schmerzes, den er empfand. »Glauben Sie mir, es ist besser für Sie, wenn ich es Ihnen nicht sage.«

Nun wurde Frank wütend. Kern hatte ihm Opium untergeschoben, eintausend Dollar abgeknöpft und aus dem Land verjagen wollen.

Kim wechselte ein paar Worte mit ihren Landsleuten. Lai und sein Schwager nickten, schnappten sich Kern und schleiften ihn ins Haus.

Frank wollte ihnen folgen, aber Kim hielt ihn am Ärmel fest. »Lass sie zuerst mit ihm reden!«

Frank schaute sie verwundert an, wollte etwas sagen, schloss dann aber den Mund. Kim machte nicht den Eindruck, als ob sie darüber mit ihm diskutieren wollte.

60

Sonja Kruse stand hinter einer Palme und beobachtete das Geschehen vor dem Haus. Sie hatte ihren Fahrer gebeten, auf sie zu warten. Der junge Mann hatte sich achselzuckend Kopfhörer aufgesetzt und sich mit seinem iPod unter einen Baum gelegt.

Sonja war mehr als irritiert gewesen, als das Taxi in eine Nebenstraße der Hung Vuong eingebogen war und ein Mann dazustieg. Es war derselbe, den sie in der Nacht zuvor in einem Polizeiwagen gesehen hatte, der Ausländer mit den Handschellen vor der Brust.

Heute hatte sie ihn genauer betrachten können. Es handelte sich zweifellos um Frank Berger. Er ähnelte seinem Vater. Außerdem hatte Kerns Freundin in Saigon berichtet, dass sich Kern um Bergers Sohn kümmern wolle. Dass auch er einen Koffer bei sich hatte, ließ die Vermutung aufkommen, dass Kern keineswegs vorhatte, nur das Hotel zu wechseln. Als das Taxi die Ausfallstraße Richtung Flughafen nahm, hatte Sonja leise vor sich hin geflucht. Aber sie war nicht bereit gewesen, die Verfolgung abzubrechen. Sie würde Kern auf dem Flughafen zur Rede stellen und notfalls für den DNA-Test ein paar Haare aus seinem Schnurrbart rupfen.

Der Motorradfahrer hatte Mühe gehabt, dem Taxi auf der Schnellstraße zu folgen. Als das Taxi abbog, war sie erleichtert gewesen. Dann wurde sie Zeugin, wie zwei Vietnamesen Kern gewaltsam in ein Haus verschleppten und Frank Berger und eine junge Vietnamesin unruhig davor auf und ab gingen.

Was zum Teufel war hier los?

Die Kommissarin hatte zwei Möglichkeiten. Sie konnte zu Frank Berger gehen, sich vorstellen und um Aufklärung bitten. Oder sie konnte abwarten und beobachten, was weiter geschah. Sonja entschied sich, ihren Posten vorerst nicht zu verlassen.

61

Kim reichte Frank eine Wasserflasche. Er lehnte dankend ab. »Was machen die da drinnen mit ihm?«

»Sie reden mit ihm. Er spricht Vietnamesisch.«

»Aber sie wissen doch gar nicht, was ich erfahren will.«

»Sie wollen herausfinden, wer er wirklich ist. Anschließend kannst du ihm deine Fragen stellen.«

Frank spitzte die Ohren. Er hörte keine Geräusche aus dem Haus. »Warum machen die beiden das für mich?«

Kim wich seinem Blick aus.

»Kim! Sag mir bitte die Wahrheit!«

Kim starrte zu Boden. »Thang hat seine Mutter im französischen Krieg verloren. Die Franzosen haben das Dorf zerstört, sein Vater hat nur überlebt, weil er bei der Reisernte war.«

Frank rannte zur Tür, ehe Kim ihn festhalten konnte. Das Haus schien unbewohnt sein. In der Mitte des Raums lag ein umgefallener Tisch mit drei Beinen, in der Ecke eine verschlissene Matratze. Durch zentimetergroße Ritzen in der Wand fiel Licht auf den staubigen Boden. Aus dem Nebenzimmer hörte Frank ein unterdrücktes Stöhnen.

Oskar Kern saß gefesselt auf einem Stuhl. Er hatte einen Knebel im Mund. Seine Augen waren weit aufgerissen, sein Gesicht vor Schmerz verzerrt, das Hemd klebte an seinem schweißnassen Oberkörper. Aus der Nase tropfte Blut auf seinen Schoß.

Thang stand vor ihm. Er hielt ein Messer in der Hand und skizzierte vom Augenwinkel bis zum Mund eine Schnittwunde in die Wange des entsetzten alten Mannes.

»Stopp!«, rief Frank.

Thang schaute zu seinem Schwager. Lai nickte und wandte sich an Frank. »Ich glaube, er wird jetzt reden!«

Lai nahm Kern den Knebel aus dem Mund. Kern atmete schwer.

Frank schob Thang zur Seite und trat dicht an Kern heran. »Warum haben Sie mir das Opium untergeschoben?«

»Damit Sie nach Hause fahren.«

»Warum?«

Oskar Kern ließ sich Zeit mit der Antwort.

Im Hintergrund flüsterte Kim mit Lai und Thang, offenbar übersetzte sie ihnen das Gespräch.

»Fragen Sie doch Ihren Vater.«

Frank verstand die Antwort, aber irgendetwas in seinem Inneren weigerte sich, sie zu begreifen. Er schaute Oskar Kern irritiert an. »Was hat mein Vater mit Ihnen zu schaffen?«

»Wir waren beide in der Legion. Ich sollte verhindern, dass Sie zu Ihrer Halbschwester Kontakt aufnehmen.«

Franks Knie wurden weich. Er erinnerte sich an das letzte Gespräch mit seinem Vater im Krankenhaus. Damals hatte der ihm verboten, nach seiner Schwester zu suchen. Er hatte sich den Widerstand seines Vaters damit erklärt, dass ihm das Thema unangenehm und lästig war. Jetzt beschlich Frank das Gefühl, dass er dabei war, eine Seite seines Vaters kennenzulernen, die ihm Angst machen würde.

Noch war Zeit, dem Spuk ein Ende zu setzen. Sie konnten diesen unwirtlichen Ort inmitten der Dünen verlassen und nach Nha Trang zurückkehren. Sie konnten Oskar Kern einen Tritt in den Arsch geben und die Sache vergessen. Frank konnte mit Ha Phuong, Kim und der Familie ein paar schöne Tage verleben.

Während ihm das alles durch den Kopf ging, formulierten seine Lippen ein anderes Wort. »Warum?«

62

Dien Bien Phu, 28.03.1954

Matthias und Karl schauten Manfred fassungslos an. Günther Berger kaute an seiner Unterlippe.

Matthias erholte sich als Erster von der Überraschung. »Manfred!«, sagte er. »Günther wollte nicht desertieren. Wir kriegen doch alle mal einen Koller.«

Manfred ließ Günther nicht aus den Augen. »Darum geht es nicht.«

»Worum denn dann?«, fragte Karl.

Manfred holte Luft. »Er hat Mai Linh vergewaltigt. Die Tochter des Besitzers von unserem Hotel in Saigon. Ihr erinnert euch an Mai Linh?«

Günther senkte den Blick.

Matthias schüttelte den Kopf. »Selbst wenn. Warum machst du deshalb so einen Aufstand? Sie ist eine Vietnamesin. Von denen werden jeden Tag Hunderte vergewaltigt. Es ist Krieg!«

»Es ist gegen das Gesetz. Vergewaltiger kommen vor ein Gericht.«

Karl legte Manfred die Hand auf die Schulter. »Es ist viele Monate her. Wieso kommst du jetzt mit der Sache?«

Manfred streifte die Hand ab. »Weil ich es erst seit heute weiß. Ich habe einen Brief von Mai Linh erhalten.«

Matthias Birchel lachte trocken auf. »Wahrscheinlich hat sie sich von irgendeinem Kerl schwängern lassen und will jetzt Günther abkassieren.« Er drehte sich zu Günther um, der bisher geschwiegen hatte. »Vielleicht sagst du auch mal was?«

Günther Berger schoss das Blut in den Kopf. Ein Vorfall aus Da Nang fiel ihm ein. Ein Caporal musste sich vor einem Militärgericht verantworten, weil er eine Vietnamesin geschlagen und vergewaltigt hatte. Der Fall war bekannt geworden, weil sich die Frau an einen französischen Korrespondenten gewandt hatte. Die Armee hatte sich genötigt gesehen, ein Exempel zu statuieren. Der Caporal wurde zu einer Gefängnisstrafe verurteilt, mit anschließender Entlassung aus der Legion.

»Ich habe sie nicht vergewaltigt«, dementierte Günther nun. »Ich hatte nichts mit ihr, ich fand sie nur nett.« Er schluckte. In schlaflosen Nächten verfolgte ihn das Bild der letzten Nacht in Saigon. Wie er in ihr Zimmer gegangen war, wie er versucht hatte, sie zu küssen. Wie sie ihn abwehrte und schreien wollte. Wie er ihr den Mund zuhielt und sich auf sie wälzte. Den traurigen Blick in ihren Augen.

Matthias wandte sich an Manfred. »Na siehst du, es steht Aussage gegen Aussage. Wer wird schon einer Vietnamesin glauben?«

»Sie hat einen unumstößlichen Beweis!« Manfred blickte in die Runde. »Sie hat ein Kind von ihm bekommen.«

»Und wenn es nicht stimmt?«

»Es gibt mittlerweile Blutuntersuchungen, mit denen man herausfinden kann, wer der Vater eines Kindes ist. Außerdem glaube ich ihr.«

Günther hatte das Gefühl, als würde ihm der Boden unter den Füßen weggezogen. Aber das Schwindelgefühl wich schnell einer unbändigen Wut. Wut auf Manfred. Günther hatte den Brief, den Mai Linh Manfred zu Weihnachten geschrieben hatte, mühsam mithilfe eines Wörterbuches entziffert und er konnte sich vorstellen, was in den Briefen stand, die Manfred ihr schrieb.

Günther erinnerte sich an die Demütigung, die er empfunden hatte, als sie seinen Antrag abwies. Ihm fiel das Himmelfahrtskommando ein, auf das ihn Manfred geschickt hatte. Manfred hatte seinen Tod schon lange gewollt, das wurde ihm nun klar. Vielleicht wusste er aus Mai Linhs Briefen schon von viel länger der Vergewaltigung.

Er würde nie mehr vor Manfreds Rache sicher sein. Wenn das Gericht ihn freisprechen würde, könnte er seinem ehemaligen Freund nicht den Rücken zudrehen. Es gab nur eine Lösung.

Günther entsicherte sein Gewehr, legte auf Manfred an und schoss ihm ins Herz.

Das Ganze ging so schnell, dass weder Matthias noch Karl irgendeine Reaktion zeigten.

Günther beugte sich über Manfred Rosenbaum, fühlte seinen Puls und schloss dem Toten die Augen.

Erst jetzt lösten sich Matthias und Karl aus ihrer Erstarrung.

Matthias schaute abwechselnd auf den Toten und auf Günther. »Bist du wahnsinnig?«

Günther Berger musterte seine beiden Freunde. Er stellte das Gewehr zur Seite. »Karl. Du besorgst eine Schaufel. Wir werden ihn am Rande des Feldes begraben. Matthias und ich werden ihn dort hinschaffen. Wir werden Meldung machen, dass Manfred Rosenbaum möglicherweise desertiert ist.«

Die beiden rührten sich nicht von der Stelle.

»Los jetzt!« Günther lud sein Gewehr durch. »Ich kann auch dafür sorgen, dass es keine Zeugen gibt!«

»Beruhige dich«, sagte Karl und kroch in den Unterstand, um eine Schaufel zu suchen.

Günther durchsuchte die Taschen des Toten, nahm zwei Briefe heraus und steckte sie ein. »Fass mit an!«

Matthias Birchel schüttelte den Kopf. »Ich kann das nicht.«

Günther trat dicht vor Matthias. »Willst du, dass ich jedem erzähle, dass du ein Homo bist?«

Matthias öffnete den Mund vor Überraschung.

»Ich habe dich mit Karel gesehen, als ihr es getrieben habt.«

Matthias senkte den Blick.

Günther stieß ihn zu den Füßen der Leiche. Gemeinsam zerrten sie den Toten an den Rand des Reisfeldes.

»Warum können wir ihn nicht einfach hier liegen lassen?«, fragte Matthias und wischte sich den Schweiß aus dem Nacken. »Wir sagen, die Schlitzaugen hätten ihn erschossen.«

»Das ist zu riskant«, knurrte Günther. »Wenn ihn sich jemand genau anschaut, sieht er sofort, dass er aus nächster Nähe erschossen wurde. Was sollen wir dann sagen? Dass uns die Schlitzaugen überrannt haben und wir es nicht gemerkt haben?«

Günther schaute zurück zur Stellung. Wo blieb Karl? In einer halben Stunde wurde es dunkel. Sie konnten unmöglich in der Dunkelheit ein Grab graben. Wenn sie Lampen benutzen würden, wären sie ein willkommenes Ziel für die vietnamesischen Scharfschützen in den Bergen. »Warte hier!«

Günther eilte zurück zum Posten und kroch in den Unterstand. Er fand Karl in einer Ecke. Er zitterte am ganzen Körper. »Was ist los mit dir?«

Karl Lukowski liefen Tränen über die Wangen. »Manfred war unser Freund. Wir sind durch dick und dünn gegangen. Und du knallst ihn einfach ab.«

Günther ging in die Hocke und legte Karl die Hände auf die Schulter. »Er war kein Freund. Er war ein Verräter.«

»Aber …«

»Kein aber.« Günther zerrte Karl hoch. »Als du den Sergent abgestochen hast, war ich für dich da. Jetzt wirst du mir helfen! Nimm endlich die Schaufel und komme mit!« Günther Berger drückte Karl die Schaufel in die Hand und schob ihn zum Ausgang.

Ein Gefühl tiefer Zufriedenheit überkam ihn. Er hatte richtig gehandelt, dass er sein Wissen um die Geheimnisse der beiden für sich behalten hatte. Er hatte sie in der Hand. Die beiden würden ihn nicht verraten. Niemals.

63

Oskar Kern trank einen Schluck aus der Wasserflasche, die ihm Kim hinhielt. Er fixierte Frank. »Jetzt wissen Sie die Wahrheit. Kann ich nun gehen?«

Frank hatte Kerns Schilderung von der Ermordung Manfred Rosenbaums schweigend und mit wachsendem Entsetzen zugehört. »Ich glaube Ihnen kein Wort. Mein Vater ist kein Mörder.«

»Na gut, dann glauben Sie mir eben nicht.«

Frank schaute zu Kim. Sie hatte das Gespräch mit unbewegter Miene verfolgt. Frank spürte, wie angespannt sie war. »Es tut mir leid, dass ich dich da mit hineingezogen habe«, sagte er. »Ich hatte keine Ahnung.«

»Es ist auch ein Teil meiner Familiengeschichte«, antwortete Kim.

Frank fühlte sich müde und ausgelaugt. Er brauchte Zeit zum Nachdenken. Sein Vater sollte ein Vergewaltiger und Mörder sein? Die Geschichte war so haarsträubend, dass sie unmöglich wahr sein konnte. Auf der anderen Seite machte Oskar Kern nicht den Eindruck, als besitze er genug Fantasie, sich so etwas aus den Fingern zu saugen.

Hinter ihnen knarrten die Holzdielen. Frank drehte sich um. In der Tür stand eine blonde Frau und hob beschwichtigend ihre Hände, als Thang das Messer aus seiner Tasche zog.

»Mein Name ist Sonja Kruse. Ich bin Kriminalkommissarin aus Bochum. Ich habe alles mit angehört. Ich muss eine Frage an Herrn Kern stellen.« Ohne eine Antwort abzuwarten, ging sie auf Oskar Kern zu.

Frank starrte die Frau perplex an, unternahm aber nichts, um sie aufzuhalten. Thang und Lai schauten fragend zu Kim, die ihnen zu verstehen gab, dass sie sich raushalten sollten.

»Herr Lukowski beziehungsweise Herr Kern, haben Sie Matthias Birchel im Hospiz in Wattenscheid mit einem Kissen erstickt?«

Oskar Kern sah Sonja aus müden Augen an und nickte.

»War das ein Ja?«

»Ja!«

»Haben Sie im Auftrag von Günther Berger gehandelt?«

»Nein!«

»Das glaube ich Ihnen nicht. Für Sie stand nichts auf dem Spiel, wenn Matthias Birchel Frau Rosenbaum berichtet hätte, wie ihr Bruder zu Tode gekommen war. Für Günther Berger sah das anders aus. Mord verjährt nicht.«

Oskar Kern schüttelte den Kopf. »Günther hat nichts damit zu tun.«

»Warum sollte ich Ihnen glauben? Er hat Ihre Reise nach Deutschland bezahlt. Er wollte, dass Sie Matthias Birchel zum Schweigen bringen. Herr Berger wollte sich selbst die Hände nicht schmutzig machen.«

»So war es nicht. Er hatte mich zu seiner Geburtstagsfeier eingeladen. Als wir uns am Tag vorher trafen, hat er mir erzählt, dass Matthias Frau Rosenbaum angerufen hat. Das wusste Günther von Matthias selbst. Ich habe versucht, Matthias die Sache auszureden, aber er wollte nicht auf mich hören. Da sind mir die Sicherungen durchgebrannt.«

Sonja Kruse musterte Kern. Sie war sich nicht sicher, ob er ihr die Wahrheit sagte. Allerdings hatte er vor wenigen Minuten Günther Berger in der anderen Sache schwer belastet. Warum sollte er jetzt lügen?

»Aber Sie haben ihm erzählt, dass Sie ihn umgebracht haben!«

»Nein, das habe ich nicht. Das hätte er mir nie verziehen. Matthias war sein Freund.«

Frank bemerkte, dass Lai und sein Schwager langsam ungeduldig wurden. Kim wusste dafür eine Erklärung. »Lai muss Taxi fahren. Wie soll es jetzt weitergehen?«

Frank schüttelte ahnungslos den Kopf. Lai machte den einzigen sinnvollen Vorschlag: »Wir sperren den Mann hier ein. Thang wird ihn bewachen. Dann habt ihr Zeit zu überlegen, was mit ihm passieren soll.«

Frank nickte und schaute fragend zu Sonja Kruse.

Die zuckte mit den Schultern. »Ich bin nicht offiziell hier, sondern im Urlaub. Wenn ich ehrlich bin, dann muss ich Ihnen sagen, dass die Ereignisse mich etwas überfordern. Auch ich brauche Zeit zum Nachdenken.«

Kim und Frank ließen sich von Lai nach Nha Trang zurückbringen. Sie hatten mit der Kommissarin aus Bochum verabredet, sich in ein paar Stunden erneut zu treffen und eine Entscheidung über Kerns Schicksal zu fällen. Sonja Kruse wollte mit ihrer Dienststelle und der deutschen Botschaft telefonieren, um in Erfahrung zu bringen, ob Kerns Geständnis für einen internationalen Haftbefehl ausreichen und die vietnamesische Polizei kooperativ sein würde. Nach seinen Erlebnissen in der vergangenen Nacht hatte Frank da seine Zweifel.

Er wandte sich an Kim, die schweigend aus dem Fenster schaute. »Was sollen wir jetzt machen?«

»Ich weiß es nicht«, seufzte sie, »aber ich werde wohl mit meiner Mutter reden.«

Sie fuhren die Tran Phu entlang und bogen am Hafen in eine Straße ein, die parallel zum Fluss ins Hinterland führte.

Frank nahm keine Notiz von der überwältigenden Landschaft, sondern hing seinen Gedanken nach.

Sie hielten vor einem zweigeschossigen Haus, das von Palmen umsäumt war. Auf der Terrasse saß Ha Phuong und nahm einen Fisch aus. Sie winkte, als die beiden aus dem Wagen stiegen, und überschüttete Frank mit einem Wortschwall.

»Meine Mutter freut sich, dass du uns besuchen kommst. Du sollst unbedingt den Fisch probieren, er ist ganz frisch«, übersetzte Kim.

Frank bedankte sich und versprach, zum Essen zu bleiben. Kim und Ha Phuong boten Frank eine Hängematte zum Ausruhen an, die zwischen zwei Palmen im Wind baumelte, und zogen sich ins Haus zurück.

Kaum hatte er sich ausgestreckt, fiel Frank in einen unruhigen Schlaf. Eine sanfte Berührung riss ihn aus seinen Träumen. Kim stand neben der Hängematte und lächelte ihn an. »Komm«, sagte sie.

Frank erhob sich und folgte ihr in das Haus. Ha Phuong saß in einem Bambussessel neben einem Aquarium und fütterte die Kois. In ihrem Schoß lag ein Bündel vergilbter Briefe. Die Situation erinnerte Frank an seine Begegnung mit Heide Rosenbaum.

»Meine Mutter weiß von alldem, was Mr Kern berichtet hat, nichts. Mai Linh hat nicht viel erzählt, nur dass mein Großvater ein Legionär war«, sagte Kim. »Aber Mai Linh hat meiner Mutter diese Briefe vererbt. Sie hat sie wie einen Schatz aufbewahrt. Sie sind auf Französisch geschrieben, meine Mutter kennt den Inhalt nicht.«

Ha Phuong stand auf und reichte Frank die Briefe.

»Du bist der Erste, der sie lesen darf«, dolmetschte Kim die Erklärung ihrer Mutter.

Frank dankte mit einem Kopfnicken und setzte sich an den Holztisch, der bereits für das Abendessen eingedeckt war.

Die Briefe stammten von Manfred Rosenbaum und waren in Da Nang und Dien Bien Phu abgeschickt worden. Frank öffnete das erste Kuvert. Manfred Rosenbaum hatte eine schöne Handschrift. Franks Französisch war nicht besonders gut, aber auch für Manfred Rosenbaum war es die Zweitsprache gewesen und so konnte Frank die einfache Prosa gut verstehen.

Liebe Mai Linh,
ich bin mittlerweile in Da Nang stationiert und es geht
mir gut. Immer wieder denke ich an die netten Gespräche
mit dir. Es tut mir leid, dass wir so weit weg voneinander
sind, denn ich würde dich gerne öfter sehen.
Wie geht es deinem Vater? Hat er immer noch Schmerzen
in der Brust? Viele Grüße auch an deine Mutter.
Ich würde mich sehr freuen, wenn du mir schreiben wür-
dest.

Der zweite Brief war ausführlicher.

Manfred Rosenbaum war überglücklich, dass ihm Mai
Linh geantwortet hatte. Er schilderte detailliert die Situation
in der Kaserne. Günther Berger wurde mit keinem Wort
erwähnt. Das war auch in den anderen Briefen so, die von
Mal zu Mal leidenschaftlicher wurden.

Der letzte Brief stammte vom 28. März 1954.

Geliebte Mai Linh,
gerade habe ich deinen Brief bekommen. Ich antworte dir
sofort, damit der Brief mit dem Flugzeug mitgenommen
wird. Es wird wohl für lange Zeit das letzte Flugzeug sein,
das auf dem Flugplatz landen und starten kann. Ich freue
mich, dass du eine gesunde Tochter zur Welt gebracht hast
und dass es dir gut geht. Ha Phuong ist ein schöner Name.
Gleichzeitig bin ich wütend und zornig auf Günther, über
das, was er dir angetan hat. Erst jetzt verstehe ich die An-
deutungen in deinen letzten Briefen.
Ich verspreche dir, er wird nicht ungestraft davonkom-
men. Er wird dafür büßen.
Ich liebe dich. Sei umarmt.
Manfred

Frank legte die Briefe zur Seite. Seine Kehle war trocken wie ein stillgelegter See. Es gab keinen Zweifel mehr: Oskar Kern hatte die Wahrheit gesagt.

64

Dien Bien Phu, 06.05.1954

Das Artilleriefeuer kam näher. Einige Gebäude des Hauptquartiers standen bereits in Flammen. Die Luft war dick von Rauch, es stank nach Tod und Verwesung.

Günther Berger, Matthias Birchel und Karl Lukowski waren rußgeschwärzt. Sie versuchten, das Feuer in der Mannschaftsunterkunft zu löschen. In Eimern holten sie das Wasser aus der nahen Zisterne. Es war ein sinnloses Unterfangen, denn an den Holzbalken der Decke leckten bereits die Flammen.

Vor vier Tagen waren die Vietnamesen zum Generalangriff übergegangen. In den letzten Wochen hatte die Viet Minh einen französischen Stützpunkt nach dem anderen erobert. Nur noch das Hauptquartier und der südliche Stützpunkt *Isabelle* waren unter der Kontrolle der Franzosen. Über achttausend französische Soldaten und Fremdenlegionäre waren bereits getötet worden.

Wie durch ein Wunder hatten Günther, Matthias und Karl die Angriffswellen der Vietnamesen bisher überlebt.

Günther machte eine Streifschussverletzung am Oberarm zu schaffen. Matthias hatte sich eine Verbrennung am Oberschenkel zugezogen. Karl litt unter Malariafieber. Die Krankenstation war überfüllt, Verbandszeug und Medikamente rar. Die Versorgung aus der Luft war eingestellt. Aber sie lebten …

Über den Mord an Manfred Rosenbaum hatten die drei nicht mehr gesprochen. Nachdem seine Leiche vergraben war, machte Günther Meldung bei seinem Vorgesetzten. Caporal Rosenbaum sei von einem Kontrollgang nicht wieder zurückgekehrt, möglicherweise sei er von einem Scharfschützen erschossen worden oder zum Feind übergelaufen.

Der Sergent zuckte nicht mit der Wimper. 1.600 französische Soldaten und Legionäre waren in den letzten Wochen desertiert. Rosenbaums Personalakte bekam den Vermerk ›vermisst‹ und wurde zur Seite gelegt.

Ein Legionär aus Konstanz, dem Günther vor ein paar Wochen beim Kartenspielen einen Monatssold abgenommen hatte, kam heran. »Ihr braucht euch keine Mühe mehr zu geben, die Sache ist gelaufen!«

Günther wischte sich den Schweiß aus dem Gesicht. »Was ist gelaufen?«

Karl und Matthias stellten die Wassereimer ab.

»Für eine Packung Zigaretten erzähle ich euch die Neuigkeiten aus dem Stab.«

Karl lachte verächtlich auf. »Kamerad, für eine Packung Zigaretten würde ich meine Großmutter an den Teufel verkaufen.«

»Okay, eine Zigarette tut es auch!«

Matthias nickte Karl auffordernd zu. Der nestelte aus der Seitentasche seiner Hose zwei Selbstgedrehte und warf eine davon dem Konstanzer zu. »Erzähl!«

»Morgen wird Oberst de Castries kapitulieren. Wir werden uns bedingungslos den Schlitzaugen ergeben.«

Günther schüttelte den Kopf. »Das glaube ich nicht!«

Der Legionär zündete sich die Zigarette an und inhalierte tief. »Der dritte Zug hat den Befehl bekommen, weiße Fahnen zu nähen. Außerdem hat de Castries angeordnet, alle militärischen Dokumente zu verbrennen. Kinder, es ist vorbei!«

Matthias erwischte einen Moskito an seinem Handgelenk und zerquetschte ihn. »Wenn die Amis Atombomben geworfen hätten, hätten wir gewinnen können«, meinte er.

Was als ›Latrinengerücht‹ die Runde machte, hatte tatsächlich einen wahren Kern. Als die französische Regierung erkannte, dass der Krieg in Indochina allein nicht mehr zu gewinnen war, suchte sie bei der US-Regierung Unterstützung. Unter der Bezeichnung ›Operation Vulture‹ wurden Pläne erstellt, die Viet Minh durch den Abwurf von Atombomben zu vernichten.

Der Konstanzer nahm einen letzten, tiefen Zug von der Zigarette und trottete davon.

»Dann kann ich den Brief wohl vergessen«, meinte Matthias.

»Welchen Brief?«

Karl zündete sich selbst seine Zigarette an. »Du hast doch noch nie einen Brief geschrieben!«

»Ich habe Manfreds Schwester geschrieben.«

Günther Berger starrte ihn überrascht an. »Du hast was?«

»Sie sollte wissen, dass ihr Bruder nicht aus Vietnam zurückkehrt. Ich habe geschrieben, dass er im Kampf gefallen ist und wir ihn würdig begraben haben.«

Günther trat dicht an Matthias heran. »Du bist bescheuert.«

Matthias Birchel trat einen Schritt zurück. »Der Bruder meiner Mutter war im Krieg in Russland. Bis 1949 gab es kein Lebenszeichen von ihm. Immer, wenn es an der Tür klopfte, hat meine Mutter gedacht, dass ihr Bruder reinkommt. Als sie dann vom Suchdienst des Roten Kreuzes die Nachricht bekam, dass er in Stalingrad gefallen ist, konnte sie endlich trauern. Danach ging es ihr besser.«

»Wo ist der Brief?«, fauchte Günther Matthias an.

Matthias griff in die Innentasche seiner Jacke und kramte einen zusammengefalteten Umschlag heraus.

Günther riss ihm den Brief aus der Hand. »Manfred gilt

offiziell als vermisst. Und so soll es bleiben. Wir dürfen uns nicht in Widersprüche verwickeln. Niemand wird je erfahren, was mit Manfred passiert ist. Ich dachte, wir wären uns da einig?« Er musterte Karl. Der spielte nervös an seinem Schnurrbart und nickte.

»Matthias?«

Matthias Birchel wich Günthers Blick aus. Doch dann senkte er den Kopf und nickte ebenfalls.

Günther zerriss das Kuvert, ging ein paar Schritte auf die Flammen zu und warf die Fetzen ins Feuer.

Matthias' Gefühlsduselei könnte zu einer Gefahr für ihn werden, ging es Günther durch den Kopf. Er würde aufpassen müssen, dass der Freund die Klappe hielt.

Am nächsten Tag, am 7. Mai 1954 um 17.30 Uhr, kapitulierte Oberst de Castries. Rund 10.300 französische Soldaten und Fremdenlegionäre kamen in Kriegsgefangenschaft. Günther Berger, Matthias Birchel und Karl Lukowski überlebten und trafen zusammen mit 357 anderen deutschen Legionären im März 1955 im sächsischen Bischofswerda ein.

65

Oskar Kern saß auf dem Stuhl und versuchte, die Fesseln zu lockern, mit denen seine Hände hinter der Rückenlehne zusammengebunden waren.

Das war ihm schon einmal in ähnlicher Situation gelungen, im Mai 1954, nach einem Verhör durch einen politischen Kommissar der Viet Minh. Er war damals allerdings nicht weit gekommen, seine Flucht war schnell entdeckt worden und hatte ihm drei Tage Essensentzug eingebracht.

Mit Erleichterung stellte er nun fest, dass sich durch das stetige An- und Entspannen der Muskeln das Seil lockerte. Er ärgerte sich, dass er nicht viel früher an seiner Befreiung gearbeitet hatte. Aber in der ersten Stunde hatte er sich zu Selbstmitleid hinreißen lassen.

Er war ein Weichei geworden. Früher hätte er sich eher die Zunge abschneiden lassen, als einen Freund zu verraten. Heute reichte es, dass ihm jemand ein Messer unter die Nase hielt, und er plauderte wie ein Waschweib. Günther würde kein Verständnis für seinen Verrat haben. Zum zweiten Mal innerhalb weniger Wochen hatte er ihn enttäuscht. Dabei stand er tief in der Schuld seines Gönners. Günther hatte ihn gerettet, als er den Sergent erstochen hatte. Er hatte ihm in Frankfurt, als er wegen des Raubüberfalls gesucht wurde, gefälschte Papiere besorgt und ihm zur Flucht nach Thailand verholfen. Er hatte ihm über Jahre ein fürstliches Honorar überwiesen, damit er ein Auge auf Tochter und Enkeltochter warf. Und was war sein Dank?

Bergers Sohn würde herausfinden, dass er ihn nicht belogen hatte. Frank Berger würde seinen Vater mit den Fakten konfrontieren und Günther würde sofort klar werden, von wem sein Sohn die Informationen hatte.

Kerns Ehre stand auf dem Spiel. Die Ehre eines Legionärs. Er musste retten, was noch zu retten war. Frank Berger durfte mit seinem Wissen nicht nach Deutschland zurückkehren. Er durfte seinem Vater nicht mehr begegnen. Um jeden Preis.

Die Polizistin fürchtete Kern nicht. Sein Geständnis war unter Folter zustande gekommen. Kein Gericht würde es anerkennen.

Außerdem gab es seines Wissens nach immer noch kein Auslieferungsabkommen zwischen Vietnam und Deutschland. Kern konnte sich noch gut an einen Fall erinnern, der vor einigen Jahren für Aufmerksamkeit gesorgt hatte. Eine Vietnamesin hatte vor dem Bundesverfassungsgericht gegen die verfügte Auslieferung in ihr Heimatland geklagt und gewonnen. Gegen die Frau lag ein vietnamesischer Haftbefehl wegen des Kaufs von jeweils dreihundertfünfzig Gramm Heroin in sieben Fällen vor. Die Deutsche Botschaft in Hanoi teilte dem Gericht mit, dass auch in Vietnam grundsätzlich die Möglichkeit bestünde, seine Rechte vor Justitia wahrzunehmen. Und obwohl sogar das vietnamesische Außenministerium garantierte, im Falle einer Verurteilung zur Todesstrafe diese nicht zu vollstrecken, Haftbedingungen entsprechend den Mindeststandards der Vereinten Nationen zu gewährleisten, und zustimmte, dass deutsche Konsularbeamte die Frau in der Haftanstalt besuchen dürften, wurde sie nicht ausgeliefert.

Die vietnamesischen Behörden würden sich an diesen Fall erinnern, wenn man Kerns Auslieferung verlangen würde, und Gleiches mit Gleichem vergelten, da war sich Kern sicher.

Er zerrte mit seiner rechten Hand am Seil und biss die Zähne zusammen, als die Fessel in sein Fleisch schnitt. Der Schmerz wurde belohnt: Seine rechte Hand war frei. Es dauerte nicht lange, dann hatte er auch die andere Hand befreit und die Schnüre um die Füße gelöst. Er wollte aufstehen, doch seine Beine waren taub. Ausgiebig massierte er Beine und Füße, bis er spürte, dass das Blut wieder zirkulierte. Dann stand er vorsichtig auf und lief ein paar Schritte, darauf achtend, kein Geräusch zu verursachen. Er sah sich im Zimmer um und entdeckte nichts, was ihm als Waffe nützlich sein könnte. Im angrenzenden Raum fiel sein Blick auf den umgefallenen Tisch. Die Platte war verrottet, aber die Beine machten einen stabilen Eindruck. Kern stemmte sein Körpergewicht auf das obere Tischbein, das sich mit einem Knirschen aus dem Scharnier löste.

Im nächsten Moment vernahm er Schritte auf der Terrasse. Als Thang die Tür öffnete und eintrat, traf ihn der Schlag mit dem Tischbein an die Brust und nahm ihm für Sekunden die Luft.

Oskar Kern nutzte das Überraschungsmoment, holte ein zweites Mal aus und schlug Thang das Holz auf den Kopf. Mit einem Seufzer brach der Vietnamese zusammen und blieb bewusstlos auf dem Boden liegen.

Kern suchte das Haus und die Terrasse ab, aber er konnte weder seine Reisetasche noch sein Handy finden.

In der Hosentasche von Thang stieß er jedoch auf dessen Mobiltelefon. Natürlich wusste er die Nummer von Duongs hilfsbereiten Verwandten nicht auswendig und so musste er den Umweg über Duong nehmen, um den beiden sagen zu lassen, wo er sich befand. Und er ließ ihnen bestellen, dass sie eine Pistole mitbringen sollten. Kurz darauf rief Duong zurück. Seine beiden Helfer würden ihn in zwanzig Minuten abholen.

Kerns Blick fiel auf den bewusstlosen Thang.

66

»Und? Was machen wir jetzt mit Oskar Kern? Wir können ihn nicht ewig dort festhalten.«

Frank Berger und Sonja Kruse saßen auf der Terrasse des *Sailing Club*. Noch war hier wenig los, die meisten Touristen befanden sich noch in den Restaurants beim Abendessen. Die Tanzfläche war menschenleer, die Chilloutklänge verhalten, das Personal war noch aufmerksam und freundlich.

»Ich habe mit meinem Chef telefoniert und ihm die Lage erklärt. Er wollte sich sofort mit dem Auswärtigen Amt in

Verbindung setzen. Ich gehe davon aus, dass die Drähte zwischen Berlin und Hanoi im Moment heiß laufen.«

Frank nahm einen Schluck Bier. »Sie glauben nicht, dass das heutzutage drahtlos geht?«

Sonja schmunzelte. »Ich hätte nicht gedacht, dass Ihnen nach Witzen zumute ist, nach dem, was Sie vorhin über Ihren Vater erfahren haben.«

»Ich kaschiere meine Verzweiflung.«

»Das kann ich verstehen. In Ihrer Haut möchte ich nicht stecken.«

»Das tröstet mich nicht.« Frank fasste sich an den Bauch. »Wir sollten die Wartezeit bis zu Ihrem Anruf mit etwas Nützlichem verbringen. Ich habe seit meiner Gefängniskost nichts mehr gegessen.«

»Gute Idee!«, sagte Sonja und griff nach der Speisekarte.

Nach der Lektüre der Briefe von Manfred Rosenbaum hatte Kim Frank gebeten, sie mit ihrer Mutter allein zu lassen. Sie wollte ihr schonend beibringen, dass sie nicht das Kind einvernehmlicher Liebe, sondern ihre Mutter vergewaltigt worden war. Bei diesem Gespräch würde Frank nur stören.

Und der hatte genug mit sich selbst zu tun. Sein Vater war ein Vergewaltiger und Mörder. Sollte er dafür sorgen, dass er vor Gericht gestellt wurde? Sollte sein Vater seine letzten Lebensjahre im Gefängnis verbringen? Vorausgesetzt, er würde verurteilt.

Oskar Kern war der einzige noch lebende Zeuge des Mordes an Manfred Rosenbaum. Kern musste einem deutschen Gericht schildern, was damals passiert war. Was, wenn er alles abstreiten würde? Wenn er seine Aussage widerrief? Wenn er gar nicht bereit war, mit nach Deutschland zu kommen, oder die vietnamesischen Behörden ihn nicht auslieferten?

Er – Frank – hatte es somit in der Hand, das Lebenswerk

seines Vaters zu zerstören, wenn er sein Wissen nicht für sich behielt. Aber wem wäre damit gedient?

Hatte sein Vater nicht auch Gutes getan? Was passierte mit der Stiftung, die so vielen Kindern geholfen hatte und immer noch half? Würde irgendjemand noch einen Euro spenden, wenn bekannt würde, dass der Stiftungsgründer ein Mörder war?

Andererseits: Konnte er Heide Rosenbaum vor die Augen treten und ihr sein Wissen um den Tod ihres Bruders vorenthalten? Hatte sie nicht ein Recht darauf, die Wahrheit zu erfahren?

Außerdem war da noch die Kommissarin. Ihre Ambitionen konnte er noch nicht durchschauen. Sie hatte ihm vor dem Haus in den Dünen nur kurz berichtet, was sie dazu bewogen hatte, der Spur Kerns nach Vietnam zu folgen. Sie wusste nun, wer Matthias Birchel getötet hatte. Reichte ihr das Ergebnis oder wollte sie seinen Vater vor Gericht bringen?

Frank musterte die Kommissarin. Sie war ungefähr so alt wie er. Hin und wieder strich sie sich eine Haarsträhne aus dem Gesicht, während sie ihren Gedanken nachhing.

Beim Essen begannen sie eine Plauderei, bei der sie bewusst alles ausließen, was sie an ihre aktuelle Situation erinnern konnte. Sie tauschten sich über ihre Stammkneipen in Bochum aus, versuchten zu ergründen, ob sie gemeinsame Freunde hatten, und stimmten überein, dass man als Anhänger des VfL mehr Leidens- als Freudenstunden hatte.

Der *Sailing Club* füllte sich mit vergnügungssüchtigen Urlaubern. Frank schaute auf die Uhr. Es war mittlerweile 21.30 Uhr geworden, Sonjas Telefon hatte bisher nicht geklingelt. Sonja Kruse gähnte.

Frank verzog das Gesicht. »Tut mir leid, dass ich Sie gelangweilt habe. Aber Sie wollten wissen, warum Anja sich von mir getrennt hat.«

Sonja war verlegen. »Entschuldigung. Ich merke nur gerade, dass ich in den letzten Tagen zu wenig Schlaf hatte. Wir können nicht ewig auf den Anruf warten. Wir sollten ins Bett gehen.«

»In Ihres oder in meines?«

Für einen Moment war Sonja irritiert und sprachlos, bis Frank sie mit einem Lächeln erlöste.

Sie bestellten die Rechnung und zahlten. Obwohl sich Frank mit Lai an gleicher Stelle verabredet hatte, ließ er sich nicht davon abbringen, Sonja zum Hotel zu begleiten.

»Lai hat bis 22 Uhr Dienst. In einer halben Stunde bin ich zurück.«

Sie gingen am Strand entlang, zogen ihre Schuhe aus und wateten durch die seichten Wellen. Die Luft am Meer war angenehm kühl und legte sich wie ein feuchtes Tuch auf ihre Haut. In der Ferne sah man die Fischerboote, die mit grell weißem Neonlicht die Fische an die Oberfläche lockten.

Ein Liebespaar kam ihnen entgegen, das Händchen haltend Pläne für eine gemeinsame Zukunft schmiedete. Es nahm keine Notiz von den beiden Bochumern.

»Wie schön!«, seufzten Frank und Sonja angesichts der Verliebten im Chor und lachten.

Auf der anderen Straßenseite leuchtete der Schriftzug des *Novotel* auf. Sonja versprach Frank, ihn sofort anzurufen, wenn sie Nachrichten aus Deutschland erhielt. Frank kam es blöd vor, ihr die Hand zu geben, nach allem, was sie gemeinsam erlebt hatten. Er küsste sie auf die Wangen, Sonja ließ es geschehen und spürte, dass Franks Berührung ihr guttat.

Frank sah ihr nach, bis sie die nahe Straße erreicht hatte, dann schlenderte er den Weg zurück. Er warf einen Blick auf sein Handy. Es war 22 Uhr geworden, er musste sich beeilen. Frank wischte sich den Sand von den Füßen. Als er die leichten Sommerschuhe überstreifen wollte, erhielt er einen

Stoß in den Rücken. Frank fiel in den feuchten Sand und landete auf dem Bauch.

Helmut hatte ihn vor Überfällen am Strand gewarnt. Eine Gang raubte nachts Touristen aus, die allein auf dem Weg zu ihrem Hotel waren. Angesichts der Brutalität der Räuber riet die Polizei von Gegenwehr ab.

»You can take my money!«, schrie Frank, noch ehe er sich auf den Rücken gewälzt hatte.

Vor ihm stand Oskar Kern. Frank erkannte trotz der Dunkelheit die Pistole in seiner Hand. Er versuchte, auf die Beine zu kommen, aber Kern versetzte ihm einen Tritt, sodass er zurück in den Sand sackte.

»Wenn Sie auf mich gehört hätten, dann würden Sie jetzt in Saigon für den Flug nach Frankfurt einchecken, Sie dummes Arschloch. Warum stecken Sie Ihre Nase in Sachen, die Sie nichts angehen?«

Frank versuchte, Ruhe zu bewahren, aber er spürte, wie sein Herz wild schlug. Kern entsicherte die Pistole und legte auf ihn an.

Frank starrte auf die Waffe und verfolgte, wie sich Kerns Finger am Abzughebel krümmte. Er schloss die Augen und wartete auf einen Knall.

Aber nichts passierte. Nach Sekunden, die ihm wie eine Ewigkeit vorkamen, öffnete er die Augen. Oskar Kern senkte langsam seine Schusshand und blickte ihn überrascht an. Dann fiel er in sich zusammen.

Frank war zu keiner Reaktion imstande, er sah eine dunkle Gestalt, die auf ihn zukam. Als der Mann drei Meter vor ihm stand, erkannte er Lai.

»Bist du okay?«, fragte Lai.

Frank nickte.

Lai beugte sich über den leblosen Körper und fühlte am Hals nach einem Puls. Nachdem er Oskar Kern auf den

Rücken gedreht hatte, stellte Frank fest, dass ein Messer zwischen Kerns Schulterblättern steckte. Mit einem Ruck zog Lai es heraus und schleuderte es in hohem Bogen ins Meer. Er griff in Kerns Gesäßtasche, fingerte das Portemonnaie heraus, entnahm ihm die Geldscheine und warf die Börse in den Sand.

Lai half Frank auf die Beine. »Was ist mit ihm?«

»Er ist tot.«

Oskar Kerns Augen starrten in den Sternenhimmel. Frank bildete sich ein, noch immer den verwunderten Ausdruck im Gesicht des Toten zu erkennen.

»Herr Berger!«

Frank zuckte zusammen. Sonja Kruse lief über den Strand auf ihn zu. »Gerade habe ich den Anruf bekommen und da dachte ich …« Sie stockte, als ihr Blick auf die leblose Gestalt auf dem Boden fiel. Sie beugte sich über den Toten. »Das ist Oskar Kern!«

»Er wollte mich erschießen. Wenn Lai nicht zur Stelle gewesen wäre …« Frank brach ab.

Lai bückte sich, hob die Pistole auf, die neben dem Toten lag, und steckte sie ein. »Wir müssen verschwinden!«

Der Taxifahrer ergriff Franks Arm und zerrte ihn weg. Frank torkelte neben ihm her, bis sie die Straße erreicht hatten. Von einem Moment auf den anderen wurde ihm schlecht und er übergab sich am Straßenrand. Ein Cyclofahrer wich ihm aus. Lai rief ihm etwas zu und der Mann lachte.

Lai drehte sich um. »Verdammt. Wo ist die Frau?«

Frank rieb sich die Tränenflüssigkeit aus den Augen. Verschwommen sah er die Kommissarin vom Strand her sich der Straße nähern.

»Beeilen Sie sich!«, rief ihr Lai zu.

»Wo sind Sie geblieben?«, wollte Frank wissen, als sie die Straße erreicht hatte.

»Ich hatte etwas vergessen«, gab die Kommissarin zurück und faltete ein Taschentuch auf.

Frank erkannte ein Büschel Haare. Oskar Kerns Haare.

Frank übergab sich erneut.

Als er Minuten später wieder einen klaren Gedanken fassen konnte, saß er auf einem kleinen Hocker in einer Garküche am Straßenrand.

Lai reichte ihm eine Tasse gezuckerten Tee. Frank nahm sie dankbar an und trank in kleinen Schlucken.

»Wieder okay?«

Frank nickte. »Was ist passiert?«

Lai hatte vergeblich versucht, Thang telefonisch zu erreichen, und begonnen, sich Sorgen zu machen. Er nutzte eine Rückfahrt vom Flughafen, um zu dem Haus in den Dünen zu fahren. Dort fand er seinen Schwager. Thang war tot, erwürgt. Von Oskar Kern gab es keine Spur. Lai war sofort zum *Sailing Club* gefahren, um Frank zu informieren. Dort hatte man ihm gesagt, dass Frank zusammen mit einer Frau den Strand entlanggegangen sei.

»Also bin ich dir gefolgt. Und plötzlich sah ich Mr Kern. Er zielte mit einer Pistole auf dich. Ich habe dir doch erzählt, dass ich dabei war, als wir Kambodscha von den Roten Khmer befreiten. Wir haben nachts ihre Lager überfallen. Ich konnte schon immer gut mit dem Messer umgehen und habe so manche Wache ausgeschaltet.«

Frank stellte die Teetasse ab. »Du hast mir das Leben gerettet.«

»Du wirst niemandem davon erzählen. Ein Tourist wurde überfallen und ausgeraubt. Die Polizei wird für ein paar Wochen die Streifen am Strand verdoppeln und danach ist die Sache vergessen.«

»Und der Mord an Ihrem Schwager?«, schaltete sich Sonja

Kruse ein. »Die Polizei wird doch bestimmt Ermittlungen anstellen.«

Lai zuckte mit den Achseln. »Sein Mörder ist tot. Mehr Gerechtigkeit kann es nicht geben.«

Frank stellte die Teetasse ab und drehte sich zu Sonja um. »Was war mit Ihrem Anruf?«

Sonja lachte trocken auf. »Die Vietnamesen haben signalisiert, dass sie wohlwollend prüfen werden, Oskar Kern auszuliefern, wenn ein internationaler Haftbefehl vorliegt. Aber das hat sich ja jetzt erledigt.«

Zwei Streifenwagen mit Blaulicht fuhren die Straße entlang und nahmen Kurs auf die Hafenpromenade.

»Sie haben ihn gefunden. Die Polizei wird nach Zeugen suchen«, sagte Lai und legte ein paar Geldscheine auf den Tisch. »Es ist besser, wenn wir hier verschwinden.«

67

Ein Sonnenstrahl fiel auf ihr Gesicht und sie öffnete die Augen. Es war kurz nach sieben. Sonja stand auf und ging ans Fenster. Der Himmel war blau, die Sonne hatte sich schon aus dem Meer geschält, auf der Uferstraße herrschte reger Verkehr.

Sie drehte sich um. Frank lag auf der Seite, hatte die Beine angezogen und schlief.

Sie waren doch in einem gemeinsamen Bett gelandet – in ihrem. Lai hatte davon abgeraten, dass Frank zu Helmut ins Hotel zurückkehrte. Möglicherweise hatte jemand Frank zusammen mit Oskar Kern gesehen oder der korrupte Polizeikommissar würde dort Nachforschungen anstellen. Der Taxifahrer hielt es für besser, wenn sich Frank kein neues

Hotel suchte, da dort seine Personalien aufgenommen und möglicherweise der Pass bis zu seiner Abreise einbehalten werden würde. Lai bot Frank an, ihn zu Ha Phuong und Kim zu bringen, aber das wollte Frank auf keinen Fall.

»Sie können bei mir schlafen«, hatte Sonja spontan vorgeschlagen. »Das Bett ist groß genug!«

Franks Koffer befand sich noch im Kofferraum des Taxis. Um durch das Gepäck nicht an der Rezeption aufzufallen, hatte Frank ein paar Sachen zum Wechseln und seine Zahnbürste herausgeholt. Der Rezeptionist hatte nicht einmal aufgeschaut, als Sonja und Frank gegen Mitternacht das Hotel betraten und auf ihr Zimmer gingen.

Sie hatten nicht mehr viel miteinander gesprochen, nacheinander geduscht und waren zu Bett gegangen. Sonja war irgendwann davon wach geworden, dass Frank im Schlaf stöhnte. Sie hatte ihn in den Arm genommen und sich an ihn geschmiegt. Ihre zärtliche Geste hatte ihn von seinen Albträumen befreit.

Sonja betrachtete ihn. Unter der dünnen Decke zeichnete sich sein sportlicher Körper ab. Bisher hatte sie keinen Blick für seine körperlichen Reize gehabt, dafür hatte sie das Geschehen zu sehr in Atem gehalten. Ihm war es offenbar mit ihr auch so gegangen, denn er hatte bisher mit keiner Geste und keinem Wort angedeutet, dass er sie als Frau wahrgenommen hatte. Abgesehen von dem kurzen Wangenkuss am Strand.

Frank öffnete die Augen, als hätte er gespürt, dass sie ihn anschaute. Er lächelte. »Guten Morgen. Du siehst toll aus.«

Sonja sah an sich herunter. Sie trug einen viel zu großen, braun gestreiften Pyjama, den ihre Mutter ihr vor Jahren zum Geburtstag geschenkt hatte. Die Mutter wusste natürlich, dass ihre Tochter ansonsten nackt schlief. »Falls du mal ins Krankenhaus musst, Kind!«

»Haben Sie gut geschlafen?«, wollte Sonja wissen.

Frank setzte sich auf. »Nachdem wir eine Nacht zusammen im gleichen Bett verbracht haben, sollten wir uns vielleicht duzen. Aber das Angebot muss eigentlich immer der oder die Ältere machen.«

Sonja lachte. »Es sind zwei Monate, genauer gesagt dreiundfünfzig Tage. Und wie fühlt es sich so an, wenn man mit einer älteren Frau die Nacht verbracht hat?«

»Gut«, sagte Frank. »Man bekommt Lust auf mehr.«

Ihre Blicke trafen sich und sie lachten beide.

Frank stand auf. »Wenn du nichts dagegen hast, gehe ich ins Bad.«

»Ich will hinterher keine Haare im Waschbecken finden«, rief sie ihm nach.

»Ja, Schatz!«

Nachdem beide geduscht und sich angezogen hatten, nahmen sie im Hotelrestaurant ein üppiges Frühstück ein.

Als die Kellnerin ihnen Kaffee nachgeschenkt hatte, stieß Sonja Frank an, der in Gedanken versunken war. »Wie geht es jetzt weiter?«

»Mit uns?«

Sonja verdrehte die Augen. »Spaß beiseite. Wir sind beide in ein paar unangenehme Sachen verwickelt. Es gab gestern zwei Morde und von denen, die Wochen oder Jahrzehnte zurückliegen, will ich gar nicht erst anfangen.«

Frank schob seinen Teller zur Seite. »Lai hat Oskar Kern getötet, um mir das Leben zu retten. Ich werde nichts tun, was Lai in Schwierigkeiten bringt. Und wenn er sagt, dass der Tod seines Schwagers gerächt ist, sollten wir das akzeptieren.«

Sonja holte tief Luft. »Es ist mein Job, Verbrechen aufzuklären. Ich bekomme Probleme mit meinem Berufsethos, wenn ich nichts gesehen und gehört haben will.«

»Ich glaube, dieses Problem kannst du leichter lösen als die, die du dir einhandeln wirst, wenn du hier zur Polizei gehst. Ich würde lieber mit dir demnächst durch ein paar Bochumer Kneipen ziehen, als dir Briefe ins Gefängnis zu schreiben.«

Sonja Kruse nickte. »Vertagen wir das Thema. Wenn ich den Mord an Matthias Birchel als gelöst zu den Akten legen will, muss ich mir ohnehin etwas einfallen lassen.« Sie trank einen Schluck Kaffee. »Kommen wir zum Mord an Manfred Rosenbaum. Wir beide waren Zeugen, wie Oskar Kern deinen Vater belastet hat. So, wie ich deinen Vater einschätze, wird er die Tat abstreiten.«

»Davon kannst du ausgehen.«

Sonja griff über den Tisch und umschloss Franks Hand. »Ich weiß, dass die Chancen schlecht stehen, deinen Vater dafür zur Verantwortung zu ziehen, aber würdest du mich unterstützen, wenn ich einen Staatsanwalt finde, der Anklage erhebt?«

Frank schaute sie fragend an. »Was meinst du mit ›unterstützen‹?«

»Würdest du dem Gericht erzählen, was Oskar Kern gesagt hat? Würdest du die Briefe von Manfred Rosenbaum an Mai Linh als Beweismittel zur Verfügung stellen? Würdest du Kim bitten, nach Deutschland zu kommen, um eine Aussage zu machen?«

Frank dachte einen Moment nach. Er glaubte nicht, dass ein Prozess irgendeine moralische Wirkung auf seinen Vater haben würde. Wäre es nicht eine viel größere Strafe, wenn sein Vater bei jeder Begegnung mit seinem Sohn daran erinnert werden würde, dass Frank um seine Verbrechen wusste? Waren Albträume nicht schlimmer als Gefängniszellen?

»Nein«, sagte er.

Sonja zog ihre Hand zurück. »Warum nicht?«

»Die Sache ist über fünfzig Jahre her. Ich verzeihe ihm seine Verbrechen nicht, aber ich will nicht, dass er im Gefängnis stirbt. Er ist schließlich mein Vater.«

68

Sonja Kruse schaltete die Kaffeemaschine ein. Regenwolken zogen am Fenster vorbei.

Sie ließ sich Zeit mit der Auswahl ihrer Garderobe und entschied sich schließlich für Jeans und Lederjacke. Noch vor zwei Tagen hatte sie sich morgens nur zwischen einem weißen und einem bunten T-Shirt entscheiden müssen. Und der Gedanke, eine Jeans zu tragen, war bei zweiunddreißig Grad absurd gewesen.

Weil die Maschine der Vietnam Airlines von Saigon nach Frankfurt am Freitag voll war, hatten Frank und sie Plätze auf dem Sonntagsflug gebucht. Sie waren die ganze Zeit in Nha Trang geblieben. Frank hatte dann doch bei seiner Schwester und Kim gewohnt und seine Familiengeschichte aufgearbeitet, während Sonja tatsächlich Urlaub machte. Nach dem Frühstück war sie zum nahen Strand gegangen, hatte sich einen Sonnenschirm und ein Liege geliehen und gefaulenzt. Hin und wieder ließ sie sich massieren, gönnte sich mittags eine Suppe in einem der kleinen Restaurants in der Nähe und unternahm nach Sonnenuntergang Spaziergänge durch die Stadt.

Sie hatte eine E-Mail an ihren Chef geschrieben und ihn informiert, dass es in der Angelegenheit Oskar Kern keinen Handlungsbedarf mehr geben und dass sie nach ihrer Rückkehr ausführlich berichten würde.

Nach ihrer Ankunft in Frankfurt am frühen Montagmorgen waren Frank und sie mit demselben Zug nach Bochum gefahren. Die Vertrautheit, die sich in der gemeinsamen Nacht in ihrem Hotelzimmer eingestellt hatte, war in weite Ferne gerückt. Sie waren zwar beim Du geblieben, aber sie hatten nicht mehr miteinander gelacht oder gescherzt.

Frank nahm es ihr offenbar übel, dass sie die Absicht nicht aufgegeben hatte, seinen Vater für den Mord an Manfred Rosenbaum zur Verantwortung zu ziehen. Als sie ihn gefragt hatte, wie er nach seiner Rückkehr gegenüber seinem Vater auftreten werde, hatte er nur mit den Schultern gezuckt und gesagt, er wolle die Situation auf sich zukommen lassen.

Am Bochumer Hauptbahnhof hatten sie sich voneinander verabschiedet, ohne ein Wiedersehen zu vereinbaren. Auch einen Abschiedskuss auf die Wangen hatte es nicht gegeben.

Nachdem sie sich frisch gemacht hatte, war Sonja in die Kriminaltechnik gefahren und hatte dem Kollegen Schmitz Kerns Haare mit der Bitte um einen schnellen DNA-Test gegeben. Da ihr Chef auf einer Dienstbesprechung in Düsseldorf war, hatte sie auf einen Besuch im Büro verzichtet und war direkt wieder heimgekehrt. Schließlich befand sie sich offiziell noch im Urlaub.

Sonja nahm nun einen Schirm aus dem Ständer und verließ ihre Wohnung. Um acht Uhr hatte sie sich mit dem Kollegen Schmitz verabredet.

Als sie kurz vor der vereinbarten Zeit über den Flur des Präsidiums ging, stand der Kollege bereits vor ihrer Tür. Schmitz war Ende fünfzig. Er war schon im Labor beschäftigt gewesen, als sie vor fünfzehn Jahren ihren ersten Mordfall untersucht hatte.

»Guten Tag, Herr Schmitz. Sind Sie Frühaufsteher?«

»Senile Bettflucht. Guten Morgen, Frau Kruse.«

Die Hauptkommissarin schloss ihr Büro auf. »Kaffee?«

Schmitz schüttelte den Kopf. »Ich habe schon eine Kanne

intus. Noch eine Tasse und ich bekomme Herzrasen. Bis zur Pensionierung will ich mindestens durchhalten.«

Sie bot ihm den Stuhl vor ihrem Schreibtisch an.

Schmitz setzte sich und kramte einen mehrseitigen Laborbericht aus seiner Aktentasche. Sonja Kruse musste sich zusammennehmen, um ihm die Mappe nicht zu entreißen. Sie wusste, dass Schmitz es spannend machen würde, das gehörte seit Jahren zu dem Spiel zwischen ihnen.

»Zunächst einmal: Das biologische Material, das Sie eingereicht haben, hat ausgereicht, um die DNA zu bestimmen. Es war nicht ganz einfach, aber wir hatten ja mehrere Haare zur Auswahl und da gab es ein paar gute Treffer.«

Sonja konnte ihre Neugierde kaum zügeln. »Weiter!«

»Unsere Aufgabe bestand darin, die biologischen Spuren unter den Fingernägeln des Opfers ...« Schmitz blätterte umständlich in der Handakte.

Die Kommissarin kam ihm zu Hilfe. »Matthias Birchel.«

»Richtig. Der Abgleich mit der DNA von Oskar Kern, die wir aus den Haarproben nehmen konnten, verlief ...« Er hob seine Augenbrauen. Sonja nickte ihm auffordernd zu.

»Negativ!«

»Was? Das kann nicht sein.«

Schmitz legte die Stirn in Falten. »Werte Kollegin. Wollen Sie meine Arbeit anzweifeln?«

Sonja schüttelte den Kopf. »Natürlich nicht. Aber Herr Kern hat den Mord an Birchel gestanden.«

»Wenn Sie sein Geständnis haben, ist doch alles bestens. Wenn sein Verteidiger allerdings auf einen DNA-Test besteht, haben Sie schlechte Karten.«

Sonja winkte ab. »Es wird keinen Prozess geben, Herr Kern ist zwischenzeitlich verstorben.«

Schmitz warf ihr einen vorwurfsvollen Blick zu. »Und dann lassen Sie mich eine Nachtschicht einlegen!«

»Ich brauchte Gewissheit!«

»Na gut, die haben Sie jetzt.« Schmitz verabschiedete sich und ließ sie allein. Als er die Tür hinter sich geschlossen hatte, sackte die Hauptkommissarin in sich zusammen.

Die Ergebnisse des DNA-Testes ließen nicht zu, dass sie den Fall Birchel abschloss. Ihr Blick fiel auf ein Schreiben im Posteingangskorb. Ihr Chef hatte einen handschriftlichen Zettel angeheftet. *Rücksprache!*

Es war ein Fax der deutschen Botschaft in Hanoi. Botschaftssekretär Heise teilte mit, dass Oskar Kern seit Mittwoch vergangener Woche tot sei.

Nach Auskunft der Polizei in Nha Trang wurde Oskar Kern Opfer eines Raubüberfalls. Die Obduktion ergab, dass Herr Kern durch einen Messerstich tödlich verletzt wurde. Nach den Tätern wird gefahndet. Die Leiche wurde am nächsten Tag nach Ho Chi Minh City überführt. Herr Kern wurde von seiner Lebensgefährtin im Beisein eines Mitarbeiters der Botschaft identifiziert. Er wurde noch am gleichen Tag eingeäschert.

69

Günther Berger stand vor dem Kleiderschrank und begutachtete seine Krawattensammlung. Er entschied sich für die rote Seidenkrawatte mit den weißen Streifen, sie würde einen guten Kontrast zu seinem silbergrauen Nadelstreifenanzug abgeben. Die Krawatte hatte ihm Oskar Kern zum Geburtstag geschenkt.

Seit Tagen hatte er nichts von ihm gehört. Wenn er in Saigon anrief, meldete sich nur der Anrufbeantworter. Aber er machte sich keine Sorgen. Oskar hätte von sich hören lassen, wenn etwas schiefgegangen wäre.

Bis vor knapp zwei Wochen hatte Günther Berger nie die Loyalität seines Freundes infrage gestellt. Doch inzwischen waren ihm ernsthafte Zweifel gekommen, ob er sich immer noch auf ihn verlassen konnte. Als ihm Matthias Birchel erzählt hatte, dass er den Kontakt zu Heide Rosenbaum suchte, um sein Gewissen zu erleichtern, waren bei Berger alle Alarmsirenen angegangen. Doch so viel Mühe er sich auch gab, er konnte seinen Freund nicht umstimmen. Die Notbremse hatte gezogen werden müssen, bevor Matthias Unheil anrichten konnte. Der Lungenkranke hatte ohnehin nicht mehr lange zu leben. Vielleicht waren ihm sogar unerträgliche Schmerzen erspart geblieben. Oskar war sofort bereit gewesen, den Auftrag auszuführen, und hatte die nächste Maschine von Saigon nach Frankfurt genommen. Günther Berger hatte in seinem Wagen vor dem Hospiz auf Oskar gewartet.

Oskar erwies sich als Versager. Er war nicht in der Lage gewesen, den Job zu erledigen, den er hundertfach in Vietnam gemacht hatte. Er kehrte aus dem Hospiz zurück und jammerte Günther vor, dass er unmöglich einen Kameraden zum Schweigen bringen konnte.

Also hatte er es selbst erledigen müssen. Es war ihm keineswegs leicht gefallen, seinem Freund das Kissen auf das Gesicht zu drücken und seine verzweifelte, wenn auch aussichtslose Gegenwehr zu ertragen. Aber für Günther Berger hatte es keine Alternative gegeben, wollte er sein Lebenswerk nicht aufs Spiel setzen.

Es klingelte an der Tür. Günther Berger schaute auf die Uhr. Um diese Zeit kam der Briefträger. Er hatte sicherlich heute eine Menge Post für ihn, die nicht mehr in den Briefkasten passte.

Günther Berger zog die rote Seidenkrawatte vom Bügel, stieg die Treppe hinunter und öffnete die Tür.

»Guten Tag, Vater!«

Günther Berger wich einen Schritt zurück. »Frank?!«

»Darf ich reinkommen?«

Günther Berger nickte und machte den Weg frei. »Ich dachte, du bist noch in Vietnam.«

»Ich habe alles erledigt, was ich erledigen wollte.« Frank sah seinem Vater ins Gesicht. »Willst du wissen, ob ich deine Tochter gefunden habe?«

»Ich bin sicher, dass du es mir erzählen wirst.« Günther Berger ging zur Hausbar. Er brauchte jetzt einen Kognak.

Frank sah ihm nach. Den ganzen gestrigen Tag hatte er darüber nachgedacht, wie es sein würde, wenn er seinem Vater gegenübertrat, nach all dem, was er nun über ihn wusste. Er hatte es sich nicht vorstellen können. Nun fühlte er sich auf ungewöhnliche Art entspannt und ruhig. Er hatte keine Angst, seinem Vater die Wahrheit ins Gesicht zu sagen. Er war nur neugierig auf dessen Reaktion. Würde er alles abstreiten oder versuchen, sich zu rechtfertigen?

Günther Berger goss nur wenig in den Kognakschwenker. Er musste einen klaren Kopf behalten. Er durfte seinem Sohn nicht die Offensive überlassen. Angriff ist die beste Verteidigung, das war schon immer die erfolgreichste Methode der Kriegsführung. Und er befand sich im Krieg. Im Krieg mit seinem Sohn.

Er nippte am Glas und drehte sich um. »Ha Phuong geht es gut. Sie ist glücklich verheiratet, das Restaurant ist eine Goldgrube. Ihre Tochter ist eine hübsche junge Frau, die besser Deutsch spricht als mancher Bochumer. Du hättest dir die Reise sparen können. Aber du wolltest ja nicht auf mich hören.«

Er hatte erwartet, dass seinem Sohn die Kinnlade auf die

Brust fiel, aber Frank zeigte sich unbeeindruckt. »Oskar Kern hat dich auf dem Laufenden gehalten, ich weiß. Wir hatten ein interessantes Gespräch.« Er trat neben seinen Vater und goss sich ebenfalls einen Kognak ein.

»Lass uns ein anderes Mal über Vietnam reden«, meinte Günther Berger. »Ich will noch einmal meine Rede durchgehen.«

Frank trank einen Schluck. Der Alkohol brannte in seinem Hals. »Willst du es Frau Rosenbaum sagen oder soll ich es machen?«

Günther Berger schaute seinen Sohn fragend an.

»Dass du ihren Bruder kaltblütig erschossen hast!«

Günther Berger wurde blass. Er hatte damit gerechnet, dass Frank seine Halbschwester fand. Er hatte es sogar für möglich gehalten, dass er herausbekam, dass Günther Mai Linh vergewaltigt hatte. Aber er konnte unmöglich herausfinden, was mit Manfred Rosenbaum in Dien Bien Phu passiert war. Außer Matthias Birchel wusste nur Oskar davon.

Frank schien seine Gedanken zu erraten. »Ja, ich weiß das alles von Oskar Kern. Dass Mai Linh dich abgewiesen hat und du sie vergewaltigt hast. Dass Manfred Rosenbaum dich deswegen vor Gericht bringen wollte. Du hast ihn umgebracht. Du hast Karl Lukowski alias Oskar Kern und Matthias Birchel erpresst, damit sie schwiegen.« Frank stellte das Glas ab. »Wie lebt man mit der Tatsache, ein Vergewaltiger und Mörder zu sein?«

Günther Berger schloss die Augen. Nun war passiert, was nie hätte passieren dürfen. Der Supergau war eingetreten. Oder war das alles nur ein schlechter Traum? Er öffnete die Augen. Sein Sohn stand immer noch neben ihm und schaute ihn fragend an.

Günther Berger war wie in Trance. Er schob das Glas von sich und wankte aus dem Wohnzimmer. Auf seinem Nachttisch lag die Rede, die er halten wollte. Er durfte sie nicht vergessen. Natürlich konnte er sie fast auswendig, aber er würde sich sicherer fühlen, wenn er das Papier vor Augen hatte.

Sollte er noch einmal im Restaurant anrufen, in dem er den kleinen Saal für den Empfang gebucht hatte? Er hatte dreißig Plätze reserviert und dreiunddreißig Zusagen erhalten.

Die Speisefolge ging ihm durch den Kopf. Räucherlachsgelee mit Spargelmousse, Lamm-Crépinettes auf geschmortem Wirsing, Mango-Charlotte mit Heidelbeersoße. War eigentlich ein Vegetarier unter den Gästen? Verdammt, warum hatte er nicht daran gedacht? Vielleicht machte er sich auch nur unnötige Sorgen. Die Küche war sicherlich darauf eingestellt, auch Fleischgegner zufriedenzustellen.

In der Kantine gab es heute Hähnchen. Wieder mal. Hähnchen und Reis, mit einer scharfen Soße, die der Küchenbulle einem vietnamesischen Händler am Kasernentor abgekauft hatte. Irgendwann würde die Viet Minh davon Wind bekommen und sie alle vergiften.

Wie war das noch mit Dao, die Sergent Petermann in die Unterkunft in Da Nang geschleust hatte? Die Nutte hatte ihre Beine breit gemacht und von jedem kräftig kassiert. Dann hatte sie eine Flasche Reisschnaps spendiert. Sechs Legionäre waren elendig krepiert. Man musste verflucht aufpassen – die Viet Minh hatte eine Menge Tricks auf Lager.

Besoffen von Erinnerungen öffnete Günther Berger die Tür zum Schlafzimmer und ging zum Nachttisch. Er nahm das Redemanuskript und setzte sich auf die Kante des Bettes. Die Buchstaben verschwammen und er rieb sich die Augen. Aber sein Blick wurde nicht klarer. Er schaute zur Tür.

Was hatte Manfred Rosenbaum hier zu suchen? Dieser falsche Freund. Er musste doch längst auf seinem Posten sein. Die Schlitzaugen konnten jeden Moment eine neue

Angriffswelle starten. Wollte er ihn wieder auf ein Himmel-fahrtskommando schicken? Oder war er gekommen, um mit ihm abzurechnen?

»Oskar Kern wollte mich umbringen.«

Was redete Manfred da? Das war doch Unsinn. Das wür-de er doch niemand anderem überlassen. Das war eine Sache nur zwischen ihm und Manfred.

»Er ist tot. Wusstest du das?«

Deshalb war er also gekommen. Manfred hatte sich zu-nächst an Oskar gerächt. Und jetzt war er an der Reihe. Aber so weit würde es nicht kommen, er war vorbereitet.

Günther Berger lächelte.

Er griff in eine Schublade seines Nachttisches und zog die *Sig Sauer* heraus, die er aus Angst vor Einbrechern neben dem Bett aufbewahrte. Er entsicherte die Pistole, zielte und drückte ab.

Der Mann in der Tür fiel um. Günther Berger legte die Pistole zurück in die Schublade, nahm sein Manuskript und stieg über den am Boden Liegenden hinweg.

Er warf einen letzten Blick auf das Gesicht des regungslo-sen Mannes. Manfred hatte Ähnlichkeit mit seinem Sohn. Vielleicht hatte er Frank deshalb nicht so geliebt, wie man einen Sohn lieben sollte.

70

Sonja durchstöberte die Post. Sie hatte nicht vor, lange im Büro zu bleiben. Vielleicht würde sie die restlichen Ur-laubstage an die Nordsee fahren, sie kannte auf Amrum eine kleine Pension, in der sie schon mit ihren Eltern Ferien ge-macht hatte.

Die Tür öffnete sich und Schäfer steckte den Kopf durch die Tür, um sich zu vergewissern, ob jemand da war.

»Bin gleich wieder weg!«, sagte Sonja statt einer Begrüßung. Als Schäfer eintrat und sie in seinem Gefolge Ellersbach sah, war ihr klar, dass dies ein frommer Wunsch war.

»Schönen Urlaub gehabt?«, fragte Schäfer und setzte sich unaufgefordert vor ihren Schreibtisch.

»Guten Morgen, Frau Kruse«, sagte Ellersbach und sah nicht so aus, als freute er sich über das Wiedersehen.

»Ein schönes Land, nette Leute, gutes Essen. Vietnam ist eine Reise wert.«

»Ich vermisse die typische Urlaubsbräune«, meinte Schäfer, »aber das kommt davon, wenn man statt an den Strand auf Mördersuche geht.«

Sonja schwieg. Die beiden wollten etwas von ihr. Sollten sie mit der Wahrheit herausrücken.

»Sie haben uns hier ganz schön auf Trab gehalten. Konferenzschaltungen mit dem Auswärtigen Amt, ständiger Kontakt mit der deutschen Botschaft in Hanoi, Telefongespräche mit der Polizeidirektion in Saigon. Da ist vieles liegen geblieben, was eigentlich hätte erledigt werden müssen.«

»Das tut mir leid.«

Schäfer fuhr sich durch sein schütteres Haar. »Ich habe ganz schön blöd dagestanden, als man mich fragte, ob ich von deinem Einsatz gewusst oder ihn gebilligt habe. Kommt offenbar nicht häufig vor, dass unsere Polizisten auf eigene Faust in Asien ermitteln.«

Staatsanwalt Ellersbach räusperte sich. »Herr Schäfer, hören Sie bitte auf, um den heißen Brei herumzureden, das kann man ja nicht mit anhören.« Er sah Sonja mit kaltem Blick an. »Sie haben eigenmächtig gehandelt und gegen zahlreiche Dienstvorschriften verstoßen. Hatten wir Ihnen nicht unmissverständlich zu verstehen gegeben, dass Sie den Fall zu den Akten legen sollten? Ihr Vorgehen hätte zu schweren diplomatischen Verwicklungen zwischen Deutschland und Vietnam führen können.«

»Warum?«, fragte Sonja. »Auch die Vietnamesen wollen, dass Mörder hinter Schloss und Riegel kommen.«

»Mörder?« Der Staatsanwalt lachte trocken auf. »Sie haben einen Unschuldigen verfolgt.«

Erst jetzt bemerkte Sonja, dass er eine Kopie der DNA-Analyse in der Hand hielt.

»Oskar Kern hat mir gegenüber den Mord gestanden.«

Ellersbach wurde laut. »Er war es aber nicht!« Er schüttelte den Kopf und legte Schäfer die Hand auf den Rücken. »Herr Schäfer, es hat keinen Sinn. Frau Kruse ist offenbar uneinsichtig. Sie sind Ihr Vorgesetzter. Es liegt an Ihnen, disziplinarrechtliche Schritte wegen ihres Fehlverhaltens einzuleiten.«

Sonja Kruse schaute ihn an. Was für ein arrogantes Arschloch!, dachte sie.

Der Staatsanwalt drehte sich in der Tür noch einmal um. »Falls Sie auf dumme Gedanken kommen: Finger weg von Günther Berger!«

Die Tür fiel mit einem Knall ins Schloss.

Sonja holte tief Luft.

»Arrogantes Arschloch!«

Nicht sie hatte diese Worte ausgesprochen, sondern Schäfer. »Der ist bereit, alles zu tun, um Karriere zu machen. Spielt jetzt sogar im selben Golfclub wie der Oberstaatsanwalt, obwohl der hinter Ellersbachs Rücken erzählt, dass er noch nie so einen untalentierten Anfänger erlebt hat.«

Es tat Sonja gut, dass sie mit ihrer Meinung über Ellersbach nicht allein war.

»Was hast du nun vor?«

»Urlaub machen!«

»Sonja!«

»Du wirst mich feuern müssen, wenn ich jetzt etwas falsch mache.«

»Das werden wir sehen!«

Sonja holte tief Luft. »Da Oskar Kern Matthias Birchel nicht umgebracht hat, gibt es nur noch einen Tatverdächtigen, der ein Motiv hat.«

Schäfer dachte einen Moment nach, dann nickte er. »Okay, nimm dir Günther Berger vor. Meinen Segen hast du!«

Sonja Kruse fuhr auf der Königsallee in Richtung Stiepel und versuchte, sich zu konzentrieren. Sie war eine erfahrene Ermittlerin. Sie hatte jeden Mordfall, mit dem sie betraut worden war, aufgeklärt und dazu beigetragen, dass die Aufklärungsrate bei Mord in NRW bei sechsundneunzig Prozent lag. Sie würde auch diesmal nicht patzen. Sie war davon überzeugt, dass Günther Berger ein Mörder war. Oskar Kern hatte gelogen, um seinen Freund zu schützen.

Sie würde Günther Berger um eine DNA-Probe bitten und sie mit den biologischen Spuren unter den Fingernägeln Matthias Birchels vergleichen lassen. Wenn Berger sich weigern würde, konnte sie immer noch versuchen, eine richterliche Verfügung zu erwirken, oder Frank darum bitten, ihr ein paar Haare von seinem Vater zu besorgen. Sie glaubte, dass er ihr die Bitte nicht abschlagen würde, auch er war an der Wahrheit interessiert.

Bei dem Gedanken an Frank spürte sie ein Kribbeln im Bauch. Sie erinnerte sich, dass sie in der vergangenen Nacht von ihm geträumt hatte. Sie hatten wieder zusammen in einem Bett gelegen – nicht nur nebeneinander.

Sonja parkte ihren Wagen direkt vor dem Haus. Sie schaute in der Handtasche nach, ob sie das Stäbchen für einen Speicheltest dabeihatte, und stieg aus.

Nach dem vierten Klingeln ohne jegliche Reaktion stieß sie einen tiefen Seufzer aus und machte kehrt. Sie hatte ihr Auto bereits wieder erreicht, als sie ein Geräusch hinter sich hörte. Sie drehte sich um. Die Haustür war geöffnet worden, aber niemand erschien im Türrahmen. Erst auf den zweiten Blick bemerkte sie eine Hand, die in Bodenhöhe die Tür aufstieß. Die Hand war blutverschmiert.

71

Günther Berger ging es nicht gut. Er hatte das Gefühl, man habe ihm eine Taucherglocke über den Kopf gestülpt. Er musste sich konzentrieren, um den Ministerpräsidenten zu verstehen, der über Bürgerengagement, Zivilcourage und Leistungsbereitschaft redete.

Günther Berger schaute an sich hinunter und entdeckte die rote Seidenkrawatte unter seiner Weste. Wie war er nur auf die Idee gekommen, ausgerechnet diese Farbe zu wählen? Sie passte überhaupt nicht zu seinem silbergrauen Nadelstreifenanzug. Er versuchte, sich an die vergangenen Stunden zu erinnern, aber das Einzige, das ihm einfiel, war die Ankunft in Düsseldorf. Selbst an das Gesicht des Taxifahrers konnte er sich nicht mehr erinnern. Irgendein Livrierter hatte ihn darauf aufmerksam gemacht, dass er vier Stunden zu früh erschienen war. Die Festveranstaltung war für sechzehn Uhr vorgesehen. Man hatte ihn in die Cafeteria geführt, wo er stundenlang vor einem Glas Mineralwasser vor sich hingestarrt hatte. Irgendwann war jemand auf ihn zugekommen, hatte ihn in den Festsaal zu einem Stuhl geführt, auf dem ein Schild mit seinem Namen lag.

War die Schmerztablette schuld, die er nach dem Frühstück eingenommen hatte, um seine Kreuzschmerzen zu lindern? Aber warum sollte sie heute anders wirken als in den vergangenen Tagen?

Er schaute auf seine Schuhe. Da war ein dunkler Fleck, er sah wie ein Blutfleck aus. Er hasste schmutzige Schuhe. Günther Berger nestelte das Taschentuch aus seiner Jackentasche, beugte sich vor und wischte über die rechte Schuhspitze. Hatte er sich beim Rasieren geschnitten? Das konnte nicht sein. Normalerweise rasierte er sich, bevor er die Schuhe anzog. Nasenbluten? Er befühlte seine Nase. Sie war trocken.

Neben ihm wurde geklatscht. Günther Berger schaute zum Rednerpult. Der Ministerpräsident steckte sein Manuskript ein und bedankte sich bei seinen Zuhörern.

Es war sechzehn Uhr fünfzehn. Wenn Berger den Zeitplan richtig in Erinnerung hatte, dann sollte er als Erster das Bundesverdienstkreuz bekommen, nach ihm waren noch vier andere verdiente Bürger aus Nordrhein-Westfalen an der Reihe.

Der Ministerpräsident trat erneut ans Mikrofon. Günther Berger hörte seinen Namen. Er stand auf und ging durch die Sitzreihen nach vorne. Unter den geladenen Gästen entdeckte er den Bochumer Stadtdirektor und den Oberstaatsanwalt, der ihm zuzwinkerte. Berger spürte den kräftigen Händedruck des Ministerpräsidenten, der ihn routiniert neben sich bugsierte und ihm zulächelte. Günther Berger musterte den Mann, der einen Kopf kleiner war als er. Ein Gedanke ging ihm durch den Kopf, der völlig fehl am Platze war: Warum habe ich den gewählt?

Sonja Kruse betrat den Festsaal, als der Ministerpräsident einen »Mann der Tat« rühmte. Der Politiker betonte, dass Günther Berger als Unternehmer zum Wohl des Landes und seiner Einwohner gearbeitet habe.

In der letzten Reihe waren noch Plätze frei. Die Kriminalhauptkommissarin setzte sich neben eine kräftige Frau in den Fünfzigern, die nervös das offenbar zu kurz geratene Kleid über die Knie zog. Eine Brünette in einem schwarzen Hosenanzug, die in der Reihe vor ihr saß, warf ihr einen abschätzigen Blick zu. Sonja war sich bewusst, dass sie nicht das richtige Outfit für den Festakt trug. In Jeans und Lederjacke wirkte sie unter den Anzugmenschen wie ein Transvestit in einem Nonnenkloster. Aber das scherte sie im Augenblick nicht.

Die Mollige stieß sie an. »Mein Mann ist auch gleich dran«, verriet sie der Kommissarin, der nur ein interessiertes »Ach so?« einfiel.

»Für dreißig Jahre ehrenamtliche Arbeit im Sportverein«, flüsterte die Frau. »Er hat sich den Orden wirklich verdient!«

»Das glaube ich«, sagte Sonja.

Ihre Nachbarin zog erneut am Saum ihres Kleides. »Das Kleid habe ich zuletzt zur Silberhochzeit getragen. Ich habe erst heute Morgen gemerkt, dass es ein bisschen kurz ist. Oder?«

»Es steht Ihnen ausgezeichnet.« Sonja Kruse schaute zur Bühne und musterte Günther Berger, während der Ministerpräsident über Bergers Stiftung für traumatisierte Kinder aus Afghanistan sprach. Die Kommissarin hatte das Gefühl, dass Günther Berger nicht zuhörte. Seine Mimik wirkte teilnahmslos, sein Blick abwesend.

Die Saaltür öffnete sich erneut. Sonja Kruse drehte sich um. Frank Berger betrat den Saal. Die Kommissarin winkte ihn zu sich.

Sie warf wieder einen Blick auf Günther Berger. Der starrte noch immer gedankenversunken auf den Ministerpräsidenten. Offenbar hatte er das Kommen seines Sohnes nicht bemerkt.

»Tut es sehr weh?«, fragte Sonja, als sie merkte, dass Frank beim Hinsetzen zusammenzuckte.

»Die Wirkung der Spritze lässt nach, aber ich habe gerade auf der Toilette ein paar Schmerztabletten eingeworfen. Ich werde schon durchhalten.«

»Du hättest dir das nicht antun müssen!«

Frank nickte. »Ich weiß, aber es muss sein!«

Noch vor drei Stunden hatte er in der Notaufnahme im *Bergmannsheil* gelegen und sich von einem Assistenzarzt die blutige Wunde an der rechten Seite versorgen lassen. Wäre die Kugel fünf Zentimeter weiter unten in seinen Körper eingedrungen, hätte sie seine Hüfte zertrümmert. So hatte der Streifschuss lediglich seine kleine Speckrolle dezimiert, eine zwar harmlose, aber schmerzhafte und blutige Angelegenheit. Viel schlimmer waren die Kopfschmerzen gewesen, mit denen er im Schlafzimmer seines Vaters aufgewacht war. Frank hatte noch versucht, der Kugel auszuweichen, und war mit dem Kopf gegen den Türrahmen gestoßen. Er erinnerte sich, dass er in einer Blutlache aufgewacht war, sich zum Telefon geschleppt und einen Notarzt angerufen hatte. Dann hatte es mehrfach geklingelt. Als es ihm gelungen war, die Tür zu öffnen, stand Sonja vor ihm.

Der Notarztwagen war wenig später eingetroffen und Sonja hatte Frank ins Krankenhaus begleitet. Auf dem Weg dorthin schilderte Frank er, was sich im Hause seines Vaters abgespielt hatte.

Nach der Erstversorgung der Wunde schlug man ihm vor, ihn stationär weiterzubehandeln, aber Frank lehnte ab. Er unterschrieb einen Wisch, dass er auf eigene Verantwortung entlassen würde, und nahm Sonjas Angebot an, sie nach Düsseldorf zu begleiten.

Applaus brandete auf. Der Ministerpräsident schüttelte Günther Berger die Hand. Ein Assistent hielt dem Ministerpräsidenten ein schwarzes Kästchen hin, aus dem dieser das Bundesverdienstkreuz nahm und es Günther Berger um den Hals hängte.

Fotografen schossen ihre Fotos und das Händeschütteln wurde wiederholt.

Als das Blitzlichtgewitter abebbte, trat Günther Berger an das Rednerpult. Mechanisch griff er in seine Seitentasche, zog das zusammengefaltete Manuskript hervor und legte es vor sich auf das Rednerpult.

»Sehr verehrter Herr Ministerpräsident, meine sehr verehrten Damen und Herren«, hörte sich Günther Berger sagen. »Ich habe nie im Traum daran gedacht, einmal die höchste Auszeichnung der Bundesrepublik Deutschland verliehen zu bekommen. Ich fühle mich sehr geehrt und danke von ganzem Herzen.«

Günther Berger wandte sich vom Ministerpräsidenten ab und schaute in den Saal. »Ich gehöre einer Generation an, die den Krieg als Kind erlebt hat. Ich habe es der Gnade der späten Geburt zu verdanken – um unseren Altkanzler Helmut Kohl zu zitieren –, dass ich nicht selbst am Krieg und an Kriegshandlungen beteiligt gewesen bin …«

»Das ist eine Lüge!«

Günther Berger stockte. Er glaubte, eine Stimme gehört zu haben. Er musste sich zusammenreißen. Jetzt nur nicht den Faden verlieren. Sein Mund wurde trocken. Seine rechte Hand zitterte, als sie zum Wasserglas griff. Während er einen Schluck trank, bemerkte er, dass die Gäste in der ersten Reihe nicht ihn anschauten, sondern sich umgedreht hatten und einen Mann anstarrten, der in der letzten Reihe stand.

»Mein Name ist Frank Berger. Mein Vater ist ein Mörder!«

Von einem Moment auf den anderen war die Taucherglocke verschwunden, in der sein Kopf gesteckt hatte. Günther Berger blickte fassungslos auf seinen Sohn.

Dazu gehört Mut, dachte er und faltete sein Manuskript zusammen. Das hat er von mir!

Und er lächelte zum ersten Mal an diesem Tag.

Epilog

Sonja Kruse betrat um kurz vor neun Uhr ihr Büro. Sie parkte ihre Handtasche auf der Fensterbank, schaltete das Radio ein, zog die Schublade auf und nahm ein paar Bücher heraus. Die Tür öffnete sich nach einem angedeuteten Klopfen und ihr Chef stand in der Tür. »Guten Morgen, Sonja.«

»Guten Morgen.«

»Du musst sofort in den Blütenweg nach Wattenscheid. Da ist jemand mit einem Spaten erschlagen worden, offenbar nach einem Nachbarschaftsstreit. Die Kollegen sind schon vor Ort.«

Sonja schüttelte den Kopf. »Hast du schon vergessen, dass ich Urlaub habe? Ich bin auf dem Weg zum Flughafen und nur kurz hereingekommen, weil ich die Reiseführer vergessen hatte.«

»Stimmt ja. Sorry. Aber du hattest doch erst im April Urlaub.«

»Darf ich dich daran erinnern, dass das nur ein Woche war und ich nebenbei einen Mord aufgeklärt habe.«

Schäfer hob beschwichtigend die Hände. »Ich habe nichts gesagt! Viel Spaß.«

Ihr Chef schloss die Tür, öffnete sie jedoch sofort wieder. »Hast du schon gehört, dass Staatsanwalt Ellersbach uns verlassen hat?«

Die Hauptkommissarin schüttelte den Kopf. Noch gestern hatte sie ihn bei Gericht gesehen, aber sie hatten kein Wort miteinander gewechselt.

»Er hat eine Stelle im Justizministerium in Düsseldorf bekommen.« Der Kriminalrat grinste schief. »Keine Ahnung, was er da will. Wer will denn schon nach Düsseldorf!«

Schäfer ließ Sonja Kruse allein. Sie verschwendete nicht eine Sekunde, um Ellersbach nachzutrauern.

Aus dem Radio tönte eine mittlerweile sehr vertraute Stimme. »Wir sind am Ende der Sendung angelangt. Kommen Sie gut durch den Tag. Heute soll es dreißig Grad werden und selbst in Remscheid wird es nicht regnen.«

Sonja schaltete den Apparat aus und verließ ihr Büro.

Frank schob sich näher an das Mikrofon. »Mein Name ist Frank Berger und das war das Morgenmagazin.«

Der letzte Musiktitel wurde eingespielt. Frank kramte seine Papiere zusammen und tauschte seinen Platz mit dem Nachrichtensprecher, der ihm freundschaftlich auf die Schulter klopfte.

Im Glas des Studios spiegelte sich das Gesicht einer rothaarigen Frau. »Guten Morgen, Frank«, sagte Silvia Trochowski.

»Hallo, Silvia.« Frank mochte die neue Chefin. Silvia Trochowski hatte es innerhalb von wenigen Monaten geschafft, ihre Stelle als Moderatorin mit der der Redaktionsleiterin einzutauschen. Sie hatte neuen Schwung in die Redaktion gebracht. Sie war bei Mitarbeitern und Zuhörern gleichermaßen beliebt und hatte offenbar Gönner in den oberen Etagen. Benrath war Geschichte. Man hatte ihm den Abschied versüßt, indem man ihm einen Job angeboten hatte, der mit der Koordination der öffentlich-rechtlichen Rundfunkanstalten zu tun hatte. Doch nach vier Wochen hatte

Benrath immer noch keine Ahnung, was er für sein Geld eigentlich genau zu tun hatte.

»Es ist schade, dass du uns verlässt«, sagte Silvia.

»Ihr kriegt das auch ohne mich hin!« Frank gab ihr einen Kuss auf die Wange. »Viel Glück!«

Im Büro gab er zunächst eine Bestellung bei einem Weinlieferanten auf. Eine Kiste von Anjas Lieblingswein, einen Faustino IV aus dem Rioja, verpackt als Geschenk. Der Wein sollte in drei Tagen ausgeliefert werden. Er nannte der freundlichen Frau am Telefon die Empfängeradresse. Auf der beiliegenden Karte sollte stehen: *Alles Gute zur Hochzeit. Viel Glück. Frank.*

Nachdem er das Telefonat beendet hatte, waren die weltweiten Katastrophenmeldungen verlesen und sein Kollege widmete sich den Regionalnachrichten.

»Vor dem Landgericht Bochum endete gestern der Prozess gegen Günther Berger. Der sechsundsiebzigjährige Bochumer hatte im April dieses Jahres den Bielefelder Kaufmann Matthias Birchel in einem Hospiz erstickt und einige Wochen später versucht, seinen eigenen Sohn zu töten. Berger wurde wegen Mordes und versuchtem Totschlag zu lebenslanger Haft verurteilt ...«

Auf seinem Schreibtisch entdeckte Frank ein Päckchen. Es enthielt eine große Packung Marzipan und eine Karte.

Proviant für Ihre Reise. Ich werde an Sie denken. Liebe Grüße. Heide Rosenbaum.

Frank erinnerte sich an die Begegnung mit Manfreds Schwester. Zwei Tage, nachdem sein Vater verhaftet worden war, hatte er seinen Mut zusammengenommen und war nach Köln gefahren. Es war ihm nicht leicht gefallen, den entscheidenden Satz zu sagen. »Ich weiß, was mit Ihrem Bruder passiert ist. Er ist erschossen worden. Von meinem Vater!«

Er hatte ihr von seiner Reise nach Vietnam berichtet, von der Suche nach seiner Halbschwester, von seiner Begegnung mit Oskar Kern. Und ihr erklärt, warum man seinen Vater für den Mord an ihrem Bruder nicht zur Verantwortung ziehen konnte. Er verweigerte jede Aussage darüber und der Zeuge Kern war tot.

Heide Rosenbaum hatte Frank beim Abschied umarmt.

Er schaute auf die Uhr. Es wurde Zeit, dass er zum Bahnhof kam. Sein Zug zum Frankfurter Flughafen startete in dreißig Minuten. Sonja wartete auf ihn in Wagen 6.

Er verstaute das Marzipan in seiner Reisetasche. Er würde Kim die Süßigkeit schenken. Frank warf einen letzten Blick aus dem Fenster. Im Osten zogen Regenwolken auf. In Remscheid würde es also doch regnen. Aber das war ihm egal.

Anmerkung des Autors

Für diesen Roman bin ich viele Male nach Vietnam gereist und habe vor Ort recherchiert. Dieses Buch ist ein Kriminalroman und kein Sachbuch. Ich habe mich dennoch bemüht, mich an historische Fakten zu halten, was Ereignisse und Verläufe des französischen Indochina-Krieges angeht, wie auch bei den Schilderungen des Lebens in der Fremdenlegion. 35.000 Deutsche sind bis 1954 in der Fremdenlegion in Vietnam im Einsatz gewesen, wie viele lebend zurückkamen, ist nicht bekannt.

Die Figuren in diesem Buch sind frei erfunden. Nur Lai und Helmut gibt es wirklich. Sie leben in Nha Trang. Ich habe einen Teil ihrer Biografie geklaut, anderes dazugedichtet. Ich hoffe, sie verübeln es mir nicht.

Mein besonderer Dank gilt meiner Lebensgefährtin Birgit Grosz für die kritische Durchsicht des Manuskriptes, Peter Heise für die Organisation meiner Reisen nach Vietnam und die Überprüfung von Ortsbeschreibungen und vietnamesischen Namen, Jürgen Mayer für die Einsichten in die Arbeit eines Radiomoderators. Des Weiteren dem Autor Eckard Michels, dessen Buch *Deutsche in der Fremdenlegion 1870–1965* mir eine unerschöpfliche Quelle und Inspiration war. Die Begebenheiten in Phat Diem sind angelehnt an Beschreibungen von Graham Greene in seinem Roman *Der stille Amerikaner*.

Mehr von Leo P. Ard

Leo P. Ard
Der letzte Bissen
ISBN 978-3-89425-320-2

Ganz Deutschland is(s)t fleischlos und der illegale Handel mit zartem Filet und herzhafter Wurst blüht. Als der ›Bergmann‹ dem Fleischpaten Günther Wollweber das Revier streitig machen will, entbrennt ein mörderischer Kampf – nicht nur um geheime Fleischtransporte, sondern auch um einen Film, dessen Veröffentlichung das Land ins Chaos stürzen könnte. Mittendrin im Geschehen zwei Kommissare, denen übel mitgespielt wurde: Sarah Kutah, eine überzeugte Vegetarierin, und Bastian Bennecke, der sein Leben für ein Rinderfilet geben würde.

»Sehr witzig, spannend und überaus einfallsreich.«
Gault Millau – Das Magazin für Genießer

»Man merkt erfreut, dass hier ein Krimi-Profi am Werk war, der eine gute Idee in die Tat umgesetzt hat.«
Die Berliner Literaturkritik

»Weil ›Der letzte Bissen‹ auf außerordentlich spannender und humorvoller Flamme gekocht ist, ist dieser Thriller sehr gut verdaulich. Für Vegetarier und für Fleischesser.«
WDR 2

»›Der letzte Bissen‹ ist eine Mischung aus spannendem Krimi und bitterböser Satire, die mit brillanten Charakterstudien und hellwach beobachtetem Menschlich-Allzumenschlichen zum Lesevergnügen wird.« Westfalenpost

»Stilistisch ist Leo P. Ard einfach genial und der Roman ist von der ersten bis zur letzten Seite kurzweilig zu lesen. Dauernd so ein ›Ich fass es nicht‹-Gefühl.« Ciao

»Mit wachsendem Tempo jagt der Autor die Geschichte durch immer neue Wendungen, die das Buch zum Page-Turner machen.«
Focus online

Ruhrgebiet-Kultkrimis ...

Leo P. Ard & Reinhard Junge
Mordsschnellweg
Kriminalstorys
ISBN 978-3-89425-364-6

Das Revier ist eine Metropole des Verbrechens. Dabei ist der
›Ruhri‹ an sich eine absolut friedfertige Gattung, die nur in
Ausnahmefällen zu Schrotgewehr, Eispickel oder Pflanzengift
greift. Selbstverständlich nur aus solch edlen Motiven wie
Eifersucht, Gier und Rache.

*»Leo P. Ard und Reinhard Junge, einzeln nicht minder
erfolgreich als einst im Duo, haben ... Geschichten aus zwanzig
Jahren runderneuert. Mit gewohnt lässigem Raffinement.«*
Nordkurier

*»Bei so viel anhaltender Lebendigkeit ist Schmunzeln angesagt,
was das Gänsehautgefühl aber nicht einschränkt. Originell,
ungewöhnliche Schlüsse.«* ekz-Informationsdienst

*»In ›Mordsschnellweg‹ trumpfen die Schriftsteller mit sechzehn
kurzweiligen Shortstorys auf, in denen es um Mord und Totschlag
geht, allerdings mit der gewissen Ruhrpott-Note. ... Auf jeden
Fall sind die Krimis kurzweilig und amüsant, weil sich die
›Helden‹ selbst nie wichtig nehmen und die Polizisten gern auch
mal über einem Stück Torte oder einem Schnäpsken ihre Pflicht
hintanstellen. Ein literarischer Genuss – auch für Auswärtige.«*
Lübecker Nachrichten

*»Sie zeigen mit ihren Crime-Storys, dass Essen zu Recht
›Europäische Kulturhauptstadt 2010‹ geworden ist: Subtile,
heimtückische und niveauvolle Morde zwischen stillgelegten
Zechen, modernen Technologieparks und idyllischen
Schrebergärten.«* www.kues.de

... von Leo P. Ard & Reinhard Junge

Das Ekel von Datteln
ISBN 978-3-89425-426-1
»*Gründlich ausrecherchiert – darum sehr realitätsnah – ist die Szenerie an den Schauplätzen des kriminellen Geschehens.*«
Ruhr Nachrichten

Das Ekel schlägt zurück
ISBN 978-3-89425-010-2
»*Tempo, Spannung, der milieusichere Blick in die rauhe Herzlichkeit des Revier-Genossen-Filzes.*«
Manfred Breuckmann/WDR

Die Waffen des Ekels
ISBN 978-3-89425-021-8
»*Genial springen die Autoren zwischen mehreren Handlungssträngen, spielen mit der deutschen Sprache wie mit Verdachtsmomenten; so entsteht Lesevergnügen vom Feinsten.*«
SCHNÜSS, Bonn

Der Witwenschüttler
ISBN 978-3-89425-044-7
Doppelmord in Recklinghausen: Die Opfer sind der Umweltminister von NRW und seine Geliebte. Private Rache oder Terror?

Totes Kreuz
ISBN 978-3-89425-070-6
Panik in Datteln: Zwei Altenpflegerinnen werden ermordet, ein altes Ekel nervt und Zivi Kalle Mager ruft PEGASUS zu Hilfe.

Straßenfest
ISBN 978-3-89425-213-7
Punker-Happening beim Straßenfest in einer spießigen Reihenhaussiedlung – es gibt Tote, PEGASUS filmt und Lohkamp ermittelt.

Glatzenschnitt
ISBN 978-3-89425-257-1
Skinheads vergewaltigen eine Türkin – danach setzt das große Sterben bei Mitgliedern der ›Heimatfront Ruhr‹ ein.

Starke Krimis von ...

Lucie Klassen (jetzt Flebbe)
Der 13. Brief
ISBN 978-3-89425-349-3

Die 20-jährige Lila pfeift auf das von ihren Eltern für sie geplante Jurastudium und setzt sich nach Bochum ab. Mittels eines Tricks erschleicht sie sich bei Privatdetektiv Danner erst einen Schlafplatz, dann einen Job. Denn Danner steckt in der Sackgasse: Die 16-jährige Schülerin Eva hat Selbstmord begangen. Im Auftrag seines Freundes Staschek, dessen Tochter mit der Toten befreundet war, soll Danner die Hintergründe ermitteln. Unversehens findet sich Lila auf der Schulbank wieder ...

»Eines ist dieses Debüt von Lucie Klassen nämlich keinesfalls: langweilig oder gar deprimierend.« Die literarische Welt

»Intelligent, respektlos, humorvoll.« Neues Deutschland

Lucie Flebbe (vormals Klassen)
Hämatom
ISBN 978-3-89425-367-7

Lila Ziegler macht mal wieder keine halben Sachen. Nachdem sie zwei Wochen daran gearbeitet hat, ihren Beziehungsschmerz zu betäuben, begibt sie sich in eine Klinik zur Entgiftung. Dort wird sie Zeugin, wie eine junge Putzfrau an einem Herzinfarkt stirbt. War das tatsächlich ein natürlicher Tod? Dreist bewirbt sich Lila auf die frei gewordene Stelle und erhält ein sehr widersprüchliches Bild von der Verstorbenen: liebevolle Mutter oder nymphomanisches Flittchen? Hilfsbereite Kollegin oder karrieresüchtige Zicke?
Als Privatdetektiv Ben Danner in der Klinik auftaucht, muss sich Lila endlich ihren Gefühlen stellen – und erfährt von einem handfesten Motiv für einen Mord ...

»Zweifellos beweist Lucie Flebbe auch in ihrem Zweitling ihr großes Talent ... Wieder im ganz eigenen Flebbe-Ton geschrieben, witzig und spannend dazu.« Deister- und Weserzeitung

»Da ist es wieder, das neue Krimiwunder: Lucie Flebbe schreibt sich mit ihrem zweiten Roman ›Hämatom‹ ganz ungeniert weiter in die Spitzengruppe des deutschen Krimis.« Focus online

... starken Frauen

Gabriella Wollenhaupt
Grappa und die keusche Braut
ISBN 978-3-89425-372-1

Ein schreckliches Szenario macht auch vor einem Bierstädter Internat nicht halt: Ein Schüler dreht durch und richtet eine Maschinenpistole gegen seinen Deutschkurs. Nur die Lehrerin überlebt schwer verletzt. Die Sachlage ist offensichtlich. Als sich aber herausstellt, dass das vermeintliche Bekennervideo das Produkt eines Theaterprojekts ist, kommen der rothaarigen Reporterin Maria Grappa Zweifel. Was ist wirklich in dem Kursraum passiert?

Grappas Gespür für Schnee
ISBN 978-3-89425-359-2

Skandal im Bierstädter Rathaus: Jessica Brühl, eine kleine Angestellte im Büro des Oberbürgermeisters, hat seit Jahren die Stadtkasse geplündert, um ihre Kokainsucht zu finanzieren. 1,5 Mio Euro sind weg. Maria Grappa glaubt nicht an eine Einzeltäterin und fragt sich: Wer kokst noch im Rathaus? Die rothaarige Polizeireporterin sucht die OB-Mitarbeiterin zu Hause auf und findet ihre Leiche – die Frau wurde ermordet. Ihr Nachlass: Handy-Fotos von erotischen Schnee-Partys der Bierstädter Politprominenz ...

»Schnoddrig und liebevoll beschreibt Gabriella Wollenhaupt die Geschehnisse ... Das Buch ist einfach nur Lesefreude pur!«
Der Evangelische Buchberater

»Medial inspiriert zwischen ›Eyes Wide Shut‹ und ›Bauer sucht Frau‹, folgt Grappa den Spuren kommunaler Skandale bis in die Uckermark – eine sympathische Reverenz auch an die dortigen Kollegen unserer Zeitung.« Nordkurier

»›Grappas Gespür für Schnee‹ von Gabriella Wollenhaupt besticht insbesondere durch seine Charaktere. Auf witzige, ironische Weise gelingt es der Autorin hervorragend, ihre betont coole, innerlich aber ganz schön zartfühlende Maria Grappa sowie diverse schmierige Vertreter aller Berufssparten, einen gelangweilten Adelsspross, die neugierig-kuppelnde Bäckersfrau, durchgedrehte Sekretärinnen und viele andere Figuren mit Leben zu füllen.«
WDR 4 Taschenbuchtipps